公共图书馆为阅读困难群体服务的对策研究

夏季雷　马士杰　著

北京燕山出版社
BEIJING YANSHAN PRESS

图书在版编目（CIP）数据

公共图书馆为阅读困难群体服务的对策研究／夏季雷，
马士杰著．－－北京：北京燕山出版社，2022.9
ISBN 978-7-5402-6639-4

Ⅰ．①公… Ⅱ．①夏… ②马… Ⅲ．①公共图书馆－
图书馆服务－研究 Ⅳ．① G258.2

中国版本图书馆 CIP 数据核字 (2022) 第 164073 号

作　　者　夏季雷　马士杰
责任编辑　金贝伦
封面设计　杨海珍
出版发行　北京燕山出版社有限公司
社　　址　北京市丰台区东铁匠营苇子坑138号C座
电　　话　010-65240430
邮　　编　100079
印　　刷　涿州军迪印刷有限公司
开　　本　700mm×1000mm　1/16
字　　数　336 千字
印　　张　19.875
版　　次　2022 年 9 月第 1 版
印　　次　2022 年 9 月第 1 次印刷
定　　价　69.00 元

2018年3月，中华人民共和国第十三届全国人民代表大会第一次会议和中国人民政治协商会议第十三届全国委员会第一次会议于北京如期召开，众多人大代表、政协委员对全民阅读展现出了极大的重视与关注，并就关于全民阅读建设的这一问题提交了相关议案。全民阅读是全民素质得以提升的关键要素，同时也是人类传承知识、延续文化的重要途径。这些"议案"在"两会"这一中国社会政治生活中的大事件以及传达心声、建言献策的大平台的出现，毫无疑问地预示着我国"全民阅读"的时代即将来临。同时，如何将阅读活动在全国上下、各个群体中全面有效地推展开来，必将成为新时期举足轻重的首要任务。公共图书馆作为当今重要的文化场所，秉承着平等公平的服务宗旨，也必然会成为推动全民阅读的重要力量。随着图书馆事业的蒸蒸日上，"全民阅读"早已成为社会热点和界内的研究焦点，然而在研究中，仅仅站在图书馆的角度力求知名度、号召力及影响力只能是白花力气，公共图书馆应始终明确阅读推广的目的及服务对象，坚持读者才是阅读推广的核心力量，更加关注读者的阅读行为、阅读过程以及阅读成效，尤其是着眼于在阅读活动中存在障碍的特殊人群，为其提供有针对性的阅读服务，才能实现真正意义上的"全民参与阅读"，最大化地发挥阅读推广的重大意义。本书一方面对阅读、阅读权利、阅读困难进行概念梳理，研究阅读困难群体具备的行为特征以及形成的原因，对其产生作用的要素，并掌握他们的阅读需求，站在文化以及社会的层面详细地研究这类人群。另一方面，将阅读权利当成理论依据，切实维护好阅读困难群体享有阅读的权利。这也是图书馆要担负的使命，也是其要履行的社会职责。图书馆要形成并完善阅读困难群体服务保障系统，使其具有针对性，同时也存在差别性，并且易操作。另外，也要完善服务保障的各项有效措施，创建组织保障平台。

目　录

6

第一章 绪 论

　　阅读是人类生存的一种精神良药，也是一种信仰。作为人类接收信息和知识、传承文明的重要模式，直接影响人类文化的产生以及发展。伴随人类社会逐渐步入信息化时期，怎样运用阅读精准、广泛地获得信息，且实现信息的合理使用，成为当下社会成员需要具备的必要条件。但伴随社会和科技的发展和进步，对阅读能力也有更高要求。运用阅读将获得的信息转变为自身能力已经演变为判断和区分社会群体阶层的主要标志，特别是在存在知识弱势群体的当下，要解决社会群众阅读能力的相关问题，首先需要解决阅读困难群体的阅读困难[1]。阅读困难群体是无法满足阅读诉求，有诸多阅读障碍，没有正常读写能力的人群。其散乱地遍布在社会的诸多角落，需要社会的人文关怀以及普遍关注，通过分析社会中存在的阅读困难群体，缓解或解决现存的阅读障碍和困难问题，不但可以提升该部分群体的社会地位以及生存能力，还可以对其在社会中的生活提供可能，并且对社会进步和发展均有较大的现实意义。图书馆（本书主要为公共图书馆）普遍有公益性特点，作为公共文化服务的主要机构，是确保群众平等、自由获得知识的组织机构以及制度体系。图书馆对群众提供阅读服务为其基本使命，其原本的公共发展目标、公共机构特性要求其承担起保障阅读困难群体阅读权利的基本使命和职责。

一、研究背景

　　阅读促进人的发展，助人明事理；通过阅读，群众可以品味当下生活，憧憬美好未来；阅读蕴含历史的力量，承载大量令人深省的历史故事，也代表了一种生活模式。伴随人类文明的持续发展和进步，阅读目前已经演变为生活必不可

1　[美] 斯诺, 布恩斯, 格里芬. 预防阅读困难: 早期阅读教育策略 [M]. 胡美华, 潘浩, 张凤, 译. 南京: 南京师范大学出版社, 2006。

少的内容。一个国家或地区经济、政治快速发展，生活水平显著提升，广大群众必然会强烈追求文化生活。自我党在十六大报告中提出建设学习型社会到当下，全民阅读的发展热潮在中国迅速开展。十八大报告中提出全民阅读活动，这代表图书馆需要承担起推行阅读服务的基本职责。但社会的发展和进步必然会有其代价，在信息知识创造价值的时期，该代价会由阅读障碍群体承担，该群体由于存在学习障碍无法和普通群众享受平等的阅读获得信息、权利。梳理公共图书馆的发展进程以及发展历史，倡导为群众提供包容性平等性服务是图书馆的宗旨。并且图书馆为捍卫落实信息保障和社会知识保障的基本制度，也将该服务理念逐步拓展为图书馆工作的重点。范并思在文章中表示：最可以呈现图书馆核心价值的就是阅读推广，最有价值的阅读推广是对特殊群众进行推广，而对有较强阅读意愿但没有很强阅读能力的人群则应该演变为阅读推广服务的主要目标群体，帮助阅读困难群众突破阅读障碍，享受阅读利益以及乐趣。

综上所述，图书馆作为我国的一种公益性文化机构，需要承担起关注阅读困难群体的基本需求的责任，对该群体提供个性化、专业化的阅读推广服务，确保阅读困难群众可以平等获得知识和信息。

（一）国外背景

国际图联（IFLA）在 20 世纪初就正式启动了关注阅读困难群众的有关工作，多次颁发有关指南和文件提供给弱势群体服务组进行参照。例如，Petersen 于 1979 年对 IFLA 递交报告，其后的十多年间颁发《残疾人均等机会标准规则》《读者宪章》《图书馆宣言》，IFLA 于 2005 年颁发的《残疾人图书馆利用的检查清单》均注重图书馆对阅读困难群众提供服务的必要性；IFLA 于 1997 年组织了"信息获取：为阅读困难者服务"的主题研讨会，1999 年 DEA（欧洲阅读障碍协会）和 LSDP（图书馆服务弱势群体委员会）、IFLA 合作论述了诸多的阅读障碍议题；LSDP 于 2001 年颁布《图书馆对阅读困难群体服务的指南》直接指导图书馆服务阅读困难群众的具体工作；2014 年则修改了该指南。综上，国际上均在关注阅读困难群体，且将图书馆缔造为对阅读困难群体构建服务的主要平台，目的是保障特殊群体可以平等地获得信息和文化的基本权利。

除却国际图联做出的巨大努力，诸多的亚洲和欧美地区以及国家均在对阅读困难群众提供帮助。1949 年，美国成立了国际读写障碍协会，1963 年美国成立了 ACLD，也就是学习障碍儿童学会；其后美国联邦政府开始资助大学组建学习障碍研究中心；1981 年以及 1988 年英国政府在《教育法》中均规定了阅读困难群众要正常进行教育；瑞典于 1996—1997 年开启了阅读障碍运动，提倡社会广泛关注阅读困难群众；丹麦于 1999 年颁发了"图书馆无障碍"报告，图书馆协会于 2006 年颁布了"图书馆对阅读困难群体服务"的手册；日本于 1978 年成立日本图书馆协会，专门组建了对残障人士服务的委员会［日本于 2001 年对阅读困难群体提供信息服务的渠道重点依托数字无障碍多媒体信息技术］；新加坡于 1989 年正式成立了阅读障碍协会。2013 年 6 月签订了《马拉喀什条约》，该条款在司法的层面对阅读困难群众平等地获得阅读服务构建了良好的基础。

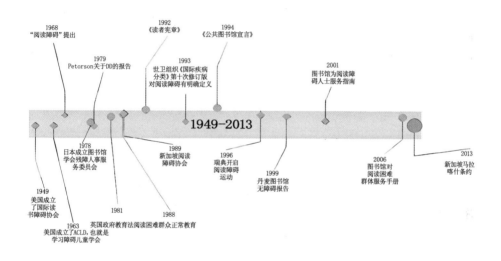

图 1-1 公共图书馆向阅读障碍群体服务的时间轴

（二）国内背景

中国图书馆关注阅读困难群体源起于 2008 年中国正式颁发《图书馆服务宣言》，我国图书馆一直以来均致力于落实人文关怀，对所有用户提供公平、平等的服务，提出图书馆服务阅读困难群体的纲领性文件，其直接要求：阅读障碍群体需要涵盖在该被服务群体内。其后，针对阅读困难群体的研究和认知尚未在中国掀起热潮，有关的学术分析文献资料比较少，针对阅读困难群体的阅读推广和服务的理论和实践分析也尚未展开。一直到 2013 年，成立了名为"图书馆对阅读困难群体服务的方法、理论、对策分析"的社科国家基金项目。1994 年正式提出《图书馆宣言》："所有人均有公平享受图书馆提供服务的基本权利，并不会受制于种族、年龄、宗教、性别、社会地位、语言等诸多方面的制约，由此对由于如上问题不能获得资料和服务的用户，例如，残疾人、少数民族、监狱犯人、病人等，图书馆都需要对其提供信息以及服务。"

当下，科技发展迅猛。在这样的大环境中，公共图书馆进行数字化服务，这就极大地促进大众知识的习得，残障群体也享受到了这一利好。直至去年的前半年，中国具有 8500 万左右的残疾者。并且视力残疾者达到了 1250 万左右。和别的群体做比较，他们更加向往知识。然而，盲文的使用率极低，仅仅不足 7%。现，在中国，公共图书馆发展迅速，各种数字化资源丰富并且方便，视力残障者可以比较轻松地翻查各种电子资料，也能够收听盲文书籍，或是学习别的各种知识。在公共图书馆中，这类群体的数字资源服务占据着重要地位，成为不可缺少的构成。此同样为我国图书馆给予弱势群体各种服务的前进道路。所以，就数字资源的完善而言，中国公共图书馆怎样吸收外国在这方面丰富有效的经验，给予视力残障人群更优越的服务，为现在亟待解决的任务，也是研究领域要分析的重要内容。

二、国内外研究概况

（一）国外研究概况

国外图书馆在分析对阅读困难群体提供服务层面可梳理为如下五个层面的内容。

（1）关于阅读障碍、阅读困难等心理学方面的研究。涵盖了阅读心理需求、心理障碍、阅读困难等诸多层面。国外目前在分析阅读心理障碍方面已有百年的历程，研究主要内容为行为特征、诊断、发病原理、认知、特殊教育、干预办法等层面，并直接涉及阅读学、图书馆学、社会学、教育学、心理学等诸多方面。笔者为分析调研国外有阅读障碍、阅读困难的文献信息，将 ts=（"read* difficult*'or learn* disorder* or dyslexi*'or'disabled reader*'or'read* disability'"or"read* comprehension impairment"）作为检索信息，共收集检索 617 篇文献资料。加拿大戴斯（Das J.P.）等一直致力于分析阅读障碍，论述了 PASS（注意—计划—继时—同时）理论的矫治阅读困难模式，其著作《阅读困难和阅读障碍——给老师的解释》演变为我国分析阅读困难的初步研究资料。[1] 凯瑟琳·斯诺（Catherine E. Snow）等人通过分析儿童阅读困难、阅读心理的主要原因，论述了帮助儿童消除阅读困难问题的对策和策略。[2] 马格瑞欧（Margarell）从阅读障碍心理原因方面切入，研究造成儿童阅读困难的主要原因，论述了儿童存在阅读困难主要是因为在处理和接收语音方面有问题，造成无法有效使用短时间的语音编码，由此在阅读环节中产生了字形、语言、语义问题。斯坦诺维奇（Keith E.Stanovich）表示，语音加工问题为造成阅读困难的主要原因。穆尔斯（Moores E.）等表示，对比正常读者而言，阅读障碍用户有较少的视力周边拥挤效应，但有较大的中心视力拥挤效应，降低拥挤效应的时期，阅读障碍用户对阅读资料的字体大小、出现时间、临界间距、自负间距（最大速度的时期干扰物、目标两者的最低距离）、干扰刺激数量层面有显著的需求和要求，主要依托线索，由此一般可运用不同寻常的视觉拥挤效应对阅读困难进行解释。

（2）关于阅读疗法的分析。阅读疗法（Bibliotherapy）源于古希腊语，其原本为治疗和图书两者的结合。于1948年约翰·高尔特（John Minson Galt）对外公开了首篇和阅读疗法相关的文章，研究了病人的种类和病人比较适合的读物。初步时期的阅读疗法普遍被使用在医疗方面，一直到20世纪，经过培训有资格的图书馆工作者才在阅读疗法中发挥功效。英国韦尔瓦·帕亭顿（Wylva Partington，阅读疗法之母）为伊丽莎白二世时期的图书馆工作者，其一生均在为了倡导和分析阅读疗法而努力，直接推动了英国阅读疗法的实践以及理论分析。当下，对病人以及儿童的阅读疗法有最显著的成效，可以帮助该类型的群体运用疏导、宣泄的方式解决问题以及领悟问题，由此国外在分析阅读疗法中主要局限在初级教育、医学层面，对图书馆并没有广泛深入地研究。南茜·德瓦尔德(Nancy H. Dewaid)论述了建立在Web基础上的指导图书馆阅读的办法，其表示该指导办法涵盖了激发学生的诸多模块、办法、人机对话等方面；Web中的指导方法是提供简单的技术引导，但在该媒体内，图书馆工作者也需要承担讲授的责任。

---

1 [加]J.P.Das. 阅读障碍与阅读困难 [M]. 张厚粲，徐建平，孟祥芝，译. 北京：人民邮电出版社，2007.

2 Catherine E. Snow, M. Susan Bums, Peg Griffin. *Preventing Reading Difficulties in Young Children* [M] .Washington, DC: National Academy Press, 1998.

（3）关于图书馆阅读困难群体服务的分析。梳理国外当下已有的研究成果，专家学者在界定阅读困难群体时范围较窄，只局限于阅读障碍群体（在转换口头语言、书面语言方面缺少能力者）的分析。但不管是在机构联合会和国际图书馆协会（IFLA）还是不同国家的图书馆角度，均不同程度地提倡涵盖对肢体残疾者、心理问题者、视障人员、阅读困难群体等特殊群体构建服务。美国国会图书馆委员会（NLS）按照据美国颁布的《公共法案》第 89 条的第 522 款限定了图书馆提供的数字版权问题、有声读物内容以及可获得特殊服务的阅读困难群众。由此，本文收集了国外图书馆服务于阅读困难群体的研究成果，检索式 1：ts=（"the aged" or"old people"or"elderly people"or"teenager*"or "senior citizens"or"juvenile"）and ti=and su*libra=（EDUCATION EDUCATIONAL RESEARCH OR INFORMATION SCIENCE LIBRARY SCIENCE）索引 =SCI-EXPANDED，SSCI 的时间范围是 2013—1900 以及 2 检索式 2：ts=（or"learn* disorder*"reading difficult*"or"disadvantaged group*"or"dyslexia or disab* or"disabled reader*"or"Vulner-able Group*"or handicapped or handicapped or peasant*）and ti=librar* 索引 =SCI-EXPANDED，SSCI 时间范围是 2013—1990，其后合并检索 1 和检索 2，共获得 273 篇文献资料。波基塔（Birgitta Irvall）等在 IFLA 报告内分析了怎样对阅读困难群众提供阅读辅助设施、图书馆资源和怎样培养图书馆工作者对其提供专业针对性的服务；瑞典的卡尔斯塔德大学（Karlstads University）图书馆、索德脱恩大学（Sodertorns Hogskola）图书馆关注图书馆在对阅读困难群众提供服务环节中，不但需要提供播放有声读物的设施和提供有声读物，还需要提供文献传递、下载、阅读、指导、复印等相关服务。

（4）分析图书馆在促进社会包容和反社会排斥方面的研究。英国文化传媒体育部（Department for Culture，Media and Sport，DCMS）及博物馆、图书馆以及档案馆的委员会均展开了大量的分析，重点是分析在公共文化组织内，图书馆在促进社会和谐、消除社会排斥等层面的功效，且表示图书馆需要演变为有更强的干预性、前瞻性的公共组织，努力致力于社会教育、知识平等、社会正气。最开始和社会包容有关的政策文件为 1999 年英国传媒文化教育部颁发的《图书馆：图书馆社会包容政策》（Libraries for All Social Inclusion in Public Libraries）。其后，DCMS 持续扩展和分析社会的包容政策方针，例如，在 2000 年其正式退出了《效率和广泛的当代图书馆标准》（Efficiency and Broad Contemporary Library Standards），2001 年推出《效率、广图书馆：图书馆标准和评估》（Efficiency，Wide Libraries：Library Standards and Evaluation）。如上文件均高度关注图书馆需要全面贯彻社会包容的基本理念，并且列举了英国图书馆需要为实现该目的而做出的不断奋斗和努力，其后世界上不同国家均开展和图书馆社会包容有关的分析和研究，获得大量成果，例如，布里奥妮·波迪（Briony Birdi）、克里·威尔逊（Kerry Wilson）和乔安妮·考克（Joanne Cocker）在《公共图书馆，排斥和同理：一个文献综述》（The Public Library，Exclusion and Empathy：A Literature Review）（2008）中直接梳理了在图书馆中使用社会包容观念的发展历程以及该理念的产生；在 2007 年的《图书馆社会包容的解决：如何认为》（The Solution to Social Inclusion in Libraries：How to Think）中，比勒陀利亚大学艾纳·傅立叶（Ina Fourie）论证分析了社会包容理念的主要价值，图书馆怎样将社会包容理念全面渗透到有关的服务环节中；迈克尔（Micheal Aodha）以及韦比克（Vibeke Kallar）在《对非传统图书馆用户社会包容倡议》（Initiatives for the Social Inclusion of "Non-Traditional" Library Users）（2005）中分析了爱尔兰利默里克大学建立在社会包容理念中的一种创新性图书馆服务，但当下国外图书馆在分析社会包容的研究成果中最显著和闻名于世的就是英国利兹城市大学穆德曼（Dave Muddiman）等的"对全部人开放？图书馆以及社会排斥"（"Open to everyone? Libraries and social exclusion"）课题的分析。这一课题项目在不同层面分析了图书馆实行社会包容理念的必要性，以及结合未成年人、老年人、性工作者、妇女等不同用户群体开展图书馆专业服务的基本方式和对策，其研究成果以及研究方式对中国图书馆分析探讨图书馆的社会排斥与社会包容的相关理论以及服务实践具有极强的实践引导价值和学术理论价值。

（5）基于管理学方面的研究。也就是在公共选择理论、新公共管理理论等层面研究对弱势群体图书馆的管理、服务、评估效率和相关问题等。美国的利普斯曼（Lipsman C.K.）就曾经在 1972 年出版了名为《图书馆效率和弱势群体》的书籍，其为最开始评估弱势群体服务的内容。英国谢菲尔德大学于 1975 年编写了《图书馆弱势群体延伸服务》，分析了延伸服务管理（涵盖了部门的合作、整合、评估、规划）问题，论述了弱势群体服务难以产出。在《1980年的公共图书馆》中美国劳伦斯·怀特（Laurens White）的公共选择理论，在研究前人分析的基础上，简单研究了弱势群体服务在较大层面造成图书馆降低服务效率的问题。1999年，穆德曼等在《对全部人开放吗？社会排斥和公共图书馆》的研究报告内表示"公共图书馆无法返回到此前消耗资源的社区图书馆服务和延伸服务中"，且确定了弱势群体服务有较高的消耗性特点。理查德·普罗科特（Richard Procter）和巴图·奎格（Bartie Quigley）调查分析了图书馆对弱势读者获得教育环节发挥的影响，并建议图书馆可构建诸多教育资料和信息，为有关的用户构建契合其需求的信息和课程，特别是和信息技术有关的内容。金内尔·玛格丽特（Kinnell Margaret）以及伊夫琳·克斯莱克（Evelyn Kerslake）在对个人技能、社区、经济影响的三个层面检验分析了图书馆对社会产生的影响。

（6）图书馆对视障用户服务的分析。直至2018年，就公共图书馆而言，其创建的视力残障服务系统已经具有150年的历史了。在1868年，于波士顿成立的首个盲人服务部，开了美国服务视力残障人群的先河。历经10载，直至1878年，美国的国会开始关注该服务，同时给予经费支持，自该政策实施之后，别的国家的公共图书馆也学习它的这项服务与政策，有的创建专门的视障图书馆。又经过20载，于美国的国会图书馆中创建盲人阅览室。在1931年，首个国家性质的联盟诞生，即国家图书馆盲人和视觉障碍服务中心（简称NLS），给予视力残障以及别的残疾者贴心服务。之后，NLS有了更广泛的服务，逐渐蔓延至阅读困难群体。至1964年，国会出台了公共法。由此视障服务打开了新方向。这一法律再次对盲人进行了修订，指出只要存在视力的制约，不能阅读的所有读者，全部能够得到公共图书馆给予的免费服务。NLS慢慢具备了两大跨州中心，创建了四大设备外界中心，咨询机构更是遍地开花，图书馆也于各地纷纷建造完工。在2009年，其又公布了《图书馆为盲人和残疾人服务资源2009》，其中确切地指出，不可以进行正常阅读的人群，图书馆要给予专门的资源，并进行社会援助。自此，服务目标就蔓延至残疾人。一方面促使不同地方的图书馆与国家盲人图书馆之间开展了更为密切的协作；另一方面，深化了美国图书馆提供给视力障碍人群的服务，促使其具有更高水平，进而使这一体系更加成熟。和美国相比，英国更早地建立了盲人图书馆，提早了 20 年。因此，其具备成熟的视力障碍人群的服务体系。于 20 世纪 60 年代之前，在英国，这一服务就有理论萌芽。尽管尚未于公共图书馆中开展，读者却能够通过慈善机构习得各种知识。在 1868 年，英国皇家全国盲人协会问世，公开地给予视力障碍读者各种盲文书。在 1882 年，国家盲人图书馆（简称 NLB）问世，设立盲文文本库，尽管于此之前公共图书馆就提供盲人服务。然而，在 30 年之中，盲人读者尚未获得足够的关注。在图书馆的各种服务之中，盲人服务并不占据主流，没有被注意到其在文献获取上的种种诉求。在该时期中，视力障碍人群的服务正处于艰难的发展之中。1964 年，由弗雷德里克·索普（Frederick Thorpe）创造出大字体书籍，并得以出版。这就促使英国公共图书馆在这项弱势群体的服务上步入了正轨。在 1988 年，约翰·戈德拜——英国皇家全国盲人协会中的一位高级雇员，到美国进行了访问，吸收其在残障群体服务上的优秀经验，受到极大的影响。返回至英国，积极倡导政府给予公共图书馆一定的资金支持，促进图书馆在视力障碍人群的服务上更加成熟。在 1989 年，其也创建了"视力共享联合会"（简称为 STV）。该组织是自愿参与的，倡导英国的各种志愿组织以及公共服务单位能够积极加入，同时也吸引众多的志愿者给予视力障碍人群以服务。这些服务资源全部来源于公共部门。在英国图书馆与该图书馆组织的密切协作之下，英国公共图书馆可以给予这些弱势群体更高水准的服务。就加拿大而言，相比美英，其在视力障碍群体的服务上起步比较晚。在 1906 年，该国的首座盲人图书馆问世，视力障碍人群可以在此免费学习。在 1918 年，该国创建了盲人协会（简称为 CNIB）。加拿大图书馆通过该组织给予视力障碍人群各种服务。在 1996 年，盲人图书馆进行革新，创建了一种数字近用信息体系，由此他们就能够如同正常读者一般进行阅读，简称 DAIS Y。例如，读者可以在有声读物或盲文书籍中放入书签，方便下次阅读，也能够借助有声读物播放器来实现各种图表以及标页码等的制作。此同样为加拿大比别的国家更为先进、更为优越的服务。Lucy R. 学者，来自美国，指出要以实际为根本，创建出真正关爱视力残障人群的图书馆。这项工程耗时比较长，并且离不开各种群体，学校或是各种公益组织以及政府部门的相互协作，由此获得社会援助，得到国家的资金支持，促进图书馆能够在资源上实现共享。这就推动了美国视力障碍人群服务的完善。2013 年，"图书的归宿"（bookends）被提出。此同样为一种志愿者服务，并且在资金募集的基础上，开展不同的活动，以此来促进 TPL 的购买，并给予资源服务。各位志愿者在每一年都要参与活动，同时也要给予 15 加元的捐款。之后把全部的捐赠做义卖，得到的收入用来服务 TPL 残障人士。郝淑红学者指出，就英国而言，其视力障碍人群的服务正在积极和公共图书馆和国家政府以及各种组织展开合作，促进视力障碍人群服务的完善，产生了突出成效。另外，其自主研发出 Reveal Web 数据库，这同样为该项服务打下了良好的基础。肖永英学者以及梁培之学者强调，英国的文体部门也专门出台实施了一项计划，即"未来的框架"，以此来完善视障人群的服务。该计划存在不少服务内容以及各项不同的项目，积极推动英国政府展开和不同公共部门以及志愿组织之间的相互协作，针对不同公共图书馆的实际制订出专门的计划，在全面协作的基础上，打开视障人群服务的新大门。Booth P. 学者，来自加拿大，指出多伦多公共图书馆力求让各位视力障碍读者能够更加方便地使用图书馆中的各项资源，在图书馆中设置了不同的设备，能够帮助其突破心理以及身体上的障碍。这些设备着重为各种残障人群，如视力、听力障碍人群服务，促使馆中的各项资源能够被更充分地运用。Sung E. 学者，来自美国，指出在 1999 年，美国的国会图书馆以及残疾人图书馆就已经借助因特网的点字体系，将检索范围输进点字提名，依次对各种目录进行检索，由此给予视力障碍用户服务。在 2001 年，这项服务又被完善，能够通过网页电子体系来查阅各种杂志。学者 Chevalier，来自加拿大，指出，图书馆给予视力障碍用户服务，此为所有图书馆不可缺少的一项研究主题。让视力障碍人群能够依靠自己的力量生活，培养坚强的精神，图书馆一方面给予其一些生活读物，另一方面也要给予其不同心理以及生存技能相关的各种书籍。如果图书馆中不存在有关的资源，就创建相应的网页链接，以此达到相应的成效。另外，在读者的有关诉求基础上，于链接中出示具体的资料订购信息，给予各位视力障碍用户一个极简却又全面的数字资源服务。

（7）关于阅读推广实践的分析。在 20 世纪末美国专家学者就分析了电脑、电视、网络和新兴媒体在推广阅读中的功效。其后的研究重点开始投向各州政府对阅读推广使用的对策和措施，且汇总了文化活动、推广阅读的主要内容：第一，为唤起地区群众对美国本土特色文化的兴趣以及热情，各州政府有效调动诸多的文化资源；第二，依托网络推动多组织协作，强化对文化基建的发展以及建设，该机构不但涵盖了出版社、图书馆、文化组织等长时间合作的机构，还涵盖了个人行为，例如，和某艺术家一起开展活动等；第三，定时举办文化活动、阅读活动，例如，家庭读书、读书会、电影赏析等诸多方面的活动，该活动一般均是将社区当作基本单位，由社区或图书馆开展工作。英国专家学者对图书馆开展的阅读推广分析更注重阅读愉悦性，表示阅读推广需要在有效了解读者需求、阅读情绪的基础上实施和开展，并非单纯强调对读者的责任性以及必要性的研究。并且，图书馆需要注重完善自身，在图书馆工作者的素养提升和家校联合层面发挥带头引导功效，让读者可以感受到阅读的乐趣，并且主动积极投身到阅读环节中。加拿大最开始分析阅读推广聚焦于图书馆参考咨询能力和公共图书馆对阅读推广的功效，分析倡导参考咨询的工作者需要拓宽阅读广度以及深度，提升参考咨询服务的品质直接决定了阅读推广服务的成效。其后，就有专家学者对当地书店、图书馆、家庭藏书的阅读现状予以分析。与此同时，学习和借鉴美国高校开展的阅读推广活动，对阅读推广构建了指导。近段时间，有专家学者在研究结果中表示：便于获得图书馆阅读资源的程度，与读者开展从事阅读和有关活动的持久性、倾向性为正关系，并且对完成学龄读者课业、亲子交流、全民阅读时间的延长均有显著的积极影响功效。

（8）关于图书馆信息无障碍服务的影响。阿里尔将调查目前正在使用哪些技术来实现数字无障碍，讨论与数字无障碍相关的问题，考虑图书馆如何更多地参与支持数字无障碍并将其整合到在线图书馆服务中。刘彦权、比勒菲尔德等人在文中分析了城市公共图书馆委员会的 129 名成员在多大程度上达到了《康复法》第 508 条的无障碍标准（《美国残疾人法》规定的无障碍最低可接受标准）。使用 HTML 评估工具 WAVE，根据第 508 条的可访问性标准对图书馆主页的 HTML 编码进行评估。细致深入地分析了图书馆网站的可访问性，研究结果表明很多的图书馆网站均存在限制可访问的编码问题。在接受调查的 122 家图书馆中，只有 7 家的主页没有出现第 508 条的错误。Lazzarin 对在线公共访问目录进行了研究，关注其与信息无障碍相关的方面，包括数字环境和物理环境。作者对自动无障碍工具 Access Monitor 进行分析，并且强调了调整一些无障碍举措对各种用户的重要性，包括视障群体。通过案例分析，对如何改善图书馆视障用户与 OPAC 的交互提出了建议。Dave 提供了 56 座北美大学图书馆网站无障碍性的纵向数据，以及无障碍性与某些设计方法和技术之间的联系。Bobby 3.1.1 用于评估是否符合 Web 内容可访问性指南 1.0，研究了页面布局的主要方法（CSS 与 HTML 表格），是否使用了内容管理系统，是否使用了跳过导航链接。结果发现，2010 年和 2012 年，博比批准网页的比例一直保持在 60% 左右。然而，每页错误的百分比，已经显著地下降。使用层叠样式表构建布局的站点比使用层叠样式表构建布局的站点每页的错误更少。使用 CMS 构建的站点比没有使用 CMS 构建的站点有更高的批准页面百分比和更少的错误。研究限制／影响使用的主要工具 Bobby 3.1.1 只能检测可访问设计原则的子集。未来的研究应该检查是否符合最新的 WCAG2.0 指南。发现使用内容管理系统可能会对可访问性产生积极影响。Adina 探讨了一个盲人参与者非常关心的话题：更便利地获取全文和访问全文。作者对美国大学图书馆盲人用户进行了 18 次开放式电话采访，提出了解盲人的评价对平等的可及性至关重要，发现无法访问的文章和作品耽搁了无障碍版本的发行以及参与者的使用，介绍了访问全文相关的扶持性技术和服务。Christy、Beula 和 Aishwarya Pillai 对 15 名参与者进行调查，在 57 个移动应用程序中哪些能被视障人群使用，通过 SPSS 统计软件包对他们的反馈进行分析，发现编制移动辅助软件的目录，为早期视觉障碍的移动用户提供了重要的信息。为普通用户开发的应用程序的内置可访问性功能是应用程序开发人员朝着包容的方向迈出的建设性步伐。作者认为，所有新的应用程序都应按照《网络内容无障碍指南》规定的标准为残疾人提供无障碍服务。Nir 等人探讨在以色列高等教育背景下网页无障碍的实施情况，使用自动化评估工具来衡量样本网页是否符合技术标准。结果显示，所有被检测的网页均存在无障碍性障碍，不符合最基本的一致程度。"对比"和"缺少备选文本"错误是评价中发现的最常见的问题。图书馆的网页比其他大学的网页具有更好的可访问性。这项研究强调，有必要制定明确和可执行的法律，以鼓励学术网页提升亲和力。此外，技术培训和提高认识可能是改善无障碍环境的关键要素。Kim 提出了改善残疾人数字信息无障碍化的新方案。提出只有当所有必要的硬件和软件都需要输入、处理、输出具有社会元素的信息时，才能期望残疾人数字信息可及性的改善效果。提出一个新的综合改进计划，考虑了社会因素和技术因素。米娜·法尼娅·伊万诺维奇分析了公共政策方面旨在改善画廊、图书馆、档案馆和博物馆的无障碍性和包容性的主要举措及其影响。在地方政府服务提供模式的变化、紧缩政策推动的公共开支削减、公众对服务需求的变化以及数字服务和技术新发展，威尔士和英国图书馆的使用受到威胁的背景下，对威尔士西南部一个以农村为主的机构图书馆服务变化进行网络分析，利用地理信息系统来监测图书馆当局目前正在考虑的政策对图书馆运营模式的影响。通过研究图书馆管理局重新配置一段时间后服务变化的空间影响，提出了在预算压力和公共服务提供的变化时期满足社区需求的方法。盖茨、艾瑞卡回顾了有关远程图书馆为残疾人提供服务的现有文献，并创建了一个可供该社区使用的在线图书馆提供策略。确定了适用于 D/HH 社区的 Web 内容可访问性指南（WCAG）2.0 的特定部分。利用文献资料，提出开发和购买无障碍电子图书馆资源的策略。作者认为图书馆可以通过为所有图书馆教学材料提供基于文本的替代方案，并与供应商密切合作，以确保图书馆数据库的可访问性，从而满足这个社区的需要。关注如何提升图书馆的服务效能以及残障人士的服务满意度。吴善京通过电话访谈的方式从韩国大邱首尔公共图书馆的视障人士收集相关数据（包括信息需求、信息源的选择与使用行为、获取信息的困难与差距、公共图书馆的使用行为和服务满意度），以分析视障人士使用公共图书馆的特征。并提出实际建议，以改善视障人士使用图书馆的机会。提出可以通过减少信息差距，提高信息理解或可及性来提高视觉障碍者的生活质量。Schroeder 归纳了密歇根州立大学（MSU）图书馆实施的各种无障碍倡议：制定了两项校园无障碍政策来帮助扩大和改进无障碍工作，实施电子资源无障碍购买程序；起草了一项五年无障碍计划，启动了多年期工作人员无障碍培训计划，以及内容无障碍和无障碍投资的详细计划；专门增加图书馆工作人员的职位和无障碍时间；起草无障碍声明和网站文件；建立内部补救服务；增加图书馆网站在十大学术联盟图书馆联盟中，开始领导与供应商电子资源可访问性相关的工作等，以更好地支持希望使用和访问图书馆服务与资源的残疾人。对其他图书馆的无障碍措施提供了借鉴网。Keenan 指出通过协作，大学和图书馆的工作人员解决了与无障碍媒体资源相关的新的和改进的服务所涉及的挑战。协同工作使得针对失聪人和听力障碍者的校园专业服务得以扩展和改进。合作规划能够高效率和有效地利用资源和专门知识来创造一种可持续的服务，它可以提供一个范例，供预算有限的其他机构仿效。Grassi 提出具体的策略，使青少年图书馆管理员能够在图书馆与年轻的残疾人建立积极、有效和受欢迎的关系。分享与残疾青少年共同开展项目的策略，解决与残疾青少年的父母和照顾者的合作问题。具体策略如下：直接与青少年对话，考虑沟通的语言，建立融洽的关系，尊重他们的隐私，尊重和鼓励独立，以人为本，邀请他们参与节目，成为他们的拥护者，以便青少年图书馆员能够更好地为图书馆中的残疾青少年提供包容性的客户服务。此外，还分享了与父母和照顾者一起工作的各种技巧。通过残疾青少年工作，提高图书馆员的能力，以提升图书馆的无障碍性。

（二）国内研究概况

国内图书馆在研究阅读困难服务中可被划分为如下的 11 个层面。

关于阅读障碍以及阅读困难的理论基础。阅读障碍一般是在口头语言、书面语言转换环节中产生的阅读功能缺陷、能力缺失问题，普遍产生于阅读能力发展的时期。阅读困难一般有比较广泛的内涵，涵盖了转化能力低下、阅读识别能力低下，由于缺乏充足的阅读资源造成产生的阅读障碍、在外环境影响中的阅读行为不能有效开展和落实等。当下我国在分析阅读障碍和阅读困难方面的资料比较少，普遍汇集在汉语发展性或儿童阅读心理阅读障碍等的医学、心理研究层面。例如，张映研究了广大小学生在阅读时造成心理障碍的因素，指出他们的自满、从众甚至是自卑都会促使其于阅读时受到一定的心理干扰。同时其也给出了与之相应的排除措施。宋然然学者在调查分析的基础上，借助语言以及神经心理方面的分析，同时运用了分子流行病学的有关分析，把有汉语阅读障碍的孩子当成分析目标，研究这类孩子的发生率，分析造成障碍的原因，为解决措施做好理论根基。缴润凯、路海东表示，造成儿童阅读困难的主要原因不但涵盖了生理、先天遗传方面的问题，还涵盖了心理和后天教育方面；为合理规避儿童在阅读方面的障碍问题，需要构建有效的鉴别方法和程序，鉴别有发展潜能的阅读困难群众，且在阅读教学环节中使用一定的干预措施帮助其合理解决该问题。李静表示，所有幼儿园均有发展潜力，并且极限不可限量，针对有阅读困难的学生，但凡可以及时对其提供有关的干预矫治办法，其就可以掌握必备的阅读技能，转变为有效积极的阅读者，且论述了干预阅读困难群众的方案。黄丹俞论述了未成年人阅读困难的种类特性以及基本症状，表示青少年以及儿童要转变为图书馆开展阅读障碍服务的主要关注对象，且表示图书馆要在馆藏资源、入馆政策、其他层面以及辅助设施方面对未成年阅读困难群众提供专门的服务以及特殊化帮助。

关于阅读困难群众的行为以及阅读需求分析。当下结合不同种类阅读困难群众的阅读行为以及阅读需求，开展针对性分析和调研。其中有典型性的成果为，冷选英等结合不同群体的阅读心理进行深入分析，通过系列研究梳理中国不同种类阅读困难群众（儿童读者、老年读者、工人读者、病人等）的阅读现实情况。王虹深入分析了阅读困难群众开展阅读行为的局限性，表示解决阅读困难群众的服务是落实全民阅读的基础，图书馆需要帮助阅读困难群众突破该问题。王瑛琦梳理分析了国外诸多的研究成果之后获得信息通信技术以及信息需求为目前农村群众的基本需求，国外图书馆在关怀农村阅读群众的行动中主要强调和当地社区展开合作，提供信息通信教育以及技术培训工作，逐步提升该阅读困难群体的信息阅读能力，运用阅读文化项目的方式逐步培养读者产生优良的阅读习惯以及阅读行为，推动当地阅读文化的升华和发展。岳景艳研究了造成农村阅读困难群众产生该问题的主要原因，论证了图书馆对农村阅读困难群众关怀的可行性，在落实个性化救援、开展人性化关注、提供本土化服务资源层面论述了图书馆关怀阅读困难群众的具体对策。袁嘉芮汲取儿童心理学的方法、理论、研究成果，梳理分析了在公共图书馆少儿活动中儿童心理学的真实使用。

阅读疗法的分析。阅读疗法为在治疗疾病环节中使用图书馆以及有关资料，在医生引导中有控制、有目的地治疗情感以及其他层面的问题的方法。我国专家学者在分析阅读疗法时可将其划分为三个时期：①起始时期（1995—1998），主要介绍和分析西方阅读疗法的真实现状；②实践研究时期（1999—2004），主要在评价、论述国外阅读疗法的研究成果中逐步演变为专题分析和探讨，且实现了学生心理健康教育和阅读疗法的有效融合，实施了诸多的本土化阅读疗法的分析工作；③反思时期（2005年到目前），逐步拓展研究视野，阅读疗法逐渐从实践分析演变为方法论分析。阅读疗法为当下国外和国内治疗阅读障碍、阅读困难的重要办法。在图书馆学层面中，北京大学图书馆的王波以及泰山医学院的宫梅玲在阅读疗法的引入和实践方面有极强的典型性。早在1998年，王波就比较详细地考察了英美等国的阅读疗法成果，并在国外的阅读疗法层面中实现了本土分析和改造，并对我国阅读疗法研究和实践做了全面总结。宫梅玲注重阅读文献需要有针对性以及挑选性，图书馆落实阅读疗法实践的主要内容是运用阅读引导，帮助用户更好地解决自身问题，其主要难题为挑选有典型性的文献信息。赵丰丰则通过对温州区域的图书馆以及医院使用阅读疗法的实践分析，归纳获得阅读疗法可以被应用在诸多疾病中，并且该疾病需要使用什么图书予以治疗。张为江表示，图书馆参与到学生的心理教育、健康教育中有一定的必要性，并且在强化条件建设、创建组织系统、落实综合疗法的层面分析了阅读疗法的心理教育作用。严莉、彭琰结合中国图书馆、医院图书馆、公共图书馆落实阅读疗法的现实情况，在实践分析和理论分析层面对比检验了医院图书馆开展阅读疗法的含义。王晓美表示，公共图书馆需要建立在阅读疗法中对群众带来全新的心理治疗方案，逐渐优化公共服务资源。陆思霖、陈雅认为，中国的民办图书馆，还尚未开展阅读疗法的有关理论分析以及实践探究。要创建与中国民办图书馆的运行以及发展相适应的宣传与推广模式，即"抱团发展"式，这会极大地促进这一疗法的实施。

就图书馆实施弱势人群阅读服务实践的分析。受到我国图书馆学会的有关引领，不同等级的公共图书馆都制定出各种各样的阅读推广形式，同时加以实施，以帮助各类弱势群体摆脱阅读困难，由此展现图书馆在我国公共阅读服务中的重要作用。王政、洪伟达认为，图书馆有服务阅读困难群众的优势，并且将其作为呈现社会包容、履行社会责任的主要方式，图书馆需要构建确保服务阅读困难群众的体系，对阅读困难群体实施知识援助，构建有很强针对性、差别性、高效性的图书馆服务。张春春认为，图书馆中存在信息生态系统，阅读困难群体的信息权利能否获得保障，受制于图书馆生态信息体系的均衡情况产生的影响，图书馆能够进一步优化资源的配置，开展不同的阅读宣传活动，培育为阅读困难读者服务的思想，创建信息一致的知识援助机制，提升读者的信息水平以及采用别的办法来给予这类人群服务。虽然现在我国对这类服务的研究不多，但依旧可以在图书馆实施的诸多弱势群体阅读服务实践环节中归纳总结获得图书馆对阅读困难群众提供服务的独特方法、模式以及成效。王萍研究了老年用户的阅读心理，并分析了在老龄化时期图书馆的服务对策以及服务方式。丁文祎在研究中国少儿阅读的现实情况中，梳理和归纳了近段时间少儿图书馆和公共图书馆在少儿阅读推广中的活动种类，并论述了经典案例，研究了案例的主要特性、教训以及经验。朱莺在研究中国图书馆对残疾人推广阅读的层面，论述了联合推广、单独推广、数字推广三种推广方式。王琳表示，对婴幼儿开展阅读指导为初步时期教育的主要内容，并且论述了建立在 5W 理论（拉斯韦尔）上的婴幼儿阅读推广方案。徐捷分析了低幼儿童的阅读推广问题，表示图书馆需要将 0 ～ 6 岁的儿童当作研究对象，分析阅读推广工作，致力于为婴幼儿构建优良的阅读环境，对其提供更好的服务，让家长可以通过图书馆开展家庭教育，合理引导阅读活动，激发学生的阅读兴趣，实现快乐阅读。

分析公民阅读权利和图书馆之间的关系。阅读权利是文化权利、图书馆权利、教育权利的主要内容，是分析图书馆对阅读困难群众提供服务的基础。伴随图书馆权力观念的觉醒，有诸多专家学者将研究热点投放在保障公民阅读权层面。例如，姚杰论述了公共图书馆保障弱势群众获得公平阅读权的方式为构建全面覆盖社会的服务系统，加快对公共图书馆制度的改革进度，创新图书馆的服务模式。井荣娟、胡石论述了中国阅读权利的研究现状以及发展历程，且结合图书馆面对的阅读发展态势，使用了 4R 理论、长尾理论，在氛围、理念、服务内容的层面论述了保障图书馆与用户阅读权利的对策和方式。张建中分析了图书馆在确保用户阅读权利、推动全民阅读中的主要职能和图书馆需要做出的努力等。

关于无障碍服务的研究。无障碍服务的分析重点汇集在如下层面：

无障碍设施、无障碍网页的建设、辅助技术、信息无障碍服务等。第一，数字图书馆的建设及无障碍网页的建设。张洁、赵子征根据互联网联盟（W3C）标准，利用 Web 无障碍测试工具 Achecker 对国内 61 座公共图书馆的网站进行了测评，找出其存在问题，并提出了推进我国 web 无障碍建设的发展措施。方燕云、田珈宁、吴晓红提出在信息技术高速发展的背景下，推广盲人数字阅读的必要性。从主页设计、资源利用情况、制度等方面借鉴了国外图书馆的先进经验，通过浙江图书馆的案例提出盲人数字推广途径，并提出盲人数字推广的建议。李蹊利用网页无障碍工具 Achecker，测评了国内外 10 座数字图书馆的网站首页，找出其存在的主要问题，并提出改进意见。方洁、邱慧芳根据网站设计的原则，参照图书馆服务质量评估模式 Lib QUAL+TM 及没货公共图书馆网站设计的典型案例设计读者调查问卷，对视障读者访问公共图书馆网站的影响因素进行研究，得出结论——影响视障读者访问网站的主要因素有网站资源的易用性、网站操作的易用性，并提出改进意见。高恩泽、毛雅君、李健分析了中国盲人数字图书馆网站的特点、服务效果、存在的问题并对其发展进行了展望。陈万嘉提出计算机在图书馆无障碍领域的研究，首先对"信息无障碍"这一概念进行了概述，其次叙述了图书馆开展信息无障碍服务的举措，最后介绍了如何设计无障碍网页：简洁性与实用性、非文本信息的可用性、网页的合理性和可调整性。陈颖仪分析了我国无障碍数字图书馆的发展现状，从技术（跨平台支持、用户体验、资源建设）、思路、理念三方面分析其发展趋势，并提出了实施策略。第二，辅助技术。主要指借助实时变化的信息技术帮助图书馆促进信息无障碍服务的发展。张兴旺、郝彦娜、王璐在人工智能、5G/6G、物联传感、数字孪生等信息技术飞速发展的背景下提出了运用信息无障碍智能交互技术（IAII），对面向特殊读者群体（视障读者、听障读者、运动障碍读者）的 IAII 技术进行了分析，主要介绍了面向听障读者的 IAII 技术与工具，并对听障 IAII 技术在数字图书馆中的应用进行了展望。刘富军、赵梦凡对人工智能背景下的公共图书馆的信息无障碍服务进行了研究，提出人工智能环境下公共图书馆的服务将呈现"四化"——文献资源智能化、空间智能化、辅助设备智能化、服务方式智能化，并提出了策略以保障信息无障碍服务的实现。王凯丽阐明了人工智能语音技术在信息无障碍服务中应用的重要意义，并对其从政策、技术等方面进行可行性分析，并提出相应的措施以保障语音技术能够真正发挥作用。王盈认为图书馆是信息时代下知识的中转站，应充分使用信息技术使信息流通起来，提出信息时代下图书馆信息无障碍面临的三个问题——传播效果的有限性、人力的有限性、自己的有限性，可以通过构建现无障碍代化文化互动体系、无障碍交流环境体系、无障碍共享的传播体系来改进。刘英华、李福坤梳理了我国盲人数字图书馆现状与发展以及运营的特点；分析视障人士信息需求的特点以及盲人数字图书馆基本的功能，并提出了盲人数字图书馆的基本技术架构。第三，信息无障碍服务。主要集中在信息无障碍服务体系的建设。王世伟在文中分析了信息无障碍的服务对象，介绍了各国图书馆为残障读者开展的信息无障碍服务；研究了怎样合理满足特殊用户的阅读需求和信息需求；论述了图书馆无障碍信息的网络服务属性；郭慧霞率先确定了信息弱势群体的定义，且研究了产生弱势群体的主要原因，并且研究了信息弱势群体目前现存的问题和障碍，分析了开展无障碍运用的意义和图书馆提供无障碍信息服务的重要性以及必要性，论述了图书馆提供的无障碍信息服务需要秉持的基本原则和使用的对策。魏真真概述了图书馆提出"以人为本"的背景，对"图书馆信息无障碍服务"这一概念进行解读，包含了物理实体方面、交流的媒介以及相关的政策和规章制度；从三方面提出了改进措施：政策和规章制度、服务理念、服务方式。欧懿对图书馆的无障碍的建立与发展进行了论述，提出信息无障碍的两方面：信息技术及网络获取的无障碍。论述了图书馆开展信息无障碍服务的必要性：一、顺应社会发展趋势；二、图书馆自身需具备开展信息无障碍服务的能力。最后从两方面提出如何建设无障碍图书馆：一、无障碍建筑和设施；二、开展无障碍服务（资源组织方式、人才资源和培训体系、服务理念和服务方式。陆红如、陈雅对国内外研究关注点及制定的标准进行了研究；根据"评估唯独——基本指标——指标要素"的逻辑结构，从政府、公共图书馆、读者角度进行评估体系的构建。张媛丽分析了构建公共图书馆信息无障碍体系的必要性，并从物理环境、技术、服务理念、思维模式等层面提出策略。齐向华、付宁指出我国公共图书馆界应该发挥信息优势，构建信息无障碍体系，承担推动信息无障碍发展的责任。国内公共图书馆信息无障碍服务现状实证研究。雷亚楠对山西省公共图书馆的无障碍服务从信息资源、物理环境、web无障碍进行了调研，找出山西省公共图书馆信息无障碍服务目前存在的问题，并提出了解决对策。王奕对江苏省视障群体的信息无障碍服务进行了调研，包括视障群体的信息需求、获取、利用等情况，分析其获取信息产生障碍的成因，从治本、开源、汇流三个角度提出了对策。李燕娜分析了我国港台地区公共图书馆对残疾人服务的现状，包括无障碍设施建设、文献和服务、无障碍网页等方面，为我国内地公共图书馆信息无障碍服务提供了参考和借鉴。袁丽华通过南京市视障读者对阅读活动的参与度、期望度等角度对阅读活动的效果进行评估，找出阅读活动存在的不足，并提出建议。邵建萍实地考察并比较香港和内地图书馆的无障碍环境和无障碍服务理念，并提出改进设想。

关于图书馆阅读推广活动的实践分析和理论研究。图书馆实施阅读推广活动的主要目标是引导实现无障碍深化阅读服务、倡导全民阅读等。当下我国和图书馆阅读推广活动相关的研究成果很多，涵盖了阅读推广的理念、意义、对策，推广阅读和创建和谐社会，网络时期推广图书馆阅读的效用以及渠道，图书馆阅读推广活动实践等。理论研究部分，范并思认为，当代图书馆学中，阅读推广和阅读为最主要的内容，现代图书馆的核心价值和阅读分析有紧密的关系，分析需要呈现人文关怀、可使用信息技术、支持阅读。在研究阅读推广中的理论基础问题涵盖了阅读退订的概念，图书馆核心价值以及图书馆服务的关系等；阅读推广的主要目标受众为所有公民，主要是对特殊人群提供服务，理论特性涵盖了阅读推广的目标群体、属性定位、价值基础、服务模式。吴晞表示，阅读推广作为图书馆的本质任务，同样也是根本性任务，也是历史发展的结果，社会发展、图书馆产业生存的基础；大阅读时期，图书馆需要承担社会阅读主体的基本使命，全面开展阅读推广工作。在评估制度、研究方法层面，王素芳分析了评估暑期阅读推广活动以及国际婴幼儿推广阅读活动的现实情况，研究了国外和国内经典的阅读推广活动的评估目标、评估方案、方法、测量指标、评估发现、采集数据办法等。

关于图书馆对视障读者服务的研究。通过我国知网进行了搜索，借助高级检索，将"公共图书馆"以及"视障读者"设定为关键搜索词，检索了从 2003 年直至 2020 年年底的资料，一共得到 113 篇文献资料。自 2003 年至 2008 年存在 8 篇文章，只达到全部篇数的 7.06%。自 2009 年，年发文越来越多。从 2009 年直至 2012 年一共有 33 篇文章，占总篇数的 29.25%；2013 年到 2020 年更是迅速增长到 70 篇，占总篇数的 63.69%。在最近几年，更多的学者开始探究公共图书馆实行的视力障碍用户服务体系，这就意味着学者以及社会都更加注重该问题。在检索的基础上，得到的主题比较多，比如，公共图书馆为视力障碍用户服务的现实状况，具有哪些不足以及有效的手段措施；视力障碍用户服务系统的创建，该服务的宣传、革新以及有关原则等，这类用户的有关诉求研究；视力障碍用户的阅览室以及网站的创建与运用等。就已经存在的研究而言，一些学者对该服务进行了定性研究，分析其存在的不足，同时给予了有关处理办法。陈艳伟学者在探究基础上得到，公共图书馆从不同的角度给予视力障碍人群优质的服务，比如，创建其专属网站，研发实行共享数字资源等，同时找到现在中国公共图书馆于视力障碍服务中的不足之处。同时加大政府的资助，并创建数字资源的共享，使数字化于视力障碍服务中能够加以延伸，以此实现视力障碍数字服务的联盟。刘晓景学者指出，因为视力障碍人群一般有着比较低的受教育程度，在全媒体环境的作用下，阅读方式应当发生改变。公共图书馆要借助各种先进的设备，促使视力障碍服务具备更高的水准，尽早地促成知识毫无阻碍地实现共享。钱春燕学者调查分析了弱势人群（当然也包括视力障碍人群），获得的图书馆服务状况，由两大角度提出了有关问题，一是图书馆文献资源的创建，二是图书馆自身。同时其也由三大角度给予了有效措施，其一站在图书馆本身的创建角度，其二站在互联网服务的宣传与实施角度，其三站在社会与政府之间的合作上。就该服务系统的创建而言，各位学者更多地站在中国的信息科技层面，大力推动创新性的服务系统，使视障用户获得更高水准的服务。李海燕学者指出，于该服务系统的创建过程中，应该把视障用户的具体阅读诉求当成重中之重，唯有在保障其阅读质量的基础上，同时通过各种服务资源以及管理创建的全方位革新，借助有利条件创建出合适的服务系统，才可以切实达到服务视障人群的有关要求。刘鎏学者强调要于新媒体的大背景中不断创新，站在该服务的信息科技层面，给予他们更快、更多的服务，推动视力障碍服务于公共图书馆中的完善。朱海英学者强调，公共图书馆是现在视力障碍读者获得学习机会、享受学习权利的最重要的手段。但其始终未由根本上给予视障用户帮助，主要的问题为：图书馆还不够重视该服务，不同部门也未给予有效支持，各工作者之间的协作不到位，图书馆在推广与宣传上还不到位等。就该问题而言，图书馆可以对各个潜在用户进行划分，针对类别，运用相应的宣传手段，倡导社会中各界人士可以知晓并关注该服务，在图书馆进行数字化完善的进程中给予一定的帮助，促使数字化具备更高的水平。让全体人民都进行监督，促进公共图书馆更好地担负起社会责任，让弱势群体能够享受到应有的权利。就视障用户的信息服务诉求而言，现在，中国的学者更多地借助网络调查来收集并整理视障用户的信息诉求，之后有目的地给予各位用户相应的服务。李婉彬学者以及李燕娜学者经过研究得到，就视障用户而言，其在知识上具有一致的诉求，因此对其的服务要做进一步的探究，并进行细化。笔者调查了各公共图书馆的不同视障读者，了解了有关诉求，由此得到了其获取信息的一些喜好，站在其群体特点的角度，并依据其个性爱好，考虑其所需信息种类，倡导图书馆一定要切实掌握他们于知识信息诉求上的特殊性，给予每一位视障用户切合自身独特的服务。李玥学者强调，和普通人并没有区别，视障读者也具备同样的阅读诉求。他们是图书馆中比较特殊化的存在，图书馆一定要给予其更为便捷的学习场地，每隔一段时间就掌握其知识诉求，同时对数字资源及时进行更新，使其能够学习更为全面的内容，发散其思维，满足其求知的诉求。就该服务的利用而言，现在中国学者着重就怎样给予其便捷的阅览室等给出了有关意见。韩雨滨学者指出图书馆要创建专门的阅览室，让其能够进行阅读，同时也能够休闲娱乐，由此打造一体化的服务。另外，完善阅览室的网络建设，尤其是一些硬件以及软件设备，使其具备普通人的标准，使视障用户能够上网进行冲浪或是浏览各类新闻等，给其一个亲密接触实际生活的平台。郭智学者认为视力障碍读者也如同残疾人，也想克服其生理上的缺陷，通过其他的辅助工具，借助专业网站获得知识，为此就要分析网站的无障碍信息创建，探究其硬件以及软件设备等，给视力障碍用户提供一个较高水平的阅览室。

关于阅读推广实践的研究。针对全民阅读的阅读推广研究。众多学者在研究中强调了全民阅读推广的重大意义及图书馆推行全民阅读的使命：认为图书馆应积极探求可行方法，建立与读者频繁的互动才能发挥自身作用；在全社会范围内推崇阅读，开展丰富多样的活动以及提供多领域阅读服务，使阅读融入人们的日常生活，有助于读者树立图书馆意识，这不仅是图书馆的职责，也是提高全民阅读能力及综合素质的重要手段；同时，公共图书馆正是在指导民众阅读、促进全民阅读的过程中，实现了图书馆自我的不断发展与完善；推进全民阅读不仅是公共图书馆的责任与义务，同时也是其日常工作的核心任务，树立与时俱进的全新思想，重视图书馆自身发展以及服务方法的全面创新，是使得这一任务顺利完成的关键保障。另外，关于全民阅读推广模式的研究方面，相关研究结论提倡推行"青少年阅读习惯培养、阅读网络服务构建、阅读指导服务开展、馆藏资源建设"四个维度的综合推广模式；建议效仿国外的三层阅读推广机制，即"阅读推广委员会统筹、图书馆参与指导、相关学者从事研究"的阅读推广模式；近年，还有学者就公共图书馆推行全民阅读提出了"阅读中心""阅读项目"以及"读书会"三种阅读推广服务模式。学者们对图书馆阅读推广的研究主要立足于方法模式研究和具有代表创新性的推广服务两个层面。在以往研究中，学者们提出的阅读推广模式分为与出版界合作推广模式、学分约束制阅读推广模式、学科馆员阅读推广模式、"纪念日"模式、名家讲坛模式、读者座谈模式、资源开放管理模式、获取知识技术的普及模式、网络多媒体模式等。在高校阅读推广服务方面，有学者认为图书馆应突破传统，开展丰富且有特色的阅读活动，如创建"读书社团"、举办"读书月"活动或效仿国外的"图书漂流"，充分调动起学生的热情投身到校园文化活动中，打造高校特有的阅读品牌；从高校阅读推广策略上看，首先应大力强化图书馆自身建设，提高对文献资源的补充、更新及科学管理；其次，应打造专业素养及服务理念都过硬的馆员队伍；此外可以通过开展相关的阅读活动、讲座等，从而达到使学生了解图书馆、了解阅读、了解自我阅读需求的目的，有助于其充分利用图书馆资源，将阅读形成一种习惯。针对少儿、青少年、未成年人的阅读推广活动以及模式研究。国内关于阅读推广对象的研究方面，学者们对儿童、青少年的关注度极高，并着重强调对其推广阅读的重要性。诸多学者在文献中表明：婴幼儿、青少年、未成年人应该是公共图书馆进行阅读推广活动锁定的重点目标人群，他们是实现全民阅读的突破口以及阅读推广工作的核心。为培养、提高这一群体的阅读兴趣习惯及能力，图书馆应颠覆传统阅读推广理念与模式，充分利用各种社会及新兴先进资源、打造"引人入胜"的阅读环境，对这一群体提供分年龄、分级别的快乐的阅读推广服务。其相关研究结论倡导的模式包括：将面向儿童的阅读推广与儿童心理学理论、发展学理论、营销战略与阅读理论多维融合起来，系统构建一种复合型儿童阅读推广模式；提出图书馆应从宏观和微观两方面开展阅读推广：宏观上打造馆家—馆园—馆社"三个一体化"的阅读推广模式；微观上从策划、宣传、实施、评估四个环节开展阅读推广活动；关于推广儿童传统经典阅读，采取兴趣激发与深度阅读教学相结合的模式，例如，开设培养儿童朗读、背诵能力的兴趣班，开设全经典阅读日制的辅导班等；为帮助未成年人从早期就树立起"知识和阅读就是储存财富"的理念，有学者提出"儿童知识银行"的阅读推广模式，图书馆根据读者在其举办的各种阅读活动中的表现奖励相应数量的"知识币"，目的是激励读者持续阅读。

在分析阅读推广中的新技术使用中，许晔表示数字阅读可对群众产生全新的阅读体验，图书馆需要强化数字阅读推广的活动和工作，且论述了图书馆开展数字阅读推广的方式和策略。王天泥表示，大数据之中的"3A5步"法可被使用在推广阅读服务环节中，且论述了该方法使用在阅读推广中的具体流程。高灵溪表示，社会化媒体的运转制度和体系可让用户参与到图书馆信息的传播和创造环节中，还可以和其他用户、图书馆等构建互动和交流，可以有效满足多向阅读需求，帮助落实图书馆阅读推广工作，以及推动发展。叶爱芳表示，建立在手机阅读基础中的阅读推广会演变为图书馆对外提供阅读服务的全新模式。滕云霞论述了建立在用户数据基础上的阅读推广模型和馆藏优化，并且将哈尔滨图书馆落实的"评选优秀读者奖励"活动作为案例予以实证分析。

当下我国图书馆开展的阅读推广活动还涵盖了结合不同区域、不同种类的图书馆，设定有自身特性的阅读推广案例研讨以及创新阅读推广服务模式的研究。例如，郎杰斌、吴蜀红论述了美国国会图书馆使用大量的资源和特殊地位积极实施全民阅读推广活动的开展；李芙蓉、李常庆论述了日本、美国等发达国家的图书馆实施的动漫阅读推广活动；闫伟东论述了欧美图书馆的阅读推广的多元方式；周樱格论述了日本图书馆在推广少儿阅读环节中的具体策略；王达论述了德国图书馆以及该图书馆的阅读推广方式；康媛媛等人分析论述了香港图书馆的城市阅读推广方式；肖永英、陈永娴论述了深圳社区图书馆制订的阅读推广计划，并且在分析阅读推广模式中，赵曼娟、朱紫阳表示 Living Library 作为一种全新的"阅读"方式，可运用精品导读、阅读空间的创新、注重品牌营销和推广、改变服务理念等落实阅读推广服务的创新；周铭蓉表示，开展阅读馆员制度可帮助构建图书馆的阅读服务制度和系统，不断创新阅读服务；季燕菊表示，图书馆通过开展推广绘本阅读的方式可以全面推动儿童的发展。如上研究成果均对图书馆对阅读困难群众服务构建了基础和参照。席俊红、郭亚军、刘燕权使用WAVE 无障碍评估工具分析美国 146 家城市图书馆的网站主页，获得和网页标准不符合的问题，且论述了改进建议。袁莉莉对美国公共图书馆针对残障群体的信息无障碍服务进行研究，认为其经历了起步、发展、完善三个阶段；借鉴其对残障用户的服务经验，主要遵循四个原则——自由和平等、公平和正义、多元和包容、开放和合作；以佛罗里达州立大学图书馆的服务为例，从法律、空间设计、馆员服务、与社区合作四方面提出建议。张熹对美国与残障群体相关的法律进行了研究，从建筑设施、辅助设备、馆藏资源、服务方式、网页建设等层面分析美国公共图书馆信息无障碍服务的现状，得出对国内公共图书馆信息无障碍服务的启示。姜晓琳对中日两国的图书馆无障碍服务现状进行了简要介绍，从服务对象、无障碍设施、服务项目（文献服务、信息服务、组织活动、馆藏建设、人员素质等）等方面对两国图书馆无障碍服务进行分析比较，找出存在问题并提出改进建议。朱纯学分析了美国公共图书馆残障读者信息无障碍服务，包括政策、馆藏资源、服务三方面，并且对我国公共图书馆残障读者的信息无障碍服务提出了建议。李莹波比较了欧美、亚洲部分国家和地区开展图书馆无障碍服务的实践，为我国公共图书馆相关服务提供了策略。

关于对阅读困难群体服务的阅读推广活动研究。当下，出于阅读困难在中国大陆区域的认知程度均不高，由此图书馆结合该群体提供的阅读推广服务比较少，通过在知网、万方、维普等数据库的检索，且将获得文献进行梳理筛选，只有32篇文献资料和研究主题比较贴合。细致分析文献资料可了解到，我国对图书馆对阅读困难群众提供的阅读推广服务的分析重点分布在三个层面：理论分析、分析该领域中的先进国家和地区，对未成年和儿童的阅读困难群体提供的服务分析。理论分析方面，中国阅读困难的定义最初是以"读写困难症"的方式存在的，该定义是王素芳在2006年论述和提出的，运用研究IFLA实施的图书馆服务政策，对中国图书馆的发展指明方向；其后的专家学者关于图书馆对阅读困难群众提供服务的研究思路普遍是按照如下思想开展：论述了阅读困难的症状、定义，分析了图书馆对该群体服务的重要性以及可行性、必要性和优势，对比研究国内外现状和实践现状之后，反思图书馆对中国阅读困难群众予以服务的现存问题，且论述了合理对策以及建议，该对策重点依托制定政策、强化宣传观念、构建友好环境、强化馆员能力等层面论述。分析该领域中的先进地区和国家。中国在分析阅读困难群众方面的实践比较晚，目前实践和理论依旧处于初步发展时期，很多的文献以学习和汇总在该方面步入前列的国家和地区的服务办法和理念为主，其主要目的是对中国图书馆对阅读困难群众构建的服务指明方向。黄丹俞、张志美等对国际图联一直以来有关对阅读困难群众服务的文献、指南、报告予以梳理和汇总，获知其局限以及优势；张旭、田花蔓、黄耀东等诸多专家学者在资源、法规、活动、馆员等层面对美国图书馆对阅读困难群众服务的现状予以分析；宋双秀、束漫对高校图书馆、英国图书馆的面对阅读困难群众服务实践进行系统分析和梳理；钟宝军、苏丽平、孙蓓、宗何婵瑞、陈兰等均对加拿大、北欧国家、日本、亚洲地区的图书馆对阅读困难群众提供服务的实践予以分析。对未成年人和儿童的阅读困难群体服务的分析。宋双秀、束漫两位专家学者运用前期对国外图书馆、国际组织的服务指南、文献资料的分析和调研，对群众和图书馆工作者发放与阅读困难有关的问卷，并且和社会组织展开合作，提出中国图书馆需要在内部建设、外部建设方面一起强化对有"读写困难症"的儿童提供服务。黄丹俞表示图书馆需要融合成年人阅读障碍的问题和特性，在阅读资源、进馆政策、设施、阅读资源等层面对其提供服务以及帮助。冯睿、杨彦嫱、许芸洁于国外图书馆在对阅读困难群众提供服务的现实情况的基础上分析汇总了中国现存的缺陷和问题，并且融合阅读困难儿童的特性，论述了有关的阅读推广服务建议和相关对策。综合而言，中国图书馆在对阅读困难群众提供服务的研究中重点强调理论分析，并且主要是调研国外已有的实践方式和理论基础，并从中获得经验和启示，不管是在实践操作还是在理论研究层面，中国和发达国家以及地区的先进经验对比依旧有较大的差距，对该群体的阅读服务水平需要逐步强化。

（三）国内外研究述评

"信息无障碍"一词进入我国较晚，未被普遍使用。目前我国学者研究的热点集中在对国外图书馆信息无障碍服务先进做法的研究上，以及国内各地实证的研究，大多是单一图书馆，对区域性公共图书馆整体情况的研究较少，且对象大多集中在视障读者群体，对其他弱势群体研究较少。本文对吉林省公共图书馆视障阅览室的整体情况进行了考察研究，对吉林省公共图书馆视障群体的信息无障碍服务进行了分析，对吉林省公共图书馆的信息无障碍服务水平的提升有一定的促进作用。通过我国以及国外在公共图书馆视力障碍用户数字资源服务的分析探究，能够得到，不管是我国还是国外都十分注重馆内服务系统的创建和完善。就国外而言，其依据传统图书馆，更关注视力障碍读者，从他们的层面出发，注重图书馆和社会其他机构的协作，同时注重信息科技的发展以及有关的法律法规。然而，和视力障碍读者别的方面的研究还未联合在一起，依旧要把有关的心理行为学以及别的有关学科结合在一块儿展开分析。和国外相比，中国在公共图书馆视力障碍人群服务方面起步较晚，也还不具备成熟的服务系统，对服务体系方面的分析非常少，该服务依旧是最初水平，大部分都只分析了该服务系统的创建以及在发展道路中遇到的各种问题。尽管早已对美国、英国以及日本等其他国家的这类服务展开过对比分析，然而详细到不同省市的这类服务资料还比较少。对我国这类服务的具体内容以及形式、有关的法律法规以及和其他机构部门的协作等主题仍要进行深层次的调研。

第一，政策法规保障层面。不同地区和国家均颁发了指导文件和法律条件，该内容和确保阅读困难群众的知识产权、权利、受教育权等有关。首先，在保障阅读困难群众平等获得阅读权利的基础上，英国颁发的《教育法》规定阅读困难群众可享受获得正规教育的基本权利、《瑞典歧视法》中要求保障阅读困难群体的公平学习权利、新加坡教育组织运用诸多方式和途径解决了阅读困难群众的教育公平问题等。在界定和识别阅读困难群体中，香港颁发制定了《阅读困难标准量表》对新学生予以测试和普查，进而更快接受训练和发展。在确保阅读困难群众公平获得知识的基础上，瑞典在《著作权法》中直接规定了对阅读困难群体的版权例外；与此同时，在诸多的残疾人法中也添加了阅读困难群体的定义。在颁发的法规法律政策可了解到，境外目前对服务阅读困难群体构建了明确的政策制度，重点是在目前已有的法律基础上添加和阅读困难服务有关的全新规定，但和阅读困难群体相关的单独法律文献不多。阅读困难群体作为图书馆提供服务的一种特殊群体，要在法律层面更多地倾斜和关注。

第二，设立服务组织机构层面。除却有关的法律保障，不同国家均专门对阅读困难群众构建了专门机构和部门，其目的是对其提供专门服务。例如，美国就成立了国际读写障碍协会，在网站中可单击美国不同州的地图跟踪不同州对读写困难的立法；新加坡的阅读困难和儿童测试中心对儿童测试阅读障碍和对阅读困难群众构建专门的服务。

不同国家和地区的图书馆运用构建有关的部门、实施诸多服务项目和其他机构合作对阅读困难群众构建服务。英国重点在郡、市组建的有关的组织，产生了全国覆盖的网络服务系统，为弱势群体提供服务。但有关组织机构普遍是对弱势群体提供服务，阅读困难群体只是其中的一少部分。美国专门设立了诸多有声读物服务组织结构，除却对视障者提供服务，还可以对阅读困难群众提供服务。北欧国家内，瑞典创建的无障碍媒体组织、挪威组建了盲文图书馆以及有声读物图书馆、芬兰的国家特殊图书馆，都是为阅读困难群众构建的有针对性的典型组织机构。在亚洲经济发达的国家和地区，对阅读困难和障碍群体构建的专门组织不多，图书馆提供的服务项目对阅读困难群众构建诸多的资源，例如，视频、音频、特殊资源等，使用诸多的辅助软件和工具，建立专门的网站，构建无障碍的借阅服务等。在亚洲区域，台湾、香港图书馆对阅读困难群众予以测试，尽早纠正以及发现；但日本则制定了一种多媒体无障碍数字信息技术对阅读困难群众提供服务。联合相关机构合作。图书馆可以积极地和诸多组织展开合作，对阅读困难群众构建了广泛的服务。英国政府、图书情报协会、图书馆实现紧密合作，美国的图书馆服务中心和不同的基金会、志愿者协会、州办公室等展开合作，芬兰等特殊国家图书馆和其他图书馆展开合作。在亚洲，日本图书馆残联委员会和公益委员会（24小时电视）进行深入合作，对图书馆构建了电子设备，但在亚洲的企业国家和地区、国家和图书馆、图书馆和图书馆、社会组织没有较多的合作。

第三，评价服务效果。尽管欧美不同国家图书馆制定了对阅读困难群众提供服务的结构，但普遍是在视障服务组织层面中延伸和扩展的，尚未产生完整单独的部门系统，由于阅读障碍病人不同于视障患者，无法将其视为一体，其服务的专门性和针对性需要逐步强化。在亚洲国家的图书馆普遍忽略了对阅读困难群众组建专门服务机构的必要性，尽管欧美国家对阅读困难群众制定了专门组织机构，但目前依旧有完善发展的空间，但对比亚洲而言其对阅读困难群众构建了良好有效的训练模式。国外图书馆目前对阅读困难群众提供了丰富资源以及诸多的服务项目，但并没有对该资源构建有关的教学服务，很多图书馆依旧没有提供识别和服务阅读困难群体的工作，欧美国家图书馆在联合有关组织机构中通过合作的方式获得良好成效，但亚洲国家和地区在该层面依旧有较大的发展空间。与此同时，阅读困难群体由于其症状产生较多的心理问题和精神压力，让其对学习和阅读没有兴趣，并且在心理服务方面图书馆也有一定的缺失。在综合层面，目前国际图书馆对图书馆阅读困难群众提供服务已经获得一定成效和进展，欧美国家目前有相对比较成熟的服务，但倘若对阅读困难群众构建更完美和专业的服务还需要不同国家和地区合作，逐步深化服务，持续完善服务系统。

三、研究意义

对比研究国外以及国内当下已有的研究成果，可了解到目前中国的有关研究依旧处于初步发展时期，实践研究和理论研究缺乏整体性、系统性以及可操作性。在一个层面而言，当下研究成果表现出分散发展态势，普遍对图书馆阅读基本理论研究、介绍阅读推广案例、梳理阅读服务价值等，结合不同类型的阅读困难群体（例如，残疾人、老年人、阅读困难病人、低幼儿童等）的研究成果比较少，拓展和提高到知识自由、阅读权利、信息公平等层面的理论分析比较匮乏；另一层面，目前已有的研究成果论述的改进对策比较分散，对实践活动的实施缺乏指导意义，缺乏有针对性、专门性、系统性的策略分析，对我国图书馆为阅读困难群众提供服务现存的缺陷和不足，丞须在阅读困难群众的成因、界定和阅读特点角度切入，建立在图书馆权利、信息公平理论基础上，运用对图书馆阅读推动活动、对弱势群体开展服务等的有关调查和分析，融合不同阅读困难类型群体的阅读行为以及阅读需求特性，论述典型性、针对性的阅读困难群体的优化服务对策；研究成果不但在梳理阅读权利理论、界定阅读困难群体层面有很强的学术价值，并且对指导读者阅读、组织阅读活动等均有极强的现实指导作用。

（一）理论指导意义

分析图书馆对阅读困难群众提供服务的相关问题，首先需要确定阅读权利与图书馆权利等理论的基本内涵，图书馆权利为引导图书馆提供服务的基本理论，阅读权利是保障群众可以满足自身阅读需求实施阅读行为的理论基础，对阅读权利的理解需要涵盖如下两方面：第一，全部公民不论贫困、年龄、语言、种族、社会地位，均可以享有公平获得阅读资源，开展阅读行为，以及使用图书馆提供服务的基本权利；第二，图书馆在确保全部公民可以公平实现阅读权利环节中，需要格外关注阅读困难群众的权利保障问题，运用明确阅读条例方案，提供阅读服务，均衡配置阅读资源的模式，让社会资源逐渐倾斜给阅读困难群体，消除阅读困难群体面对的诸多阅读阻力和障碍，且对其提供可用、特殊的服务以及资源。本文将阅读权利当作基本理论，重点研究不同类型阅读困难群体的阅读行为、阅读需求、阅读困难成因，可帮助掌握阅读困难群体的个性特性以及综合现状，明确缺乏阅读权利对阅读困难群体的受教育权利、文化权利产生的影响，为确保阅读困难群体平等获得阅读资源，逐步改良阅读困难群体的消极地位、构建阅读服务系统构建理论支持，推动社会和谐发展。

（二）实践指导意义

阅读困难群体一般会面对缺乏阅读资源、缺乏阅读能力、阅读模式受限、阅读行为受阻、干扰阅读环境的相关问题，由此阅读困难群众通常有过于宽泛的范围，覆盖了残疾人、认知障碍群体、低幼儿童、老年人、低收入者、农民等诸多类型，该群体由于长期缺乏知识、缺乏技能，阅读资源获得质量、数量、渠道和知识利用、信息处理能力均不强，位于社会边缘地位，并且不能落实自身的文化权利、受教育权利以及民主权利。长此以往，阅读困难群众基本上均会表现出公共话语权微弱、竞争能力降低、经济和精神生活比较差、参与社会活动程度比较低、被主流文化排斥等情况和问题，图书馆作为政府和国家为保障公民平等、自由获得知识和信息而设置的制度安排，对于确保阅读困难群众的阅读权利有极强的现实含义。运用实证分析的方式调研阅读困难群众的阅读行为以及阅读需求、分布现状、服务现状，通过数据描述的方式调研阅读苦难群体的阅读需求、阅读现状以及差异性，提出有可操作性、针对性、差别性的改进图书馆服务的对策和建议，运用设计典型的阅读推广活动，分析落实成效，研究有可实施性的阅读困难群体提供服务的模式和活动措施，对引导图书馆服务于阅读困难群众、构建无障碍图书馆、指导图书馆开展工作等均有极强的现实引导和指导意义。

（三）决策参考意义

国际阅读学会（IRA）曾在总结阅读对人发展益处的报告中表示："阅读能力的多少直接影响民族和国家的未来发展，由此国际上住的国家均将阅读当作企业的重点战略，使用诸多方式和策略全面推动开展全民阅读活动。"近段时间，我国文化政策的全面支持以及社会诸多方面的积极引导，直接推动了全民阅读活动的全面实施和开展，全民阅读问题当下已经获得社会的普遍关注，国家新闻出版广电总局在 2006 年和中共中央宣传部等 11 个组织机构联合颁发《关于开展全民阅读的倡议书》，党的十七届六中全会中第一次在全会决议中写入了"开展实施全民阅读"，在 2012 年党的十八大报告中要求在中国全面开展全民阅读活动；国家新闻出版广电总局于 2013 年制定了《全民阅读促进条例》，2014 年国务院政府工作报告中要求"倡导全民阅读"，2016 年，颁发了《"十三五"全民阅读发展规划》，将提升社会文明程度、提高国民素质、全面落实全民阅读当作"十三五"阶段的主要工作；2017 年，为保障群众的基本阅读权利，推动全民阅读发展，提高群众的科学文化素养、思想道德素养，践行和培养核心价值观，推动社会文明的提升，传承我国优秀的传统文化，制定颁发了全民阅读条例；2017 年 11 月颁发的《图书馆法》中注重图书馆运用开展读书交流、阅读指导、图书共享互换、诵读演讲的模式在社会范围内全面推广全民阅读。图书馆作为公共文化服务系统主要构成内容，是推动全民阅读、保障公民阅读权利的主要力量，但中国目前不同级别的图书馆普遍均有显著的分割行政体制、缺乏经费投入、不协调配置社会资源、难以实现可持续发展的问题，直接制约和影响了图书馆阅读服务的创新以及事业发展。通过引进和学习借鉴国外图书馆对阅读困难群众提供先进服务和理念的方式，运用本土化分析再造，论述优化我国图书馆配置阅读资源的政治框架以及对阅读困难群众提供服务的方式和制度保障，在微观和宏观层面设计服务于阅读困难群体的系统，对创建阅读服务系统、构建书香社会、营造优良的全民阅读氛围、推动全民阅读发展均有显著的参考、决策价值。

第二章　阅读与阅读权利

目前中国正处于主张权利的信息社会，同时也处于文化祛魅的阅读时期。阅读作为一种文化符号被新世纪赋予了全新的价值和意义，针对公民个体而言，个体的精神发育史代表了个人的阅读史，阅读是个体的生活方式、生存态度以及发展基础，截至当下阅读已经演变为群众完善自我、提升自我、落实终身学习、推动全面发展的生活模式，在社会中全民阅读正在扑面而来，且极大地改变了群众的日常生活。例如，在2014年2月7日习近平在接受俄罗斯访谈的时候表示："现在我经常能做到的是读书，读书已成了我的一种生活方式。读书可以让人保持思想活力，让人得到智慧启发，让人滋养浩然之气。英国乔治·戈登·拜伦（George Gordon Byron）曾表示：一滴墨水就可以引发所有人的思考，好书更可改变所有人的命运。"对社会来说，阅读是有内在信仰、观念、价值体系的综合文化，呈现出国家的时代精神以及公民意识，并且是国家综合实力的代表。但当下中国国民阅读现状并不乐观。按照我国新闻出版研究院落实和组织的第14次国民阅读调查结果表示，2016年中国成年群众有7.86本的阅读量，图书有58.8%的阅读率。中国是国际上最大的图书生产国，2016年出版49.9万种出版图书，人均阅读数量均低于其他国家。因此，推广全民阅读不但能显著提高知识储备、提高个体修养、推动全面发展、丰富精神文化生活的主要方式，还是民族和国家发达兴旺、传承文明的基本需求。

第一节　关于阅读的几个重要概念

一直以来，东西方文明对阅读问题都进行了深入细致的分析，并且不同学科均从不同层面切入，产生了诸多的阅读理论。1956年1月美国正式成立了国际阅读协会（IRA），代表现代阅读学为单独学科的产生。60 年代，国外高校均制定了和阅读有关的大学课程。20 世纪 80 年代，现代阅读学快速发展，研究内容从传统阅读行为研究演变为阅读生理和心理、对阅读教学、阅读技法、阅读规律等层面的分析，对现代图书馆学来说，阅读行为、阅读、阅读文化的分析可帮助图书馆工作者精准地认识阅读的基本规律和社会意义，为图书馆推动全民阅读构建理论支持。由此，本节将主要论述和梳理阅读及与阅读有关的主要定义。

一、阅读的内涵

受制于结构语言学、生成语法产生的影响，在 20 世纪的五六十年代国外在分析阅读理论方面产生小高潮，国外专家学者在界定阅读环节中论述了诸多定义，普遍可将其涵盖为四种类型：自上而下、自下而上、图式理论、相互作用理论。高夫最开始论述了自下而上的发展理论，其重点在信息加工理论层面分析阅读环节，这一理论表示："读者要理解自己读的事物，就需要将书面言语的视觉刺激演变为话语。倘若读者不同程度或缺乏经验，则该转换为表层的；倘若迅速阅读且为老练的，则为潜在转换。"在 1967 年古德曼（Goodman）论述了自上而下的基本理论，其反对简单化阅读的观念，表示"群众在阅读环节中，一般使用有关经验、语言知识加工课文。阅读为选择的环节，也就是在读者预期的层面中对可能获得的，最低的，将知觉语言线索持续加工，产生暂时的判定以及预测。该暂时的判定以及预测会在阅读环节中获得证实或者是持续提炼、拒绝等。由此，阅读作为一种猜测心理语言学的游戏，其涵盖了语言和思想的彼此作用。有效阅读并不是辨认全部的文字和精准知觉，而是挑选最有效、最少的线索，形成最有效猜测的技能。由此，在阅读环节中预期缺乏看到事物的能力为格外重要的。阅读环节并不是精确知觉的环节、系列加工环节，其是挑选的环节、做出暂时预期和判定的环节"。之后，在 1977 年英国鲁姆哈特（Rumelhart）论述了相互作用理论，这一理论也被叫作交互作用方式，表示"成功阅读为自上而下、自下而上的信息处理技巧的彼此作用"。图式理论表示，在阅读环节中，词形状不如视觉信息储存环节中，通过提取特征装置操作该信息，且在视觉信息储存中的重点和关键特性，该特性为感觉输入的综合器，综合器使用全部信息（非感觉和感觉）对输入图形做出解释。如上有典型性的阅读理论分析均呈现了阅读环节中用户的思维活动规律以及心理活动特性，研究了影响阅读的要素关系。其后，阅读理论历经现代阐释学、释义学、接受美学等的历程，被大量使用在文艺学、哲学、教育学、文学等学科中。其中文艺学、哲学的阅读理论将阅读文本当作所有可分析和解读的存在；而教育学、文学领域表示阅读理论研究对象普遍为读者的阅读活动，注重分析读者个人对文本的交流和阐释、研究阅读原理、提升阅读能力。阅读作为人主要的活动，该活动伴随文字的产生而形成，阅读打破了空间和时间的限制，方可对世界有更深刻和清晰的认识，但对该定义，学术界尚未统一。国外专家学者 Goodman 论述了阅读环节类似"心理语言学的猜测游戏"，是由选择、预测、证实、检验流程组建而成。在《阅读的至乐》中 Carey 表示阅读为揭示含义、理解图文、启发思想、引发共鸣的繁杂的脑力活动；Hulme、Snowling 表示：阅读是由比较繁杂的系列认知活动组建产生的，该环节涵盖了加工语音和字形、视觉研究、理解语义等。我国的专家学者王余光表示：传统含义中的阅读为加工该书籍的材料和文字信息，其后吸收和理解。并且人运用领悟符号意义和文本，并将其使用在实践中，该环节为人长期获得知识的主要途径。阅读为当代社会群众获得知识的主要途径，对人而言有显著的功效，阅读困难群众无法体会阅读产生的快乐。图书馆对阅读困难群众提供阅读推广服务，不但可解决生活问题，还可以提供心理慰藉。

中国为四大文明古国，在阅读方面有悠久的历史，一直以来就深刻认识了阅读，在分析阅读中也在不同角度、学科中开展，产生了诸多的阅读理论。一直以来在群众的观念中，阅读就是读书。由此，最开始的阅读理论可被看到于阅读指导中，例如，《程氏家塾读书分年日程》《唐末士子读书目》《读书次第》《经籍举要》《书目答问》；论读书的文集，如《荀子·劝学篇》《吕氏春秋·劝学》《颜氏家训·勉学》；论读书方法的书籍，如《朱子读书法》《宋先贤读书法》《读书作文谱》《读书说约》《轩语》《读书法汇》等；记载读书事迹与掌故的书籍，如《读书止观录》《读书十六观》《读书十六观补》等。中国情报学、图书馆学自身研究阅读理论的学者为王余光（北京大学），其将阅读当作文化现象，放置在社会历史环境中综合分析和考量，使用文化研究的办法和理论，认识到阅读的意义和内涵。王余光表示，阅读为在书面符号和语言中获得意义的实践活动、社会行为、心理环节，也就是阅读主体（读者）和文本（书籍，为整个宇宙）彼此影响的环节。该意义中的阅读定义涵盖了四方面：①阅读是人的认知环节，群众运用阅读探索未来，实现自我创造和突破；②阅读是一种文化的普遍现象，为群众获得知识的主要方式，演变为不受到地区限制和实践限制的被群众接受第二部行为模式；③阅读为文化的延续和知识的传承，图书流传对人的文化创造和继承构建了基础，阅读让文化创造和继承演变为可能；④阅读为群众生活的基本内容。

二、阅读的外延

（一）阅读需求

阅读需求为在客观环境中阅读主体对文献的数量、内容、形式、质量的具体要求和需求。阅读主体运用活动获得知识和信息，运用阅读需求传达阅读活动的意向以及愿望。阅读需求为个体的心理需求，在阅读环节中心理要素发挥主导功效。阅读需求直接制约和影响诸多心理活动，决定了能不能顺利开展阅读行为，是开展和实施阅读行为的本质动力，唯有结合阅读需求，方可掌控阅读主体的发展规律和心理行为。阅读需求一般要划分为研究型、学习型、欣赏型、应用型、治疗型等诸多的类别，有层次性、针对性、满足性、弹性、关联性、诱导性、发展性、指向性等属性和特质。

阅读需求一直不断地改变和发展，由于有不同的阅读媒介、阅读群体、阅读目的、阅读方式、阅读内容的区别，表现各不相同的需求属性。尽管是相同的个体，伴随经历、成长、环境、身份等的改变，其阅读需求也不同。并且，阅读需求有持续发展的属性，可全面贯穿在人的一生中，代表阅读主体的求知欲。在阅读群体的划分方面而言，不同群体有不同的阅读需求，例如，老年群体的阅读需求重点是休闲消遣信息、养生保健信息、政治时事信息等，农民阅读需求重点是科技信息、农业信息、法规法律知识、致富信息、经营管理知识等，青年的阅读需求重点是科技教育、娱乐文化、课外读物等信息；阅读媒介层面，伴随手持阅读器、电脑、手机等移动终端的持续发展和网络的发展，阅读媒介表现出多样发展态势。并且，阅读需求伴随开始在纸质媒介演变为数字媒介，特别是当下的数字阅读、网络阅读演变为群众获得知识、信息的主要途径。第十四次国民阅读调研结果表明，2016 年国民有 79.9% 的媒介综合阅读率，数字化阅读实现了 68.2% 的接触率，接触手机的时长显著提高，人均一天要使用 26 分钟的微信，但人均一天读书只有 20 分钟。伴随群众阅读模式的改变，阅读目的和需求也产生改变，正是在将学习工作需求为核心的学习性阅读演变为视野开阔、增加知识、消遣休闲、提升修养、满足爱好和兴趣等多阅读目标的改变。并且伴随阅读内容的世俗化发展，阅读需求也伴随阅读内容的丰富而向着流行、通俗、消遣、实用的方式改变。

（二）阅读行为

20世纪60年代前，通过阅读行为产生的阅读理论分析占据统治和主导地位，其将阅读环节界定为句、词、意义构建关联的环节，注重在阅读理解中词汇的功效。20世纪三四十年代，美国芝加哥图书馆研究院开始分析阅读行为，在韦普尔斯（Waples）等人引领下，学院承担了诸多和阅读行为有关的课题研究，通过大量的社会调研深入细致地研究了对阅读行为和阅读兴趣产生影响的诸多要素。韦普尔斯自身也运用实证分析论述了阅读兴趣和社会群体的关系，芝加哥学派强调在历史、社会、文化层面发现图书馆活动的基本原理，运用研究阅读呈现阅读本质，由此发现图书馆的社会价值。阅读行为的产生环节将外环境和内环境的刺激当作核心，其中最主要的刺激是源于人自身的阅读需求，人的客观需求（例如，物质、生产、精神需求）直接激发了人的政治、经济、文化行为。其中阅读行为就涵盖了阅读实施和提供阅读，倘若缺乏任何一方面则会制约阅读的实施和执行。

为掌握群众的阅读特征、规律、倾向等，精准把握阅读行为的发展态势和表现，加拿大、美国、韩国、新加坡、英国、法国等不同国家均落实了不同范围和程度的国民阅读评估和调查，且积极探求改进方式和措施，近段时间我国新闻研究院也持续颁发了15次调查国民阅读行为的研究成果，呈现出目前中国公民的阅读行为特征：数字化阅读模式的接触率明显提高，图书阅读量增幅不大，成年群众接触手机的时间显著提升，人均阅读纸质书籍的数量为4.65本／年，人均承受图书价格的能力逐渐提高，有40%以上的群体表示阅读书籍的数量不足，有70%的成年群众表示希望当地有关机构和组织举办和阅读相关的活动，未成年群体平均每人阅读图书8.34本／年，有90%以上的家庭日常有陪伴孩子共同读书的习惯，伴随多元媒体的产生和发展，阅读行为开始渐渐在传统媒体演变为全媒体、新媒体，少儿阅读也获得更多家庭的关注，国民也开始反思和了解自身阅读，免费阅读为推动全民阅读的基础。

（三）阅读心理

阅读心理为阅读环节的记忆、感知、想象、思维、兴趣、动机、意志等心理情绪的统称，经常可见的阅读心理可被划分为唯我型、尚名型、从众型、应试型、研究型、学习型、消遣型等诸多类型，对用户阅读心理产生影响的要素，除却用户自身的心理内在要素之外，还涵盖了阅读对象的形式、特征、内容、不同的隐性以及显性环境、社会综合阅读现状等外部影响要素；针对阅读主体而言，对阅读产生影响的内动力为阅读心理，涉及阅读目的、动机、需求、意愿、注意力和阅读心境、兴趣、美感、阅读联想、阅读能力等相关问题。

在20世纪的60年代，伴随认知心理学的持续发展，人类的学习环节被当作认知结构的改造、重组、发展，强调已有经验和知识的功效。按照认知学派的理念，阅读为在书面信息和资料内获得意义的环节，为获得信息的加工环节，至于可不可以获得意义，能不能理解，取决于用户的认知结构，也就是阅读背景知识对目前活动产生的影响。在分析阅读心理中是在发现眼球运动规律方面开始的。阅读者在阅读环节是整句合成或几个字合成查看的，并不是逐字查看的，并且在心理学方面而言，已有很多知识对阅读环节产生影响，那么可清晰地呈现阅读环节用户的思维活动规律、心理活动特性，可帮助研究影响阅读的不同要素的关系。在国外有关的分析和研究中，古德曼、史密斯首先在心理语言学方面研究了第一语言阅读环节。史密斯在1971年第一次论述了"冗余"理论，他认为，"阅读环节的信息重点源于4方面，分别为听觉、视觉、语意、句法，该来源通常均是重复存在的，倘若读者可有效使用其他的3个来源，那么就可以降低在视觉方面信息的需求。由此，读者倘若可以合理使用诸多层面的信息来源，则可降低对可见信息（阅读篇章）的基本需求"。按照该理论，古德曼提出了阅读是"心理语言学的猜测游戏"这一理论，并认为，阅读环节为挑选、预测、证明、检验的认知活动；有效的阅读并不有赖于对全部的语言成分的辨别，并使用在信息输入的比较少的线索进行判断。

（四）阅读文化

王余光是业内最早开始分析阅读文化的专家学者，其表示阅读文化的含义可在狭义、广义层面理解。广义层面的阅读文化为创建在某物质和技术形态中，受到环境制度、社会意识的影响而产生的阅读文化活动以及价值观念。从狭义角度，阅读文化指阅读文学艺术作品。阅读文化分析为在文化方面对人的阅读活动的研究，可以将其当作是文化现象，添加在社会历史的综合环境内进行考量。因此，阅读文化研究注重社会的阅读习惯、阅读传统、阅读和宗教的关系、阅读价值取向等。

在结构中可以将阅读文化划分为：①价值和功能层面，涵盖了阅读的最终目标、读书人的价值取向、阅读理念、宗教信仰、文化形态、民族精神、道德修养对阅读产生的影响，阅读的作用，阅读对塑造个体情操和品格、社会生活、价值观等有怎样的影响等；②政治和社会意识方面，为制约和影响阅读的诸多社会要素，例如，群体观念、政治观念等；③教育和环境方面，是指阅读文化发展和产生的物质基础，涵盖了图书馆、经济、社区、出版业、教育、家庭等层面。阅读文化有地区性、时代性、群体性、民族性、关联性等相关特性；其中时代性呈现在阅读的形式和风气是随着时代的改变而不断改变的，阅读会受到当时经济、政治、文化、教育等诸多社会要素产生的影响；地区性呈现为不同地区有不同的阅读文化，一般经济比较发达的区域通常是阅读比较发达的区域；民族性则呈现为在不同区域中阅读文化也表现出独特的民族性；群体性则呈现为在阅读文化中可呈现一个民族、社会、一群人或国家共同产生且拥有的阅读行为和阅读理念特征；关联性呈现出在一个社会、阅读文化、民族的经济、政治、传统、宗教、问俗等有紧密关系。尽管，当下中国和阅读文化相关的研究成果不多，但有较多的史料，在史学层面切入对阅读史的系统分析也为阅读文化的分析体系，例如，分析历代经典读书办法、历代推荐书籍、历代读书故事和事迹等。

（五）阅读疗法

阅读疗法源于"bibliotherapy"，也被叫作书目疗法、图书疗法、读书疗法等，其将文献资料为媒介，将阅读当作养生、保健、辅助治疗病症的方式，让自身或引导其他人运用学习文献内容进行探讨和领悟，恢复或养护身心健康的办法。"bibliotherapy"词语源于"biblion"（book-图书）以及"oepatteid"（治疗或者医治）的组合。美国将最开始的阅读当作辅助疗法添加在医疗卫生系统中，开展临床应用和学术分析的国家。1916 年的美国塞缪尔·克罗色尔斯（Samuel Me，Chord Crothers）在《大西洋月刊》XAtlantic Monthly）上看法文章，第一次创造且应用了该词语。在《道兰德插图版医学词典》内 1941 年将"bibliotherapy"界定为：使用书籍治疗精神病症。英语内的"bibliotherapy"有"reading healing, ureading treatment nureading therapy""reading cure"等同义词，阅读疗法在产生之后，就在诸多国家获得了密切关注，俄国、英国、荷兰、德国、日本、芬兰等不同国家均对阅读疗法的实践和理论进行分析。20 世纪 50 年代到 70 年代，各个国家均重点关注阅读疗法，特别是在 1984 年 IFLA 刊发了《图书馆对残疾人和意愿病人服务的基本纲要》，注重了图书馆对残疾人、病人进行阅读疗法服务的重要作用，代表着在国际图书馆服务体系内正式纳入了阅读疗法。

在 20 世纪的 90 年代阅读疗法被引进到中国，该时期我国专家学者在研究中基本使用美国的《图书情报学百科全书》以及《韦氏新国际英语词典》对阅读疗法的界定，也就是"利用选择性的精神病学和辅助医学治疗，运用指导阅读的方式解决问题"。国内最开始专门分析阅读疗法的为北京大学的王波，王波表示阅读疗法是运用阅读的方式促进个体的健康发展。可以将阅读疗法划分为临床阅读疗法以及发展阅读疗法，王波在心理学原理、发生学原理、心理生理学原理、生理学原理等诸多层面，论述了阅读疗法的作用体系以及基本原理，之后我国的专家学者陈淑梅、宫玲梅、万宇等开展了本土化的阅读疗法实践分析以及理论研究。具体到阅读疗法的基本内涵，可将其归纳成：将书籍当作治疗方式的心理治疗模式。近段时间，阅读疗法有更广泛的应用，可直接被使用在改善养老组织机构中老年群体的幸福感、对中小学生开展健康心理教育、解决大学生网络成瘾问题、治疗抑郁症、重建灾后青年心理等相关内容，并涉及社会学、心理学、医学等诸多层面，向着具体化、多样化层面演变和发展。

（六）阅读推广

阅读推广（reading promotion）也叫做阅读促进。于良芝按照在图书馆开展阅读推广积累的经验，将阅读推广叫做"以培养特定阅读兴趣或一般阅读习惯为目标而开展的读者活动或者是图书推介宣传"，且表示阅读推广的成效重点呈现在阅读量的改变、阅读行为的改变等，进而可了解到，阅读推广的目标是培养阅读兴趣或者习惯，并对人的阅读行为产生影响。和学习、工作有关的阅读行为则有目的性——解决学习或工作中存在的问题，不容易受到阅读推广的影响，阅读推广主要覆盖了如下的基本要素：推动或推广活动、被推介或宣传的书籍、阅读活动和公众等。

当下有诸多分析阅读推广的文献资料普遍是分析一馆一事的服务模式和阅读推广的发展以及现实情况，而对阅读推广的目标、价值、服务特性、种类等理论问题的分析比较少，阅读推广目前为缺乏理论支持、研究较少的领域。华东师范的范并思表示："阅读推广为图书馆开展服务的一种模式，主要对特殊人群开展服务。阅读推广为一种碎片化、活动化的目标，其主要目标是让不喜欢阅读的人喜爱阅读，让不会阅读的人学会怎样阅读，让有阅读困难的群体突破障碍。"中国的阅读推广实践目前已经开展了很长时间，但不同图书馆的阅读推广的活动普遍处于无序、杂乱、零散的情况，怎样确定阅读推广的边界和种类、理论基础、探索分析和与不同群体比较吻合的阅读推广服务对策、优化配置阅读资源、设计阅读环境、推进策划和开展阅读推广活动、组织评估阅读推广项目、培养阅读推广人力资源等问题当下依旧需要深入分析和研究。

（七）阅读主体和阅读能力

一般将有阅读能力的群体叫作阅读主体。在阅读环节中阅读主体处于主动、最核心的地位。要演变为阅读主体则需要满足如下条件：第一，对阅读要有动机以及欲望，有实现交流、情感、获得信息层面的目的，主观上需要开展阅读活动；第二，自身有一定的阅读能力，可将其理解为阅读主体为实现阅读而开展的阅读动机、阅读环节需要有的能力和本领；第三，在有阅读能力、意愿的基础中，要全面投入阅读环节中。唯有拥有如上三种条件，方可将其叫作阅读主体。

在阅读活动中，阅读主体在行为和心理层面呈现的特性为阅读能力，该能力的多少直接决定了阅读活动的成效，并且是能否有效开展阅读活动的主要保障和基础。阅读能力重点涵盖了如下方面的内容：朗读和识别能力。阅读之中的阅字原本就是察看的意思，读则是将文字朗读出来。运用视觉精准识别文字，且运用语音体系实现正确发音，这是阅读主体需要拥有的基本阅读能力。语义理解能力正确解读词语、文字、篇章、句子的含义，还可以深刻体会其含义。鉴赏和评价能力，是阅读主体在受到阅读素材产生的影响时，调动且融合此前的经历经验、积累的知识、情感思想等，欣赏以及鉴定阅读内容，且进行理性总结和判断的一种能力。阅读能力是在长时间的阅读活动中，阅读主体将自身积累的信息和知识进行合理转化且灵活应用的基本能力。

（八）阅读能力发展理论

阅读能力发展四阶段理论。有专家学者专门针对阅读能力论述了四阶段理论，该理论表示在发展阅读能力环节中需要历经如下时期：

第一时期：猜测语言。即在无意识学习环节中读者会碰到生僻字，其为读者运用自身已经掌握学会的文字和语言环境判断和猜测该不熟悉的文字，且依托记忆法记住该文字的读音。

第二时期：区分猜测。在该时期，读者依托视觉，区分、识别、学习字词，是一种更繁杂的猜测对策。

第三时期：持续解码。即用户按照自身已经掌握的规则和知识，自左到右按照顺序对契合构字符号和规则的文字予以破译。

第四时期：层次解码。这是建立在持续解码的层面中的，读者掌握很多的解码规则，且将其使用到自主学习和研究环节中。

阅读能力发展三阶段论。后来，有专家学者按照阅读能力发展的三个时期提出了三阶段论：

第一时期是字符时期：在初步阅读的时期，读者利用视觉文字图形化识别，积累了大量的字词，该策略的作用逐渐被弱化；

第二时期为拼音时期：用户识别字词的策略渐渐演变为依托字形和音位的对应识别。该方式可以帮助用户大量积累词汇量。该理论还获得了两个特别重要的结论：在读者培养阅读能力和发展阅读能力环节中语音发挥了显著的功效；不能顺利在字符时期演变为拼音时期的用户，会出现阅读困难。

第三时期为字形时期：该时期的用户有了对字形识别的基本能力，可脱离语音知识就可以认读字词。

不管是阅读能力的三阶段论还是四阶段论，均可以了解到，在发展阅读能力的环节中，人的语音、视觉识别等均发挥显著的作用，或可以说：语音能力、视觉均在较大层面直接决定阅读能力的演变和发展。

（九）阅读推广理论

"阅读推广"的英语为"Reading Promotion"，"Promotion"有"提高、推进"的含义，由此可以将"Reading Promotion"翻译为"阅读促进"。"Reading Promotion"该词汇源于 1995 年，也是在该年度将一年的 4 月 23 日明确为"世界版权和图书日"。在 1997 年在国际上就产生了全民阅读活动，在美国国会图书馆、联合国教科文组织、国际图书馆协会联合会、美国国家艺术基金会等都曾经倡导全民阅读。

在国际上被认可和倡导全民阅读之后，阅读推广的定义在中国获得传播和延用，且渐渐演变为我国诸多图书馆专家学者的高频热点研究词汇。关于界定阅读推广的定义，万行明、闻德峰认为：可以激发用户的阅读兴趣、培养阅读兴趣，提倡群众阅读且培养优良阅读习惯的活动均可以被叫作阅读推广；张婷、谢蓉两位专家学者在阅读推广的组合要素——推广主体（谁进行推广）、推广对象（为谁进行推广）、推广模式（如何进行推广）、推广课题（具体推广的内容）层面论述了阅读推广的定义。很多专家学者，例如，李国新、于群、吕学才、胡庆连、刘开琼等结合阅读推广目的进行分析：他们认为在社会氛围中通过阅读行为可以激发群众阅读兴趣。张怀涛在诸多专家学者的研究基础上，论述了阅读推广的含义："阅读推广"为推广阅读；是社会个人或组织将对社会、个人有利的阅读活动进行推广，进而推动群众开展阅读的一种活动；在专业方面可将其论述为：个人或社会机构为普及阅读活动，最大可能性地扩展作用范围，使用某种可积极引导群众广泛参与到阅读事业和文化活动中的方式和渠道，进而逐步强化阅读的影响力度。

深入理解阅读推广需要创建在有明确概念系统的层面中，阅读推广概念可在如下四个层面进行解读：阅读推广主体、推广客体、推广对象、推广方式，其为对谁推广、推广什么、谁进行推广、怎样推广的问题。

（1）推广主体。可以将其理解为谁进行阅读的推广。这里的"谁"对阅读推广活动的组织、筹划、管理、落实的一方。阅读推广有较多的主体，并且都是不同的，不同的推广主体，其开展的阅读推广活动也不同。

（2）推广客体。即推广的阅读内容是什么。这里的阅读内容，并非单纯指阅读的读物，还包括推广阅读兴趣以及阅读能力。

（3）推广对象。即对谁进行阅读推广，也就是此次活推动的主要目标群体。推广对象为在该阅读推广系统中最主要的构成因素，所有的推广活动在清楚掌握推广对象的阅读需求、阅读特点、阅读目的的层面中开展的，有针对性地实施。只有推广活动和目标群体的特征比较吻合，方可最大可能性地发挥阅读推广的作用和成效，落实推广阅读的最终目标。

（4）推广方式。即如何进行阅读推广。为推广客体运用何种对策、方式、开展实施怎样的活动，进而实现推广阅读的最终目标。

三、阅读的实现与意义

在阅读的实现机制和发生原理中可以了解到，阅读在本质上而言是一种认知环节，也是客体和主体彼此影响产生的。其中文本是阅读客体，读者是阅读主体，阅读环节受到主体主观能动性（也就是阅读能力、阅读需求）和客体的现实存在（例如，阅读资源的数量、品质）的影响之外，阅读成效还会受到外在要素的影响和制约。对阅读产生影响的要素为：价值和功能方面，例如，道德修养、宗教信仰、民族精神等；市场和社会意识方面，例如，群体观念、政治观念、市场等；教育和环境方面，例如，图书馆、经济、社区、出版社、教育、家庭等。

在某层面而言，历史为知识的传播、积累、创新的环节，在该历史发展过程中，阅读一直伴随文化发展、社会文明的发展而不断演变。对个体来说，阅读环节的落实有很多的困难和干扰，但人依旧使用了该模式，主要是因为对比其他社会活动阅读有不能比拟的价值。阅读的现实含义为：在宏观层面而言，可提升文化水准和社会文明情况；在微观层面而言，有利于提升个体的综合能力以及文化素养。

在宏观层面而言，阅读代表了民族的未来和希望，并且是民族文明的传承和发展的希望，还是图书馆发展和生存的根本。人通过阅读发展智力、接受教育、获得信息，阅读文化直接关乎社会的可持续发展。伯纳德·贝雷尔松（Bernard Berelson）、道格拉斯·韦普尔斯（Douglas Wapls）、富兰克林·R·布兰德肖（Franklyn R．Bradshaw）在《阅读发挥了怎样的作用》中论述到，阅读对社会有声望、工具、审美、强化、休闲的功效。一直以来我国均有阅读的传统，国外也高度关注培养学生的阅读能力和构建优良的阅读氛围。家庭阅读会直接影响下一代的生存能力、阅读能力。营造优良的社会阅读风气，可以显著提升群众的文化水平。我国的教育学会副会长朱永新曾表示："民族的未来发展和精神发展，较大层面直接决定了该民族对阅读的热爱情况，出于个体的精神发育史为个体的阅读历史，个体的社会责任感、气质，直接决定了该个体可不可以认真读书。不同民族和国家有不同的竞争力，决策于国民自身的阅读情况。"书籍作为文化传承的载体，阅读为延续和积累知识的环节。通过阅读人可获得知识，运用知识创新持续推动人类社会的发展和繁荣。

微观层面上而言，阅读有利于提升个体的综合能力以及文化素养，为自我独立、寻求完善、塑造品格的最佳方式。苏联的苏霍姆林斯基表示，"真正的阅读可吸引学生的心灵和理智，激发对自己和世界的思考，让其开始思考和认识未来。倘若缺乏阅读，则个体会受到精神的威胁。"信息网络技术的迅速发展和广泛普及无线终端，进而网络阅读、数字阅读获得发展，且逐渐渗透到群众的日常生活中，阅读是随处都在的。群众运用阅读获得知识，逐渐丰富自身的精神世界，创造更多的财富，落实个体的自由发展。特别是伴随权利时代的来临，公民权利观念逐渐觉醒，基本均会使用阅读的方式达到提高自我素养和学习，实现终身教育，提高民主参与度以及社会话语权，提升国际竞争力。更主要的是，阅读可以显著推动儿童学习能力、智力开发。根据有关调查了解到，增加阅读数量可明显提升阅读理解的成绩；更多开展自由阅读的儿童，有更强的推测生词能力以及词汇量。少儿阶段的阅读能力奠定了其后开展社会教育和社会学习的基础，并且对人的个人发展和精神活动产生影响。

可以将阅读当作生活态度，并可锻炼解决问题和独立思考的能力；阅读是一种工作责任，大量、经常性的阅读可更好地掌握阅读技巧，更迅速地提升思考能力以及理解能力；阅读为一种精神需求，可显著提升个人文化素养，实现灵魂的持续丰富。由此，需要将阅读当作生活的一部分，有效引导和倡导，进而落实社会发展、人类文明的进步。

第二节　阅读权利相关概念

一、阅读权利的起源与发展

我国图书馆界目前在公民阅读权方面的论述不多，分析其定义可在和其有关的文化权利、信息权利、图书馆权利、读者权利、受教育权利五个层面去切入，将其添加在信息生产、文化服务体系、获得、传播、保存等环节内明确公民阅读权定义的演变现状，由此在视角的协同和融合中明确公民阅读权的外延以及内涵。

（一）文化权利

公民阅读权作为一个主要的文化权利内容，通过梳理文化权利可以在根本上深挖公民阅读权的基本定义。分析文化权利，历经在解读文化权利的定义、公共文化和文化权利两者的关系、图书馆和文化权利的关系、文化权利保障实践的方面。蒋永福表示，"在我国图书馆中文化权利为核心价值，可以将其划分为共享以及保存、均等服务、民主和包容、推动阅读四个层面，构建公共文化服务系统为确保公民文化权的途径，图书馆隶属于公共文化服务系统内，是一种公共文化的基建设施。

（二）信息权利

公民阅读权利是信息权利的表达方式。研究信息权利，我国图书馆在研究国外有关权利法案方面切入，进而分析信息权的定义和内涵，且在信息公平、自由、图书馆精神等诸多层面研究信息权利的外部推展，运用信息公开、图书馆制度、政府职能等诸多的实践确保信息权的实施。范并思论述在立法方面的两个信息权利观：拥有者或生产者的信息权利以及使用者的权利，也就是对知识产权予以立法的重要目标是保护拥有者或生产者权利，公开政府立法的重要目标是维护公民合法获得信息的基本权利。蒋永福表示，信息权利为群众开展信息的自由生产、自由获得和传播的基本权利；在信息公平层面而言，信息公平在根本上来说就是平等的信息权利，信息权利的主要目的是确保信息的公平性。

（三）图书馆权利

图书馆权利是确保群众基本阅读权的模式和方式，落实图书馆权的模式更加多样和丰富，如免费开放、无障碍服务、总分馆体系、法人治理组织结构等重要内容。在界定图书馆权利中产生了三个重要的观念：程焕文表示，可以将图书馆权利当作群众的图书馆权利，是群众自由和平等使用图书馆的一种权利；李国新表示，该权利为图书馆确保使用图书馆者的基本权利；范并思表示可以将图书馆权利划分为两个类别：馆员立场和社会立场方面的图书馆权利，即以保障公民信息权利目标维护图书馆人的职业权利。

（四）读者权利

在图书馆范围中限定公民阅读权，就可以将其界定为用户权利。当下在分析用户权利中重点汇集在读者权利的保障、内涵、意识、读者权利和图书馆服务等诸多层面。程亚男表示，落实读者权利和社会差别有很大的不同，由此，公民阅读的应然权利和实然权利还是有一定区别的，需要精准地认知在服务内的不同对待，并且要在认可需求差别的层面中良好解决公平服务的相关问题。

（五）受教育权利

公民阅读权从根本上而言是一种受教育权，确保公民阅读权为落实受教育权的模式和办法。在研究读者的受教育权中，普遍汇集在分析图书馆读者的受教育权受阻的对策和原因，分析图书馆的社会教育职能方面，例如，赵兰玉表示，制约落实读者受教育权的重要因素是不能确保受教育条件，不能确保均衡的受教育机会，需要构建审查监督体系、创建依法治校的基本理念、培养用户维权观念等方式予以解决。

二、阅读权利的界定

（一）利益（Interest）

所有的权利可以被人们接受和认可，这是因为其保护了某方面的利益，也就是权利是建立在利益方面的，在某层面而言，也可以将利益当作是权利的基础，是不是所有的权益都需要被保护，且将其当作某种权利呢？答案是不可以的。利益涵盖了非正当和正当的区别，卡尔·马克思（Karl Marx）曾指出："利益结合自身而言，原本就是无止境、盲目、片面的存在，其存在不法的本能。"由此，权利是对某个体的正当权益的保护。

很显然的是，公民阅读权是确保满足公民在阅读方面需求的权利。在保护公民阅读权的层面中，公民可以获得多少利益？其有怎样的分配利益模式？公民阅读权利作为公民最主要的一种权利，并且是层次最低的阅读权利，也是当下保障社会资源的阅读权。针对如上问题的分析可帮助更加精准地界定公民阅读权。倘若公民阅读权含义为确保公民最主要的阅读需求的基本权利，则代表将阅读权划分为重要、最重要、不重要等诸多的级别，但怎样划分，其划分的凭证和标准是什么，划分不同等级阅读权利主体的问题让公民阅读权的定义越发模糊，还会步入争议范围内。倘若公民阅读权代表的为最低等级的阅读权利，则按照马斯洛的需求理论，人们最低等级的需求是满足自身的生存需求，但是阅读需求属于一种精神需求，其和生存需求有关的内容不多，由此该理解在理论方面不能实现空间的踩空。由此，需要这样理解公民阅读权：不但是最主要的阅读权利，并且还可以满足低等级的精神需求的一种权利，与此同时为在当下已有的社会资源中运用有效和合理配置落实权利。

（二）主张或要求（Claim）

权利的实施需要权利主体要求权利或者是主张利益，在某层面而言，主张为外在对权利的表达。该区域论述的主张代表了权利主体自身的某一需求，该需求倘若可以被满足，那么其必然无法影响到其他个体落实自我需求；并且所有个体主张之间唯有彼此协调、彼此均衡方可产生普及所有成员的基本权利。

对公民阅读权而言，公民是该权利的主体，按照法律可以享受权利，且接受义务。倘若可以让某个体的公民阅读权落实，但不对其他人满足自我需求产生影响？在确保公民阅读权的环节中，确保在公共文化方面实现均衡建设为重点，其均衡并非没有区别，其是运用差异的保障模式落实无差别的基本权利。由此，该区域的均衡为落实公民阅读权利的效果，其落实方式可以是不同的，也必然是不同的存在。

（三）资格（Entitlement）

权利主体在主张自我利益的环节需要有一定的凭证，也就是说，要有主张利益的基本条件，则该条件或者是依据可以被当作是资格。可以将资格划分为两个类别，第一为在法律体系内的资格，第二为在习俗、道德之中的资格。在该环境中的主张利益资格，才可以被当作是正当存在的。资格为主张利益提出的基本前提，主张利益为产生权利的基本表达模式。

中国在古代开始就产生了坏书、好书的定义，尤其是在秦朝创建封建专制的政治系统中，秦朝用焚书坑儒的极端做法规避阅读对群众产生的影响，在该政治基础和背景中，对政治统治产生影响的阅读，被当作是不正当的存在。当下，伴随社会的逐渐发展和演变，群众对阅读有了更客观和理性的认知，还有的专家结合"书无好坏、人有好恶"的问题展开了辩论，针对主张公民阅读权利利益产生了习俗环境以及道德环境，《关于加快建设现代公共文化服务体系的意见》《全民阅读促进条例》等政策对落实阅读权利构建了充分的法律体系。由此结合公民阅读权而言，其有主张利益提出的基本资质。

（四）力量（Power）

权利主体在主张利益中要使用力量，落实权利也是建立在力量基础上的。结合权利的实现以及产生环节，力量可在能力、权威两个层面获得。权威源于自我具备的权力，是一种自身的内在力量；能力普遍为后期争取或者是努力，是一种外在力量。没有力量的权利很可能会被摧残。

在某层面而言，落实公民阅读权利的环节可以被当作满足公民的精神需求（阅读）的环节。政府保障公民拥有其自身的阅读权利就是一种内在力量，该权威需要呈现在运用倾斜性的模式扶持阅读困难群众；并且针对民众而言，自我拥有的阅读能力直接决定了其拥有的阅读权利，尤其是在有效、合理配置阅读资源的环节中，阅读能力的多少直接决定了其获得公共资源、文化资源的数量。

（五）自由（Freedom）

自由是一种主要的权利要素，一般其为权利主体按照自我的意愿并，随意地应用自我拥有的权利。该自由是建立在法律基础上的，是一种正当自由，是受制于法律限制中的自由，所有超过法律体系、非正当的行为，均难以获得法律的保护。某一行为在法律外游离，但其不能不受制于习俗、道德的限制，被习俗、道德直接否定的行为，一样可以将其当作是非正当的存在，是无法"被自由"的存在。德国著名哲学家格奥尔格·威廉·弗里德里希·黑格尔（Georg Wilhelm Friedrich Hegel）认为："法为一种精神事物，其出发点以及地位就是意志。意志自身为自由的存在，由此自由就演变为法的规定性以及实体。法的体系是落实了自由王国……"进而可以将自由当作是权利的一种目的。

自由以及平等可以被当作是组建公民阅读权的理念，为自由是落实权利的目标。在民众可以自由获得自身需要的文化和公共资源的时期，不同群体利益就位于均衡的情况内，诸多阅读需求均可以获得被满足的基本途径，有更加健全的确保民生阅读权利的法律体系。其为理想情况，并且是推动和倡导公民阅读权的最终目标。

三、阅读权利的实施与保障

近段时间，中国在确保公民阅读权层面获得了诸多成就，中国的公共阅读服务组织正位于发展的绝佳时期。2013年中国召开两会期间，一百多位政协委员共同通过了《关于制定实施国家全民阅读战略的提案》，倡导政府建立有关的法律来对阅读进行有效维护，并创建专门机构，大力开展阅读。在这一提案中还建议全国人民代表大会出台《全民阅读法》，并且国务院也颁布《全民阅读条例》。这一建议指出，针对全民阅读建立法律，即通过法律使阅读进入法制化程序，将政府当成推动全体人民进行阅读的主要负责人。之后，部分省市逐渐颁布了地方性的全民阅读的推动办法，例如，《湖北省促进全民阅读法》等。如上条例或办法在确保公民阅读权层面发挥了显著的功效，并且在现实中让公民阅读权获得更好的发展。

如上的学理研究公民阅读权利为阅读权利的一种应然表现，也就是永恒、理想的一种情况。但是在真实操作和实践环节中会有很多的偏差，在发展环节中会产生回退的情况，其就要使用应然的指标持续地进行应然状态的修正，推动全民有效、享受和分享公民阅读权利。将阅读权的应然状态当作分析指标，中国在实践群众阅读权利环节中还具备如下的问题。

（一）利益失衡：公共阅读服务体系发展不均衡

当下，中国公共阅读资源表现出显著的非均衡情况，特别是在城乡、地区、行业、群体之间有比较大的差距。在综合方面而言，落实公民阅读权的现状，配置资源和利益格局均有一定的倾斜。按照如上学理性研究，利益均衡是产生公民阅读权的主要内容，而配置资源是让权利主体合理使用自身利益的基础和前提。针对该情况，政府有主动权，该主动权重点源于权利分配。第一，在建立公共文化服务系统环节中，政府可运用转移财政支付的模式，使用倾斜性的政策更好地帮扶弱势群体以及老边穷区域，运用阶段的不断演变，实现均衡分配阅读权利；第二，政府需要对当下已有的公共阅读资源落实重新分配以及整合，当下中国已有的公共阅读资源的总数量并不是绝对的不充足，是由于无效配置资源导致的看似短缺资源的情况，配置全部的资源，尤其是基层阅读组织配置资源，就需要在基层展开调研和研究，规避产生的所给非所需的问题。

（二）主张缺失：弱势群体的公民阅读权利缺失

弱势群体一般在阅读资源的获得、占有、使用方面处于劣势地位，例如，残障人员、未成年人、偏远区域的群众等。出于其身体缺陷、年龄、地理位置等层面的原因，没有主张阅读权利利益的基本能力。中国需要高度关注进城务工成员子女和留守儿童的阅读权利，强化权利保障。我国新闻广电总局在 2015 年刊发了《关于 2015 年开展全民阅读的通知》，第七条规定："保障重点群体的基本需求。需要重点确保农村留守儿童、未成年人、残障人士、进城务工成员子女等重点群体的阅读需求。"对此，我们可以从几方面加强工作：以偏远区域的儿童为主，在基层开展工作，分析实际需要的内容，制定有很强针对性的帮扶阅读对策，且全面落实，与此同时还需要注重服务之后的反馈工作，进而按照真实现状合理地整改策略；注重进城打工人员子女和农村留守儿童的心理问题，融合阅读疗法，可对其提供解决心理和生活方面的书籍，让志愿者对其提供更多的阅读服务；构建更丰富的没有阻碍的活动，让更多的残障者能在图书馆阅读，参与社会活动。

（三）力量不足：尚未形成全民阅读的良好氛围

根据中国新闻出版研究院 2015 年发布的《第十二次全国国民阅读调查报告》显示，2014 年中国人均阅读纸质图书是 4.56 本，日本为 8 本，美国为 7 本，韩国为 11 本。对比发达国家我国的阅读水准依旧有一定的差距。在不同阅读形式方面而言，对比 2013 年，在阅读电子书、期刊方面的读者数量显著增长，报纸和纸质书籍的阅读数量均表现出逐步降低的态势。需要关注的是，中国成年群体人均每日微信阅读的时间均高于 26 分钟，数字阅读率第一次高于传统阅读率，通过调查分析结果可了解到，社交阅读目前已经演变为推动实现全民阅读的主要推动力，且主要是浅阅读、碎片化阅读，接触传统阅读的概率出现逐渐降低的态势。可以说，近段时间中国落实全民阅读获得了良好的成果，取得了阶段性胜利，但需要高度警惕数字阅读可影响传统阅读，我们不能评价该影响的优劣，但可以肯定的是，数字阅读无法替代传统阅读的深阅读以及系统化阅读。碎片化和系统化阅读、深阅读和浅阅读的共同发展需要是当下迫切解决的主要难题。其为在积极推动实行全民阅读时无法忽略传统阅读的功效，在推动全民阅读发展环节中，还需要注重发展的具体方向，针对有问题的区域需要快速调整，进而可以让全民阅读形成良好的氛围。

（四）推广有限：阅读能力有待提高

阅读能力直接影响了群众应用公共阅读资源以及落实阅读权利。对于不注重阅读而造成阅读能力比较低下的群体，不是提供多少公共阅读资源，而是激发他们的阅读兴趣，从而运用主观能动性提高自身的阅读能力；对于阅读困难群体，需要公共阅读组织按照该群体的问题和困境，制定有效的、针对性的推广阅读策略，开展更加仔细、耐心、积极的服务。

（五）基础不牢：阅读立法困难重重

2013 年，在我国立法工作中正式纳入了全民阅读立法工作。在江苏、深圳、湖南等区域均提出了地方性促进全民阅读的条例或者办法。尽管在中国阅读立法处于初步发展时期，但发展速度，在践行或筹划促进全民阅读的环节中，很多群众质疑：阅读难道要立法？不阅读是不是就犯罪？读书作为一种私人行为，政府干涉这一行为是否缺乏合理性？制定的促进全民阅读条例是不是有操作性？从群众的质疑中，可看到在阅读立法中当下缺乏牢固的民众基础，群众产生该质疑的主要原因是在阅读立法时缺乏充足的解释以及宣传，没有在基层展开细致深入的调研。在《湖北省促进全民阅读办法》《深圳促进全民阅读条例》《江苏省促进全民阅读决定》实施过程中，都存在有共性的问题：尽管有比较完善的阅读立法体例，但缺乏充足的内容；倡议性的内容多，具体策略少等。怎样摆脱当下在阅读立法方面的困境？需要逐步完善群众在阅读立法中的参与体系，优化在阅读立法中群众参与的渠道；制定完备的反馈体系和制度，从而获得社会不同层面在阅读立法方面的建议以及意见；在基层展开分析和调研，确保真实的落实阅读立法，形成稳定的群众基础；逐渐提升政府对群众服务的基本能力，提倡社会进行有效监督。

第三节　关于公共图书馆的几个重要概念

公共图书馆是由地方政府或中央支持和管理，免费提供公共信息、社会公共服务、网络连接、图书馆教育、图书馆服务等诸多文化活动的服务组织。其基本属性涵盖了：不对基本服务项目收费，并且以公共利益为服务目标，开放的服务对象，是按照自我的意愿进行选择服务的。伴随科技和时代的发展和进步，我国正步入海量信息时期，在界定图书馆和认知智能图书馆中，是推动图书馆更好发展的基本内容。柯平在 2008 年论述的图书馆三维空间模型中表示：新时期图书馆的内涵并不是简单的罗列所有的要素，是深入的确定服务、资源、管理彼此之间的关系，且论述了"缺乏资源就并非是图书馆，倘若没有服务就没有图书馆"的理念，注重在新时期图书馆需要对读者服务，有效使用馆内资源和及时管理的重要性。中科院的白国应认为，新时期的图书馆需要在职能上不断转变，需要从管理文献、传播知识，转变为主动对社会传播信息和知识、开发智力资源等；在服务层面，需要将书籍被动借还，静态阅览的方式演变为灵活、主动、多样的服务方式；在服务范围层面，需要将以图书馆为核心的封闭服务模式，演变为对大部分人服务的半封闭模式，并演变为对全球、全国人口服务的全开放方式，落实文献资源和信息的共享以及传递。综合诸多专家学者对图书馆的看法和界定可了解到，对读者提供主动传播信息和共享资源、无门槛服务为图书馆最基本的要求和特征。由此，图书馆为推动全民阅读的最佳场所，通过阅读推广活动可以履行图书馆职责，这也是图书馆的服务宗旨。

一、公共图书馆为阅读困难群体服务的必要性

阮冈纳赞结合图书馆的职责和使命，在1931年论述了"图书馆五定律"。第一定律：书主要是为了使用的；第二定律：所有的读者均有书籍；第三定律：所有的书籍均有读者；第四定律：节约用户的时间；第五定律：图书馆是不断发展和成长的。截止到当下，图书馆依旧将如上五种定律当作自我的使命，特别是在所有读者均有书、所有书均有读者定律中可了解到，无门槛、公平平等地对所有群体提供服务，且结合用户需求和特点主动落实和开展个性化阅读推广服务是图书馆的基本职责。图书馆在对用户提供服务时，需要积极获得且吸引用户参与到阅读环节中；在社会学方面而言，目前阅读困难可以被当作某种社会问题而看待，其代表着该症状产生的消极影响不可以由自身承担，社会机构和组织应满足该独特群体在阅读方面的合理需求。

构建公共阅读服务系统，推动全民阅读事业的健康、持续发展，是直接关乎综合国力、国民素质、民族未来的大事，是推动文化大繁荣大发展、构建当代公共文化服务系统的主要构成，对持续提升民族的科学文化素质、提升思想道德水平，筑牢中华民族伟大复兴梦均有显著的意义。阅读会作用于国家抑或是地区的价值观，对其发展方向产生影响。个体的精神成长，从根本上来说即为一个人的阅读史。而一个民族具备怎样的精神风尚，几乎由其全体人民的阅读水平所决定。公共阅读涉及众多的方面，比如，全体人民的参与性以及在阅读方面的喜好，或是人民的阅读习惯以及这方面的能力等。站在国家公共管理的层面，考虑一个区域的文化创建计划，科学且恰当地创建并推动公共阅读服务系统的成熟，对于整体提升公民阅读能力、促进人的全面发展，对于激发人们的创新创造活力、推动一个国家或地区的科学发展和品位提升，具有重要作用。

构建公共阅读服务体系，是继承并发扬社会主义先进文化必不可少的手段。在公共文化服务中，公共阅读是不可缺少的，占据着重要地位，能够带动全体人民的阅读。创建公共阅读服务系统，是打造文化强国、促进文化繁荣的根本推动力。第一，该体系能够给予文化创建以精神支柱，创造了良好的学习氛围，提供了学习办法。近年来，公民享有的文化权利受到了大家更多的关注，大家也更加在意自己可以享受的文化权利。1972年，在国际图书年会中，联合国教科文组织就出台了《图书馆宪章》，其首条指出："每个人都有阅读的权利。社会有责任保证每个人都有机会享有阅读的权益。"创建出囊括城市和乡镇，并且实用强、高效运行的公共阅读服务系统，一方面政府要发挥其主导价值，另一方面，社会也要做好补充，给全体人民的阅读创造出积极良好的氛围，创建良好的平台，把阅读权当成公民应当具备的一项基本文化权利来进行维护。

公共图书馆是开展全民阅读的主要阵地，并且是开展阅读服务的主要力量。图书馆可以提供的阅读环境涵盖了阅读资源、阅读场地、阅读服务等。国外图书馆为确保可持续地吸引读者，积极在资源、馆舍、服务层面对用户构建更立体的阅读服务，让用户在舒适、便捷的阅读环境内获得阅读的乐趣；在建设馆舍层面，美国的图书馆极其在意馆舍之内的空间配置，利用各种家具，借助不同的色彩进行装饰以及运用其他手段来打造舒服并且温暖的阅读环境。西雅图中央图书馆，已经成为全世界最美的公共图书馆之一，馆内不少地方都充满阅读的氛围。例如，在阅读室中，通过清冷且安静的色彩进行装饰，吊顶就运用了可以减少噪声影响的软质材料，由此打造出一个适合阅读的良好环境。它的"起居室"中，设置了咖啡店以及各种工艺品商店，同时配置了舒适的沙发以及不同种类的图书，将休息阅读区很好地呈现。读者可以在此翱翔于书海，并可放松休息，喝咖啡或是闲聊，可以和朋友聚会。图书馆的本意就是想让各位读者在这里如同在自己的客厅或是书房。所以，这个"起居室"又叫作西雅图的客厅以及书房。

在资源配置方面，国外的不少公共图书馆都具备丰富的馆藏，同时它们也可以展现市场的最新情况，由此也能够掌握读者的阅读偏好。像美国巴尔的摩图书馆，从图书的采购直至到馆，完成编目，最终上架可以在24小时内完成。

现在，电子书占据主流，电子书的借阅也在图书馆中十分盛行。一位电子书经销商给出的数据可知，和2010年相比，2011年美国地方图书馆大量的读者选择电子书，数量翻了两番。所以，不同的地区都在数字化的创建上加快了脚步。通过美国图书馆协会的数据能够得知，可以进行电子书借阅的图书馆早已多于三分之二，并且百分之五的公共图书馆具有电子阅读器流通，而百分之二十四的公共图书馆也正准备开始该服务。电子书的采购，同样可以满足广大读者的阅读诉求，比如，纽约公共图书馆，如果五个以上的读者等待一本电子书，图书馆将会自动地买进更多的版权数。就服务供给而言，国外图书馆通过各种各样的活动，比如，暑假阅读等。除此之外，在服务方式方法上也非常多元，就像新加坡，通过 RFID 科技，读者能够自己实现借书以及还书，简化了借阅流程，这样在阅读高峰，读者无须再等待 45 分钟，10 分钟即可。这样吸引了广大读者到图书馆中借阅。

二、公共图书馆为阅读困难群体服务的优势

第一，图书馆是确保阅读权利均等实现的地方。近段时间，地方和中央等各级政府均加大了支持建设图书馆的力度，以构建覆盖全社会的文化服务系统当作目标，以确保群众文化权利为切入点，按照"一级政府创建一级图书馆，谁创建谁管理"的方式全面实施，持续推动了图书馆的发展和繁荣。2013 年 10 月发布的第五次评估图书馆的名单中，我国一级图书馆共 859 个，二级图书馆共 640 个，三级图书馆共 731 个，基本落实了县县有图书馆的建设目标，县级之上的图书馆服务体系普遍产生；在公共图书馆中开始有了更加丰富的文献资源，并且持续创新服务理念，落实免费对群众开放；手机图书馆、24 小时图书馆、电视图书馆等全新模式的图书馆获得较大发展；不同级别的图书馆在共享文化信息资源功能、推广数字图书馆工程、建设电子阅览室计划、保护中华古籍计划、民国阶段的保护文献计划等文化项目的建设中发挥显著功效。近段时间，不同区域的图书馆均落实了总分馆制度、一体化服务、通还通借、图书馆联盟、自主服务、流动服务车等全新的模式，在建设图书馆阅读服务设施层面有显著的成效。中国乡镇级别的图书馆历经多次数的"建设、衰败、建设、衰败"的过程，当下依旧没有权威数据。服务的开放性和平等性为图书馆一直以来希望实现的，很多的社会成员都可以享受图书馆获得服务基本权利，并且对成员开放需要履行自我职责。《图书馆宣言》中规定：图书馆需要突破性别、年龄、种族宗教、社会身份地位、语言等产生的限制，让全部人均可找到契合其基本需求的阅读资料、收获满意的阅读服务。图书馆在满足用户获得目标信息、完善以及增长知识系统的环节中，可实现陶冶情操、心情愉悦的目的从而提升平等获得阅读、阅读能力，并且对群众的日常生活产生影响。

第二，图书馆是提升用户综合素质的区域。国家是不是强大，除了和政治、经济方面的原因有关，国民的综合素质、文化修养是分析国力的主要标准。可以将文化修养理解为：群众运用长时间的学习活动，将在科技文化、人文文化层面的诸多学科中累计的知识不断分析和研究、持续反思和总结、不断提炼，依托该能力产生的有个体特性的价值观、人生观、世界观。综合素质为个体在专业技术特长、知识水平、道德修养等诸多层面呈现的综合表现能力。综合素质、文化修养并不是个体自身带来的，其发展和产生均是在接受文化教育和积累环节中构建的。教育有广义、狭义之分。狭义的教育在本质上而言为在学校中人们接受的教育；广义的教育为本着影响人身心发展为目标而进行的社会实践活动。图书馆作为社会中的一种文化机构，为群众获得知识、接受知识的主要途径，它类似于群众开展终身学习的大学校，承担着开展社会教育的基本责任，是群众接受除学校教育之外的其他场所。出于阅读困难群体在阅读能力层面的问题，尽管接受正规的学校教育之后，也难以实现优良的教育成效，该群体在习得基本知识环节中会面对常人很难体会的阻碍；与此同时，群众由于对阅读困难群体缺乏认知造成误解行为，长此以往会产生心理负担，并且形成消极影响。图书馆是可以合理弥补学校教育遗憾和缺失的最佳教育场地，在提供公共服务的社会教育组织的帮助下，阅读困难群体在心理和知识层面的素养提升成为可能。

第三，公共图书馆是理想阅读地。一是大量的阅读资源。图书馆为知识和信息的宝库，有大量充足的文献资源和信息。该阅读资源覆盖了诸多知识系统和诸多领域，可以有效满足用户不同的阅读需求；图书馆通过专业管理文献，可以确保阅读材料的系统性、真实性、精准性。图书馆在综合阅读资源优势方面，可以帮助阅读困难群体获得和自身需求、特点更吻合的阅读资源，渐渐培养阅读的自信和兴趣，不但可以提升阅读能力，还可以让阅读困难群众和正常群体在知识方面的差距缩小。二是优良的阅读环境。阅读并非单纯是知识的获得途径，还是沉淀思想、愉悦身心的过程。优良的阅读环境、浓厚的阅读氛围可以有效激发用户的阅读欲望、形成更多的阅读兴趣。阅读困难群体出于在阅读环节中遭遇的诸多问题和困难，长此以往就会在心理上排斥阅读，通过创建优良的阅读环境，对阅读产生兴趣，从而帮助其克服阅读困难。三为专业的服务。图书馆不但在阅读环境、阅读资源层面有很多的优势，还有能力对用户提供专业的阅读服务，这也是推动阅读推广的主要保障。在人力方面，图书馆的工作者累积了诸多的经验技能以及专业理论，产生了专业人才团队，是对用户构建阅读服务的主要力量。阅读困难群体在阅读内容、阅读目的、阅读能力方面均需要专业帮助以及指导，图书馆需要结合该群体的困难、特点、需求对其构建阅读指导服务。在物力方面，伴随信息网络技术和科技的发展，图书馆需要添加诸多的尖端设施，进而辅助用户阅读。图书馆还可以对阅读困难群众构建优良、先进的服务设施，进而对该类别群体进行阅读指导、症状识别、阅读矫正等。

第三章　公共图书馆的阅读服务和服务管理

第一节　图书馆阅读文化

一、阅读文化概述

（一）阅读文化的界定

阅读文化作为一种阅读价值理念，是以一定的物质和技术形态当作依托，且受到环境制度、社会意识的制约。其作为社会文化体系，阅读文化可划分为价值和功能、社会意识与时尚、教育和环境三方面。

1. 价值与功能层面

阅读功能是由读者的阅读动机而决定的，由于喜爱作者而决定要阅读的人，主要是为了实现作者和读者的精神交流、思想对话。一个由专业知识补给需求决定阅读的群体，阅读功能为充电，为一种功利性的知识获得，为突击地获得营养。

阅读可听到作者声音，深刻感受作者的故事，感受作者的心理；可增长用户的见识，拓展用户的视野，逐步提升用户的思想；对读者产生精神愉悦感，在价值观中塑造读者品格；可在知识层面持续积累，在思想中实现质的发展和飞跃，情感中实现读者、作者之间的共鸣。

通过阅读，读者可查找到自身的发展方向，发现兴趣点，进而合理科学地认知自身，实现自我改造；通过阅读，可以让读者获得知识，学习经验，进而在实践方面处理和解决问题。通过阅读，读者可获得精神慰藉，探寻精神导师，会由于认可某一作者的观念，喜爱用户的书籍，作者会由于作品受到读者的鼓舞以及喜欢，激发创作的兴趣以及欲望，产生更加优良的作品，提供给用户阅读，持续推动文化事业发展。

2. 社会意识与时尚层面

阅读作为一种独特的社会文化现象，会受到诸多社会要素的制约和影响，颁布一项政策、产生一个热点事件、吹动一股风潮均会影响阅读。

3. 环境和教育层面

教育和环境要素为阅读文化发展和产生的物质基础。优质的教育资源、优良的阅读环境，主要得益于阅读文化的发展。阅读作为文化生产、文化消费的基本内容，对群众的影响为意识、精神方面的，为一种上层建筑。经济基础直接决定上层建筑，针对某作家而言，倘若不具备安逸的创作环境，且自身尚未接受过优良的教育，没有充足的物质基础保障，就难以创作出更好的作品。针对读者而言，倘若每天忙于生计，由于还没有解决温饱问题，就难以有心思进行阅读，不会有更多的资金购买书籍，不会有更多的书籍细心浏览。

（二）阅读文化的特征

1. 群体性

阅读文化在社会中得以传承下来，和社会彼此相依，社会不同，随之阅读文化也存在着一定的差异。

2. 时空性

不管哪种文化，都离不开相应的时间以及空间，阅读文化亦是如此。时间性即在形成以及不断发展过程中具有的阶段特征、延续以及间断特征。它具备四大过程。首先是发生，其次进行发展，再次是成熟，最后为衰亡。同样也存在复兴、重新构建以及再生。从最初的口口相传，发展至文字记录，从最初的手抄本发展至印本时代，又到现在的电子书。通过阅读文化的不断演进，我们也能看到一个历史的变迁。阅读文化所处的时期不同，也具有不同时代的特征。空间性即阅读文化于发展进程中具有的地域特征。所处的区域不同，就会有不一样的政治经济以及宗教，并且所用的语言以及具备的心理也不同，由此民族阅读文化也具有突出的空间特性。

3. 关联性

并非单独存在的，而是在和其紧密相关的种种文化中产生并发展起来的，它对社会的文化产生一定的作用。

（三）阅读文化建设的意义

阅读文化建设有助于提升民族精神。民族精神是一个民族经过长时间的积淀发展而成的，展现着一个民族的性格特色。其与一个民族具有的教育文化彼此影响，同时也和国家性质相辅相成，形成一个民族特殊的民族价值观，对民族的最终发展产生一定的作用。民族所形成的灵魂在一定程度上也取决于该民族群体的阅读水平。通过一个民族具备的阅读文化，就能了解其民族精神。民族精神会作用于阅读文化，反之，阅读文化也同样作用于民族精神。要想提升公民的自身素质，就要依靠社会阅读，要仰仗书香社会的创建。一个民族达到了怎样的精神水平，几乎由其阅读文化程度决定。所以，阅读文化的创建是民族精神不断深化的一大有效措施。

阅读文化的创建和社会具备的文化品质以及长久发展息息相关。当前人们正进入空前的视觉文化阶段，也就是读图时代。大众更大程度上受到视觉媒介的影响，其形成的价值观、对某一事物的见解以及自身的信仰，都受到了视觉文化的影响，导致传统阅读在一定意义上来说正在被边缘化，但是不同的视觉文化却引领着社会方向。

视觉文化的迅猛发展实际上对阅读文化起到了一定的制约。当下，一大批视觉媒体正在快速发展，怎样对其进行有效的掌控，防止其过多地占用人们的自由时间，怎样推广阅读文化，促使人们自小就养成好的阅读习惯，具备极高的阅读兴趣，这是现在文化创建中必须要担负的一项重要任务。阅读文化的创建能够积极促进社会文化的长久繁荣。

二、图书馆阅读文化

（一）图书馆的阅读文化意蕴

1.图书馆工作者的素质是阅读文化意蕴的基础

要想就职于图书馆，就要接受专业的培训，得到相应等级的专业资格证书。在众多的图书馆知识里，最为重要的即图书的分类以及编目。作为图书馆中的一位工作人员，一方面要熟悉图书馆中的众多图书，另一方面，也要掌握《中国图书馆分类法》。唯有如此，方可将图书分类放置，方便广大的读者进行查阅以及出借。图书的编目包括图书的著录、标引和目录组织。所谓的著录，即按照一定的著录规则，简要介绍图书的有关内容以及形式。标引涵盖了两大方面，其一为分类标引，其二为主题标引。目录组织即把不同的款目按照一定的顺序加以组织，读者主要通过目录来进行检索。图书馆工作者除了有专业知识外，还要有广博的知识结构，包括学科知识、外语知识、计算机操作能力、工具书使用能力、普通话水平等。图书馆的工作人员唯有在多样知识的储备基础上，才可以给广大读者的阅读做好铺垫。

2. 阅读环境是阅读文化意蕴的外在因素

图书馆的最终选址一定是安静的。其房间是宽敞且明亮的。其内部应该以暖色调为主，让各位读者能够拥有一个轻松平和的心态。在墙壁中装饰精美的格言、书画，在醒目的区域张贴新书海报、推荐书目、摄影图片、图书封面。图书馆中可摆放绿植或鲜花，选择和年轻人比较吻合的音乐，构建优良的阅读氛围。优美的环境让用户特别舒适，并且会在潜移默化中获得文化的熏染。

3. 馆藏资源是阅读文化意蕴的内在因素

唯有大量的馆藏信息和资源，才能有足够的阅读素材。图书馆的工作人员一定要确保馆藏是广泛的且具备完整的学科，对文献结构进行一定的整理与完善，真正创建出一个成熟的阅读资源体系，使其具备充足的藏书，较高的质量，恰当的结构，以达到信息社会的要求。创建图书馆文献的过程即创建多样知识载体的过程，其一方面涵盖了较为传统的印刷文献；另一方面也涵盖了当下电子以及数字化的各种资源，同声像相融合的各种声像资源也包含在内，不同的资源相互依存，彼此互补，由此创建出多层次的文献资源系统。图书馆的有关工作人员在进行采购之前，要对广大读者的诉求以及阅读喜好进行调研。之后按照读者的有关诉求采购进新书。教学的有关书籍就要和教学改革相协调。就课外读物而言，就要关注质量，和广大师生阅读的需求相一致；同时要满足当代的发展，将多媒体加入其中，创建电子阅览室，并使资源不断充足，对各种设备要定时加以维护，保证网络畅通。

4. 阅读活动是阅读文化意蕴的核心

读者阅读活动呈现了用户的文化素养，是文化意蕴的重点和核心，图书馆举办阅读活动有如下方法。

按照用户的特长和兴趣设置和落实阅读活动。不同年龄的用户的特长和兴趣不同。图书馆的书籍可满足不同等级用户的需求。图书馆工作者在实施阅读活动环节中可融合用户的特长、兴趣，按照用户的特长和兴趣展开活动，使用户喜爱阅读。按照用户的种类、文学家园、个性兴趣小组、小博士之家、英语沙龙等活动，有效发挥群体功效，实现其兴趣的激发，激活用户的阅读动机，塑造活跃的心理，培养优良的阅读习惯。还可以实施群体共同阅读，共同探讨作品的内容，发挥自我想象，续写或者是改写结局，比如，学生将自身喜爱的情节、人物绘画为动漫。

针对儿童而言，可举办故事会活动，让儿童讲述故事，运用比赛的方式锻炼自身的口语表达能力；开展征文活动，结合时事热点，让群众关爱国家的热点问题；开展才艺表演活动，才艺表演可以对其提供诸多的自我展示机遇，可以显著强化儿童信心。通过举办演讲比赛的方式，向用户推荐相关的书籍，提升其演讲能力和水准，锻炼其语言表达能力。运用诸多的活动合理激发兴趣，有效发挥积极性，进而可以让读者更加热爱阅读。

合理使用重大节假日，融合目前的发展态势举办大型阅读活动。图书馆作为开展社会教育的主要场地，图书馆工作者可融合各单位组织多样的读书活动，并借助各种节日举行不同的阅读活动。一方面可以提高图书馆的良好形象，使其具备更高的地位；另一方面，也能够推动越来越多的人加入阅读行列，具备更高的阅读积极性。通过这些灵活并且开放的活动，使广大读者在玩乐之中获得知识，提升阅读能力。

以多样的形式引导群众参与到阅读之中，不同区域的图书馆可设立专题和专门的书架，图书馆的有关工作人员要将一些好的书籍推荐给读者，在一定目的的基础上给予其不同的学习信息，借助阅读使其具备更广的知识面。通过"寓教于乐"的形式把吸引广大的读者，让其具备优良的阅读习惯。图书馆的工作人员召开"好书大家读"类似的活动，评出最好的书籍。也可以开展培训班或是夏令营，进行读书征文以及一些讲座和报告会等；发挥名人的引领作用，开展名人见面会。另外，也可以和大众传媒合作，录制有关的阅读节目。

各地区公共图书馆的有关工作人员要和教学相协调，力求得到学校的帮助，把阅读活动与学校的教学规划融合在一起。和学校之间展开协作，给学生留恰当的课外作业，让其通过图书馆完成有关的作业。举办小论文以及专题调查等科研性质的学习；组织辩论会，运用辩论赛的方式吸引读者参与，让其可以学会自主动手收集信息和资料，不断整理信息和资料，汇总和研究。通过图书馆，充分发挥其文献资源的价值，设置不同的阅读课，让图书馆变成阅读教育的空间站。

一些儿童图书馆可以运用演讲、故事会、朗诵等模式，让其在愉悦、轻松的氛围内获得阅读的熏陶，并且实现其主动阅读观念的培养，让其培养产生优良的阅读习惯，逐步发展阅读能力。通过墙报、板报等宣传用户优秀的读书方法和作品。非定时地出版校刊，设立《新书报道栏》《专题书目推荐栏》《热点书目评价栏》《读者心得栏》等，发动读者写稿，营造积极气氛，激起其读书兴趣，指引其加入各种阅读中。

（二）图书馆阅读文化建设

1. 图书馆阅读服务建设

图书馆的各位工作者要始终坚持服务至上的思想，借助科学的管理办法以及服务，让广大的读者能够享受到高质量、高水平的阅读服务。要测评阅读服务现在的创建状况，可从两大角度开展，其一为服务内容，其二为服务手段。要进行文化创建，首先要在读者的有关诉求基础上，举办不同的阅读文化活动。其次，确保服务内容的与时俱进，以此吸引广大读者能够积极加入阅读活动中。就服务方式而言，一定要做到创新，展现时代特色以及科学合理性，同时借助各种新媒体手段来实现读者不同的阅读诉求。比如，上海图书馆调查了读者的有关阅读诉求，实行了"一卡通"外借，同时也通过移动图书馆来方便读者的阅读。

2. 图书馆阅读环境建设

如果图书馆要创建阅读文化，就一定要给读者创造出优越的阅读环境，图书馆可由空间布局以及馆中的装饰开始，争取在馆中环境与美化以及其他方面打造出积极的氛围，通过物理环境的完善来推动阅读文化的创建。图书馆是广大读者习得知识、不断提高文化素养的基地，同样离不开优良的人文环境，争取把这一阅读基地发展成对文化进行传承和发扬的有效平台。

在充满人文色彩的阅读环境中，广大读者会深受感染，在心中得到一方净土，使读者能够更快地阅读，同样能够促使越来越多的喜爱阅读的读者加入。比如，浙江省图书馆就在阅读环境上做得非常好，在阅览室一共设置了五百多个座位，并将当下的音响设备以及虚拟展厅应用到图书馆中，由此让读者能够身临其境，成了广大读者进行阅读的最佳之地。

3. 图书馆阅读资源建设

馆藏资源十分重要，是图书馆进行阅读文化创建的基石，也是获得用户的根本保障。图书馆要整体把握各种先进科技，同时将其和新媒体结合在一起加以运用，并对馆藏构造进行一定的整改，丰富资源的种类，并在数量上不断增多，借助在线阅读以及各种电子刊物等，达到读者于新媒体背景中的移动阅读诉求。另外，图书馆要按照有关的政策对文献布局进行完善，争取将自己具备的阅读资源优势呈现出来，逐步发展成具有自身特色的阅读文化。比如，安徽省图书馆把阅读文化创建的有关诉求和自身的特点融合在一起，创建了数字资源导航，将当地独具特色的各种工艺品、民间剪纸以及当地戏曲等也都录入其中，同时举办了众多和当地文化存在关联的阅读文化活动，获得越来越多读者的目光。

第二节　图书馆读者服务

读者服务作为图书馆的一项基本工作，并且是图书馆所有工作的切入点和归宿。当代技术在图书馆的使用，对读者服务带来了革新，让用户的服务办法更加的科学化、多样化、现代化。对图书馆的工作者而言，需要将用户当作核心，使用诸多的办法，高效、全面地对用户提供服务。

一、读者心理与读者服务

（一）读者的阅读需求

在用户的心理内，阅读需求是最显著功效、最根本的心理要素，其直接制约和影响用户的诸多心理活动，并且直接决定用户的阅读行为。要掌握和了解用户的行为、心理、发展规律，就需要结合用户的阅读需求，了解用户的心理特性。用户在阅读活动中呈现出多样的阅读需求，该阅读需求普遍可将其划分为三个类别：专业型、社会型、研究型。

1. 社会型阅读需求

社会型阅读需求是指于不同的历史时期中，众多读者全部具有的一种社会性阅读诉求。它存在着社会性。其呈现出突出的时代特色，也展现了社会发展的趋势。比如，于一个特定的阶段，各个职业、各种文化水平、各种爱好的一个读者群，在经济政治以及文化与社会的作用下，为适应社会潮流发展的需要，较为集聚性地一起阅读相关资料，导致其发展成畅销作品，变成阅读热点。

2. 专业型阅读需求

专业型阅读需求为开展工作、学习、研究等专业活动的用户提出的文献需求。该文献需求一般和用户开展的专业学习、专业业务、研究实践活动等有紧密的关系。实践活动直接决定了需求的范畴、内容、重点；通过提升专业技能、满足专业阅读需求、解决具体问题，又持续推动了专业活动的不断演变和发展。出于实践活动、专业阅读需求在目的、内容、范围、时间层面均是相同的，由此呈现出典型的职业特性，进而确保社会实践、阅读活动一直持久、稳定地向着相同的方向演变和发展。

3. 研究型阅读需求

所谓的研究型阅读需求，即以一个研究课题为目标，将全部要担负的详细研究任务完成，随之而来的阅读需求。怀有这种需求的读者一般是以研究内容为中心，由此进行各种阅读。它们主要是想借助阅读来掌握某一课题当下的研究情况，熟知课题所达到的研究水平。所以，在该需求的基础上进行的阅读都存在长时间的指向性，并且专业程度都比较高，同时也反映出浓重的任务规定性。各位读者于研究活动的不同时期，按照各自的研究进展，确定文献详细的内容以及有关要求。不管哪位学者，只要担负了一定的科研任务，受其限制，都会表现出强烈的研究型阅读需求。

除去如上论述的三种需求之外，还涵盖了业余型类型的阅读需求，指用户为了消磨和打发时间所开展的一种阅读活动。

（二）读者服务

读者服务为图书馆引导读者应用图书馆服务和资源或对读者挑选合理的阅读书籍，且解答用户的诸多问题，涵盖了参考服务、阅览服务、推广服务。由此，读者服务一方面涉及馆员和读者之间的互动；另一方面，也涉及各种事物和读者之间的互动，比如，借书以及还书的标志等。为读者做服务的图书馆工作者一定要多和各位读者进行接触，所以，这些工作者一定要拥有大量且广泛的知识，亲和力极强，观察力高等。

二、图书馆读者服务工作

（一）图书馆读者服务工作特点

1. 服务理念多元化

图书馆是公益性的，面向大众开放，在此大众能够获得知识。当下，全球化日益深化，随之图书馆内也有了不一样的服务理念。把市场思维渗透进图书馆服务之中，按照社会群众对图书资源的需求，持续优化图书种类和类型，由此给予各位读者以高质量的服务，这是当下图书馆不断进步的重要途径。另外，给予一些读者服务工作一定的报酬，并在图书馆举办的一些公益活动基础上，创建新型的读者服务方式。

2. 服务方式现代化

就图书馆而言，其传统的服务，比如，检索资料或是对资源进行推广与宣传等，早已达不到现在图书馆日益更新进步的诉求。经济水平日益提升，随之大众更加注重自己的时间价值，怎样于一定的时间中习得更多的知识，这已经发展成社会的共识。借助计算机网络科技，并在数字化的基础上，创建图书电子体系，可以大大减少服务的难度等级，促使服务具备更高的效率，进而推动读者服务可以向着更方便有效的道路前进。

3. 服务对象社会化

要促使图书馆发挥其大众教育的作用，促使人们具有更高的道德以及文化修养，有关单位就要进一步开发图书馆，对数字资源加以规整，将更多高质量的文献资源补充上，使人们都可以通过图书馆得到所需的各种书籍以及资料，真正贯彻用户至上、服务第一的宗旨。

（二）图书馆读者服务工作的优化

1. 深化读者服务方法

图书馆在开展读者服务管理环节中，确定服务目标、内容、发展方向为确保服务成效的重点。由此，有关单位和图书馆的管理工作者要对服务办法进行完善，坚持丰富馆藏资源，让图书馆在深度以及广度上不断延伸，给予各位读者更多的知识，达到其多种多样的诉求。另外，实行个性化服务。站在图书馆层面，将各位读者的有关诉求当成重心，并考量其个性化的诉求，借助信息科技，对其的真正所需进行整体研究分析，在最终得到的数据基础上，分析结果，进而设计出有关的服务措施。除此之外，使图书馆服务工作具备更高的技能化。要达到这一点，就要加强图书馆工作人员服务技能的学习，对其展开有关的培训，给各位读者打造出更加舒适的服务环境。

2. 注重馆员创新意识的培养

于图书馆的不断完善中，高质量的服务可以得到越来越多读者的青睐，促进图书馆的长久发展。当下正是信息化的时代，唯有通过创新，促使自己具备更高的竞争水平，方可更好地服务广大读者。在此基础上，图书馆工作者需要高度关注培养创新意识，创建创新系统，逐渐提升服务水准。

3. 扩大读者群体

在管理图书馆环节中，用户为服务工作的主体，致力于读者群体的日益扩充，可以使图书馆获得更多的客流量，推动图书馆不断革新与提高，为读者服务做好铺垫。所以，进行读者服务时，不单单要完善服务办法，发展工作人员的创新思想，同样要对读者群体的扩充加以关注，通过市场调研来引进更多更广泛的读者，把那些潜在的读者变成图书馆长期稳定的读者，促进图书馆的长久健康发展。另外，馆内的工作者也要定时地举办读书活动，由此使图书馆获得更高的社会地位，使其的教育功效可以显现出来，促进越来越多的读者都踊跃地加入读书活动之中。

4. 构建绿色通道

为满足不同用户的阅读需求，图书馆需要创建绿色渠道。例如，给残疾人创建特殊的读书通道，达到其阅读的诉求，并组织图书馆的工作人员或是志愿者给他们更为人性化的服务。如果某一单位或是机构实行军事化的管理，就不断扩充其业余生活，图书馆工作者给他们推荐专业性的书籍，达到其求知诉求。对那些贫困儿童来说，图书馆就给予其免费服务，发放爱心阅读卡，在图书共享的基础上，满足其学习的诉求，扩大其知识领域。

5. 开展多元化服务

图书馆属于一种公共服务单位，力求达到广大读者多种多样的诉求，使读者服务更加高效，图书馆的有关工作者能够借助信息科技，发展网上预约体系，在读者预约之后，就将有关书籍送货到家，由此就能够实现读者不出门就能阅读的诉求。另外，工作者也能够创建数字图书馆体系，读者将自己的有关信息填写完毕，之后得到图书资源，再借助数字检索得到电子书，能够实现在网上进行实时阅读。由此可以节约时间，展现了图书馆的人性化服务。

第三节　图书馆学科服务

一、学科服务概述
（一）学科服务的概念

学科服务为按照学科的类别开展的服务，为图书馆按照学科建设而提供的全面的信息技术服务和文献信息知识的资源服务。在实际方面而言，在图书馆中学科服务为新的服务方式和服务理念；为图书馆契合全新的服务需求，逐渐深化服务革新，提升图书馆的服务能力和水平而使用的全新举措；为在海量信息中形成了高层信息模式和服务模式。

全新时期的图书馆学科服务并非是纯粹的由学科馆员完成或开展的服务，需要围绕科研的个性化、学科教学的基本需求，整合所有和学科知识服务有关的服务以及资源，构建和图书馆有关的机构重组、资源重组、系统架构、服务设计等新的运行体系，是一个庞大的体系工程，为图书馆未来使用全新的经济技术信息环境的主要服务方式和服务机制。

综上，学科服务的定义需要将科学馆员当作基本主体、将学科用户需求当作中心、将学科知识服务当作核心、将利用和获得用户信息的最大化满足当作基本目标，突破馆的范式以及定义，融入虚拟空间环境和物理空间，主动积极、全面、针对性地对学科科研、用户教学构建专业化、个性化、知识化的现代信息技术、信息资源保障等有效支撑服务。

（二）学科服务的基本要求

1. 全面系统

全面系统主要是指学科服务的全面系统。不但需要学科资料信息比较全面，还需要学科服务的所有操作流程均要实现系统化发展。与此同时，学科馆员要对负责的对口学科的学科情况、学科资源全面了解，还要使用诸多的先进传媒技术推广以及宣传学科服务和资源，让学科服务工作获得更多群众的信赖以及认可。

2．方便快捷

学科用户运用科学服务可便捷快速地获得需求的学科服务以及信息资源，更快解决问题。

3．高效利用

一方面需要学科馆员有高效的工作，另一方面学科信息要实现高效利用，也就是学科用户可高效使用全部的学科资源和信息。

4．满意评价

学科用户对学科服务的信赖以及认可，运用诸多的模式和手段让学科服务获得用户的认可，且让用户特别满意。

（三）学科服务的性质

1．学科服务是图书馆一种先进的办馆理念

伴随网络技术、信息技术的持续发展，数字化、信息化、网络化对图书馆的发展和生存产生较大挑战和发展机遇。图书馆已经并非是唯一获得文献资源和信息的主要区域，群众依赖图书馆的程度在显著降低，对图书馆管理者而言，需要重新审视和思考图书馆的发展和生存。学科服务是以用户为核心的专业化、个性化服务，这对图书馆的发展和生存带来希望，必然可以显著提升图书馆的竞争能力。

2．学科服务是一种新的服务模式

学科馆员直接融入学科用户的信息过程、信息环境中，对口承担院系、学科、课题组、实验室、学科个人用户提供专业化、个性化、知识化的信息服务。

3．学科服务是图书馆服务工作的一种新的服务机制

各大图书馆均相继按照学校的学科现状，创建有关的学科或专门对口的负责学科馆员，确定了学科馆员的目标任务、工作职责以及具体的考核办法和指标，并对学科服务确定了明确的需求和要求。

4．以用户为中心的服务理念

学科服务呈现了将用户需求和用户当作核心的服务理念，学科服务馆员不但需要承担日常传统的基础服务，还需要走出图书馆，将工作开展在教学一线，全面对学科用户提供服务，融入学科研究环节中，不但要对其提供科研和学科教研需要的文献信息，最主要的是要求学科馆员了解其负责的院系或学科的学科建

设现状和资源现状，对学科用户提供知识化、专业化服务，不断优化用户的信息环境，逐步强化用户的信息能力，对科研用户提供更多的科研教学信息。

二、图书馆学科服务滞后原因分析

（一）学科馆员素质不高

学科馆员是开展和落实学科服务的基础，主要承担学科信息资源的组织、收集、整理、学科服务系统的用户服务和管理维护等相关工作，是直接联系学科用户和图书馆的纽带以及桥梁，其综合能力和整体素质决定了学科服务的质量以及效果。现在一些高等院校在招聘学科馆员的过程中，一般仅仅关注他们的学历情况，不够重视其具备的专业能力，这就不利于创建优秀的学科馆员队伍。另外，在中国，大多数的高等院校中依旧未创建成熟的学科馆员培训制度，初到职位的馆员就不可能获得有关的培训，致使其在学科服务上认识不到位，不能给予读者个性化的服务，也不能进行资源导航。

（二）学科服务建设体系不完整

就科技以及平台的辅助而言，现在中国的大部分图书馆尚未具备专业的队伍，同时也不具备充足的资金，有关领导也不够重视等，就不能发展出较为完善的学科服务系统。图书馆的学科服务不但需要提供专业的信息导航以及专业数据库，还需要提供学科动态、会议通知、重要人物、课堂服务、核心期刊、参考咨询、精品课程等有关学科的特色服务信息，但出于没有完善的技术，无法全面落实和开展如上内容，也不能实现科学预期服务的效果。

（三）学科服务评价体系不完善

进行学科服务的最终理念一直都是为用户服务，而要测评该服务，就需借助用户的评价。因此，完善学科服务评价系统是十分关键的。如果不具备详细的评测指标来对学科服务的实际水平进行考核，就会阻碍它之后的发展。现在，中国的大部分图书馆尚未创建有关的评价体系。由此，一方面不能测评学科馆员的有关工作情况，在测评结果的基础上给予他们奖惩，不能提高他们的工作积极性。另一方面，极易出现工作职责不清的状况。除此之外，学科服务最终的效果也要进行测评，假设不具备成熟的测评制度，就不能找到当下系统中存在的不足，阻碍学科服务的深化。

（四）学科服务宣传力度不够

图书馆学科服务在宣传方面缺乏力度，造成学科用户对学科服务的功能和作用并没有广泛了解。学科服务实际为图书馆服务的一种延伸，可对用户构建专业的资源信息导航服务，然而，因为没有做到足够的宣传，致使高等院校的领导以及广大师生对其认识不到位，在政策以及资金上不能得到有效的帮扶。这就阻碍了学科服务的完善。在高等院校的学科服务中，师生为重要的服务目标。但是由于他们对学科服务尚不了解。不能由此实现自身的信息诉求，进而对学科服务的创建产生了消极影响。

三、学科服务的改进措施

（一）加强学科馆员培训教育

1．人员选拔

学科馆员的基本职能为对用户提供科学服务，馆员需要面对不同区域和背景的用户，在服务环节中必然会遭遇诸多的问题，在面对这些问题的时候，需要冷静沉着，随机改变。馆员需要有优良的言谈行为，言谈得当、大方得体是对用户的尊重，也是工作者高品质高素质的表现，学科服务作为图书馆的一项特色服务，对图书馆工作者有较高的素质要求，不但在文献服务、信息服务的职业素养层面有较高要求，并且在有关学科的学科知识方面有较大要求，学科馆员为发布学科信息、管理信息资源、引导信息导航的成员，由此其需要高品质的复合型人才，不但需要有关的教育背景，还需要有大量的信息检索经验。在高等院校的学科服务中，师生为重要的服务目标。所以，学科服务人员需具备较高的道德素养以及极好的心理素质，才能坦然地应对之后的各种挑战，有序并积极应对繁杂的工作。

2．人才培养

对学科馆员的培养而言，图书馆要创建持续化且制度化的机制。高等院校可于本校中创设这方面的专业，给自己的图书馆培育人才。该学科的创设，一方面要获得各个领导的同意。另一方面，也要得到广大师生的赞同。

3．专业技能培训

学科馆员需要复合型高素质人才，由此需要全面培训员工需要的专业技能，涵盖了检索信息的能力、某一学科的专业能力、收集整理信息资源的能力以及加工组织信息的能力、计算机使用的能力、提供个性化服务的能力等，由此图书馆需要加大培训学科馆员的力度，增加培训的机会以及时间，不断对学科馆员提供发展空间以及发展平台，与此同时定时选派工作者到其他科研组织或高校进行进修，学习先进的信息采集技能和信息服务理念、专业的学科知识等，非定时地诚邀国内外有影响的学者专家到图书馆举办提高工作者专业技能和能力的讲座，图书馆还需要提倡工作者积极参加各大院校的学术会议，在学术方面进行深入交流，实现专业知识的逐渐丰富。

（二）建设完备的学科服务设计规划

将学科服务的长远计划归进本校的发展蓝图，展开专业的规划。比如，人才以及经费或是政策鼓励等，进行全方位的支持，推动学科服务的创建。尽管该工作着重的负责人是图书馆的有关工作者。然而，其有关的主体同样也包含学校的各个院系，不同的技术单位，甚至是后勤。完善制度，这是确保学科服务能够健康有序运行的基础。科技以及资金上的支撑，同时包括有关政策的辅助，都为该制度保驾护航。另外，不同的部门之间也要做好合作。需要组建专门的组织协调解决学科服务环节中现存的诸多问题，进而确保该工作的合理推动和实施。其计划的质量水平，最终由图书馆是不是具备成熟的学科服务机制，当然学科服务平台以及管理系统也在内。就学科服务平台而言，一定要具备多项功能，比如，能够搜索有关信息，进行科技查新，也能给予参考咨询，同时也可以申请专利等。由此让广大师生可以便捷地使用。学科服务管理系统涵盖了服务计划的调整和确定，培训、任命以及考核工作者，对服务的最终成果进行测评、宣传等，产生分工明确、完善组织、考评严格的管理体系。

（三）完善学科服务评价考核体系

学科服务作为读者服务的主要构成内容，需要有对其评价的体系和机制，唯有建立在公平评价基础中，方可持续进步。这重点涵盖了评价学科服务系统、评价学科馆员两个方面。不同院校的情况有一定区别，在建设学科服务中其成熟度也不同，需要"因地制宜"，按照高校特性创建和自身比较吻合的考评体系。考评学科馆员作为管理体系的主要构成内容，构建有效、公平、合理、科学的绩效考评体系，是推动发展学科服务的主要内容，并且可以激发工作者的工作热情和动力。学科馆员绩效考评作为统一整体，是建立在测量和评定基础上的。为确保测量的客观性和公平性，可颁发制定图书馆的《馆员职务说明书》《馆员职能基准说明书》等，并且直接确定不同项目的参数和指标。在测评结果的基础上，图书馆做出相应的奖惩，依据劳动效果获得报酬，将绩效和有关的激励联系在一起，让众多学科服务人员的劳动得到相应的回报，摒除之前实行的大锅饭分配机制，让那些优秀的学科服务人员不仅得到精神奖励，同时也能够获得物质嘉奖。将测试没有及格的人员调离岗位，或是进行留岗试用或是减少其福利等，严重的将被直接解聘。对学科服务体系进行测评，要按照用户的反馈情况，在最终结果基础上，调整学科服务系统，并确定之后的创建计划。在学科服务中，广大用户为服务目标，其体验为测评该服务是不是有效的重要指标，每隔一段时间就对广大用户进行调研，寻求其建议，并进行筛选，选择出具体可行的建议，并付诸行动，以达到用户所需。

（四）加大学科服务的宣传力度

20 世纪末产生了图书馆学科服务，它是一种全新的服务方式。由于发展时间短，缺乏较大的影响力以及知名度，诸多的教师、领导、学生并没有充分认识图书馆开展的科学服务。由此，图书馆需要将学科服务的作用、意义、模式等当作核心予以宣传，让用户普遍接受且获得认可，由此主动探求学科服务。用户作为图书馆开展学科服务的主要目标群，唯有让诸多的用户、读者参与其中，方可构建诸多的发展空间。在新世纪，网络技术的发展和大数据的产生，图书馆需要加深宣传力度，使用诸多的网络互联、移动终端，宣传该服务和项目，提升该服务的知名度。

四、学科服务创新实践

（一）构建学科化创新服务体系

力求达到现在各个用户多样化的诉求，图书馆要参与到相应的教学科研之中，同时要展开学术交流，把之前的种种模式，比如，单项式或是集中式或是坐等式等，加以整改，变成将用户诉求作为驱动力的、主动交互并进行知识创新较为开放的信息交流方式。此外，不单单具备最基本的借阅、收藏以及休闲功效，同时促使其不断提升创新水平，发展学术资源，提高学科服务的功效。所以，图书馆一定要依据学科主题来整合有关的资源，进行服务，突破陈旧的文献工作步骤，促进信息服务更具科学性，服务内容知识化。

（二）Web2.0在学科服务中的应用

近段时间，Web2.0技术的产生创新了图书馆的资源服务，建立在百科全书、博客以及其他技术的运用，发展出了以学科化服务为中心的新型服务方式。确保学科服务具备较高的效能，创建有关的学科服务平台，这早已是所有图书馆的一致需求。

（三）建立学科博客

在图书馆进行的学科服务中，学科博客得以广泛应用。在学科博客的基础上，学科工作者可以将这一学科的众多用户以及资源全部整合在一起，发展成巨大且全面的知识网络，同时也形成了用户网络。于该网络之中，不管是学科工作者，还是用户，全部为资源的贡献人员。他们能够实时进行互动交流，同时可以更精确更详细地整合各种学科资源，做到及时更新。而学科用户可以更便捷地呈现自己的观点，或是彼此之间更快速地谈论某一学科难题。学科博客基本涵盖了图书馆目前已有的学科服务和资源、建设网络免费资源、学科的咨询解答以及博客链接等。

（四）建立学科服务平台

创建学科化的服务平台，此为图书馆进行个性化服务的根本，也是其提供网络化信息的前提。由此，能够更有目的性地处理用户在信息交流以及共享知识过程中的有关诉求。

第四节　图书馆参考咨询

一、图书馆参考咨询概述

（一）图书馆参考咨询的概念

图书馆参考咨询就是图书馆对外提供的参考咨询服务，在不同的国家、时期均有不同的表述以及理解。中国的图书情报基本表示参考咨询为图书馆对用户或读者在资料查询或文献查询方面提供帮助的所有环节，进而解答用户疑问、帮助检索信息、开展文献分析等，并对用户提供数据、事实、研究报告、检索文献等，为信息资源开发的主要方式。

（二）图书馆参考咨询的特征

1. 服务性

服务性是指在根本上而言参考咨询为知识信息服务。图书馆一般有特别广泛的工作范围，有诸多的流程和环节，也是由诸多系列彼此联系产生的统一整体。参考咨询服务隶属于读者服务体系内，为传统读者服务的延伸。

2. 针对性

针对性为图书馆开展参考咨询工作需要融合用户的具体需求，对其提供个性化的服务。例如，有的用户在图书馆咨询使用微电脑在图书情报中可阅读到什么读物，参考工作者需要按照该问题编制题录、文献组织、索引等，对用户构建该层面的文献线索以及文献等。

3. 实用性

实用性重点是参考咨询需要有实用的目的。虽然不同种类的图书馆开展的参考咨询也有一定区别，但综合来说，参考咨询服务的归宿以及出发点均是为了满足需求，直接解决群体在工作、生活、学习环节遭遇的现实问题，落实教育职能以及情报强化的作用。例如，高校图书馆和科研图书馆为教学服务、科研提供服务，公共图书馆则对领导决策、社区、企业发展等提供服务。

4. 智力性

智力性为在业务层面而言，参考咨询为密集知识类型的劳动。参考咨询工作为读者和工作者之间开展的信息和知识的交流、传播、反馈的动态环节。

5. 社会性

社会性为参考咨询工作为开放的服务体系，并且和社会有紧密的关系，其为图书馆员对用户在搜索信息、使用文献、获得情报方面提供帮助。伴随在图书馆内当代信息技术的大量使用，参考咨询逐步强化和深化社会化发展程度，持续扩充服务范畴。

二、数字参考咨询服务

（一）数字参考咨询概念

数字参考咨询服务是建立在网络基础中的一种服务体系。1984 年，在美国马里兰大学图书馆第一次倡导，重点是在网络化、数字化的信息环境内，图书馆使用计算机工具、网络技术，将网络资源、馆藏资源予以整理、收集和加工，且运用 FAQ 系统、电子邮件、实施问答等模式对用户构建的参考咨询服务。该新的读者服务方式已经渐渐演变为图书馆的核心业务，演变为当代图书馆为主要发展方向。

（二）数字参考咨询服务的一般流程

图书馆数字参考咨询服务涵盖了如下五个层面的运行流程。

1．用户提出问题

如果用户要求助于图书馆，就可按照自身的诉求，确定所需的咨询方式，并将自己问题进行发送。

2．问题筛选、分析和分配

图书馆网站在收到有关的问题之后，就会做出选择，进行一定的分析，之后完成分配。那些没有在这一范围之内的问题，就会被退还至用户。没有超过范围的问题，先是会对原来的问题进行查阅，查看是不是存在相一致的答案，假设不存在，就将问题发送到咨询工作者或有关的专家。

3．解答问题

咨询工作者或有关的专家在自己具备的知识基础上，查阅有关的资料，给出答案。

4．答案发送给用户

在保存问题的文件内获得答案，或咨询工作者将答案传送给用户。

5．跟踪和反馈

从接受到用户提出的问题直至最终的回复，都要进行有效的监督控制，并以问题为基础，及时和有关用户展开交流，保障服务具有较高的质量。如果处理完某一问题，就会自动地把问题以及相应的答案保存到知识库中，方便之后类似问题的查阅。

（三）数字参考咨询服务的主要方式及特点

图书馆数字参考咨询服务有多种服务方式，多种服务方式不仅能够消除因为地理导致的读者的信息隔阂，也可以给予用户更加精准的信息，使图书馆的有关工作人员能够和用户更便捷地沟通。除此之外，读者提出的各种问题可以更迅速地被处理。

1. 非实时参考咨询

数字参考咨询有许多种，比如，我们常用的微博或 BBS 或留言板等，这些全部为非实时参考咨询。

FAQOFAQ 是开展数字参考咨询服务的图书馆最普遍最常用的一种咨询方法。工作者将用户在图书馆使用中存在的较为普遍的问题加以规整，并放进问题库中。如果有用户又有了相似问题，就能够直接进行查询，这样就大大节约了时间，同时也减轻了有关工作人员的机械劳动。但是这种方法也存在着不足。其只可以给予和图书馆的使用办法和服务相关的问题，就部分较为专业的问题而言，还尚未涉及。

Email 和 Web 表单 oEmail 为最"古老"的数字参考咨询。图书馆网站会给予 Email 地址，用户将面临的各种问题通过邮件发送到给予的邮箱之中。图书馆的有关工作者也借助邮件来回复有关的问题。Web 表单以电子邮件为基础，为数字参考咨询的一种。表单中设计了固定的问题，用户进行填写，出示自己存在的疑问以及所需，之后完成提交并发送。工作者借助邮件进行答复。以上两种办法都较为简便，然而却具有一定的缺陷——用户一定要具备固定的邮箱。它们都在时间上具有一定的延时性，导致工作者不能及时进行答复。

就 BBS 而言，其为一种讨论系统，不管何人都可以针对自身感兴趣的事情发表意见，和别的参与者展开交流，它的特点也十分显著，最为突出的就是其交互性，并且存在异步性以及开放性。留言板即通过 BBS 中的电子信息而进行的数字咨询。用户能够借助留言板以及 BBS，将自己的问题于图书馆网站上进行留言，同时得到有关的回复。就微博而言，其较为新颖，也是一种数字咨询。高等院校一般设有图书馆的微博，用户能够在此做出评论，抑或是留言来展示自己的看法。以上三种数字参考存在的长处即用户能够翻阅别的用户提出的问题以及相应的回复，这就避免了相同问题的提问。缺点为对比此前的模式，应用该三种模式的时期，用户有特别差的隐私性。

2. 实时咨询

实时咨询即通过即时聊天，比如，QQ 或是微信，由此工作者能够和用户进行实时交流。如果用户存在的问题不方便通过文字来展示，就能够利用上述工具的视频功能，当面进行沟通。这两种工具有着比较广泛的使用者，而且操作也不复杂，及时性非常高。以上有利条件都可以让有关的工作者掌握用户的详细所需，进而给出答复。这种实时咨询尽管可以及时处理用户的不同问题。然而，其缺陷即并非可以 24 小时服务，是于一定时间中才开放的。通常而言，这种同步咨询方式一般是在工作人员的上班时间进行的，一般情况下一周在 30 个小时之内。这就导致实时服务不能达到广大用户的时间诉求。

3. 合作数字参考咨询

尽管在图书馆中早已存在了数种不同的数字咨询。然而，网络是开放的，这就导致用户或许处在不同的地区，涉及不同的层面，进行咨询的时间以及知识上都存在着差异性的诉求。于此背景中，某一图书馆因为种种因素的制约，就不可能 24 小时在线服务用户，并且在知识上也不可能回答用户的所有问题。所以，为推动更高水平的数字咨询，就出现了网络化的合作数字咨询，也叫作联合参考咨询。

所谓合作数字参考咨询，是数个图书馆在一定协议的基础上组合而成，利用网络，通过各个图书馆中的丰富资源，就能够突破时间以及区域的制约，为广大用户提供更好的服务。这种服务以图书馆联盟为根本。于这一联盟之中，能够共享各种资源，所以就要关注该联盟的内部资源以及服务。通过这种咨询服务，各个图书馆有了更紧密的合作，使图书馆在咨询服务上具备了更高的综合实力，同时也使服务领域进一步扩展。这种服务平台将会是图书馆接下来的发展趋势，其整合了各个成员图书馆的资源，不再受区域的制约，使咨询服务的水平进一步提升，有着良好的发展前景，并且提升空间也巨大。

（四）图书馆数字参考咨询服务的创新应用

图书馆实施数字化参考咨询就需要做好准备工作，图书馆的信息资源、咨询人员、网络技术为其开展参考咨询的主要基础和条件，咨询员需要使用网络技术解决用户的现存问题，馆藏资源为参考咨询的后盾，可以提供咨询的精准性以及可信度。数字图书馆为主要研究的一个层面，为运用先进的网络技术对信息用户构建品质优良的咨询服务。

1. 扩大新资源和新工具

图书馆数字参考咨询服务的主要目标是合理满足用户在信息方面的需求，传统的信息表达需求和图书馆咨询员理解有一定的不同，咨询员需要按照构建的知识交流组织和平台，运用诸多的交流模式，持续理解用户在知识方面的多样需求，确定咨询服务需要实现的基本目标，合理满足用户需求。在开展参考咨询服务环节中，咨询员拥有的专业知识难以满足用户多样的信息需求，知识库的大小和能力和参考咨询的品质多少有显著的关系。

参考咨询系统的知识库要更加专业化、完整的规范以及标准，建设知识库需要全面按照标准落实和执行，需要可以完美兼容其他系统，高校图书馆在建设数字资源库环节中需要秉持和兼顾特色资源以及优势资源的基本原则，馆藏资源不但呈现在资源质量方面，还呈现在资源特色方面。

图书馆需要大量收集网络资源和信息资源，针对获得的特色资源进行有序化梳理和整理，便于馆员的检索。数字资源有诸多类型，有的需要依托媒体读取，例如，磁带、光盘等，还有专利、硕博士论文、期刊、文献等电子信息，在手机或电脑的帮助中可读取有关资源和信息，用户可按照自身偏好合理挑选恰当的数字资源，需要图书馆高度关注参考资源的管理以及组织，图书馆需要组织有关工作者组织和管理数字资源，知识库的开展运营，要图书馆工作者持续完善和采集资源信息，让其演变为对数字参考咨询提供服务的工作，持续提高服务品质和质量。

2. 引进新技术和新方法

在网络化、数字化时期，图书馆开展的参考咨询服务在较大层面取决于网络技术的演变和发展，计算机和网络设施可以进行图像、文本、声音的处理，极大降低了工作者检索消耗的时间，网络是承载参考咨询服务的基本载体，通过网速提升的方式便于该服务的合理发展。图书馆要发展参考咨询系统必然需要新技术的全面支持，例如，信息推送、数据加密、动态网页、安全身份认证、静态网页等相关技术。

图书馆需要建立在硬件和软件的支持基础上，进而对图书馆服务咨询提供便利。新技术注重强调网络的个性化以及智能化发展，呈现为系统如何主动对用户提供服务，网络技术在图书馆的数字参考咨询服务中特别重要。通过应用新技术推动了开发数字参考咨询系统，唯有功能强大的数字参考咨询系统方可为优质服务奠定良好基础，尽管对数字参考咨询服务的诸多软件均制定了完善功能，但所有的技术方案均有其自身的应用限制和范围，有一定的功能不足和缺陷，在软件选购时需要考量诸多要素，例如，质量、价格、便利性、功能等诸多要素。

在开展参考咨询服务环节中，对于用户的知识产权和隐私保护问题需要高度关注，用户可运用参考咨询服务系统对工作者提出诸多问题，参考咨询服务工作者需要本着保密的基本原则进行信息保密。当下，美国制定的参考咨询软件比较完善和成熟。并且对该软件制定了统一标准，便于其后的咨询和合作，该标准的制定可以是图书馆制定的，还可以是国家统一制定的。

第五节　图书馆服务评价

一、图书馆服务评价的概念

（一）图书馆服务评价的内涵

图书馆服务评价，也就是评价图书馆的服务质量，是将图书馆服务当作评价对象，将服务质量当作评价内容，使用科学的评价方法和标准对图书馆的服务效果和服务工作进行价值估算以及优劣评判的环节，一般将评价图书馆服务作为图书馆评价的主要内容。

对图书馆的服务进行质量测评，要由两大角度展开：第一，即为服务过程测评，也就是从不同的方面，比如，图书馆具体的服务内容、模式以及技术等，展开测评。第二，即为服务价值评价，也就是对图书馆服务在用户身上产生的影响与作用展开测评。因为服务价值自身就存在着一定的不确定性，并且测评标准也很难进行量化，所以对服务价值评价进行的分析少之又少。大多数的图书馆在进行服务测评时，就把服务过程当成分析目标，更甚者直接把服务过程测评当成服务测评的所有，没有注意到服务价值的测评。

传统评价图书馆服务质量普遍是建立在图书馆的馆舍大小、馆藏资源、组织管理、经费投入等业务工作和办馆条件中，唯有用户方可对图书馆的服务质量进行评价，由此所有对服务之外的评价是不重要的。综上所述将用户为核心的服务质量评价逐渐获得重视和关注，只依托馆藏数量等进行质量评价已经难以满足当下的基本需求。

（二）图书馆服务评价的目的

服务质量是图书馆发展和生存的基础。图书馆在明确用户基本需求的层面中，定时对服务质量进行系统、全面、客观的评价，是合理配置资源、明确服务重点、有效使用资源、持续提升服务质量和服务水平，开展好服务工作的核心和基础。评价并非是服务的目的，而是服务的一种手段，唯有通过评价促进改进、评价促进建设，方可是服务评价的核心和目的。运用评价此前的服务工作，了解在服务中现存的缺陷和问题，进而可实现服务程序的不断调整，改良服务品质，实现服务水准的持续提升，有效使用图书馆资源，最大可能性地满足用户在信息方面的需求，这也是图书馆对服务予以评价的核心和目的。

（三）图书馆服务评价的意义

图书馆服务评价针对图书馆发展、服务发展、事业发展均有显著的意义。

1.指导图书馆事业的发展

对指标系统进行科学评估，不但对目前已有的服务工作发挥指导和评估作用，并且对图书馆未来事业发展起到指导作用。通过对图书馆指标体系的科学评价，让图书馆的评价模式在资源数量、经费方面演变为将用户为核心的质量评估，通过制定合理科学的指标评价体系，引导图书馆开展好服务工作、业务工作以及管理工作，进而推动图书馆的合理发展以及有效发展。

2.指导图书馆的具体工作

运用不同阶段的评价，图书馆可了解到目前在现实工作中现存的不足和缺陷，获得目前工作的重要矛盾问题，有针对性地改良服务工作，有效调配诸多资源，对图书馆其后的发展战略构建凭证，与此同时图书馆还可以运用检查基准，对比同行，降低差距，实现用户满意度的持续提升。

二、图书馆服务评价的标准

图书馆服务评价即于某一价值观的引领下，通过某种技术以及手段来整合图书馆全部的服务体系或是一种服务方式或是一种服务产品的所有信息，同时在这些信息基础上，公正地测评服务过程以及最终的成效。

由于图书馆提供的诸多服务均是无形的，涉及诸多的要素，服务效果涵盖了间接的、直接的、潜在的、显著的。由此在评价图书馆服务中其需要有多种的标准，不但有定量研究，还涵盖了定性研究。倘若将满足用户需求当作核心，那么其涵盖了如下的 3 个层面。

（一）读者满意度

读者评价为对图书馆服务水准检验的主要标准。其内容有：

环境。图书馆环境整齐、清洁、舒适、安静。

人员。工作者特别认真、热情、主动，有一定的专业能力。

设施。图书馆的设施比较齐全和先进，可以有效满足在功能方面的需求。

文献。文献资源需要和该馆的目标、性质吻合，有较多的数量，良好的品质，一定的特色。

读者的满意度可以分为很满意、满意、一般、不满意、很不满意 5 个级别，用户评价图书馆提供的服务。

（二）吸引读者

这里的"读者"，不但涵盖了到达图书馆的用户，并且涵盖了使用图书馆网络资源的用户群。可按照图书馆的不同的历史、规模、性质、现实条件，将其划分为合格、优秀、不合格 3 个级别，评价在吸引用户方面的图书馆表现。

（三）文献利用率

1. 流通率

通常而言，如果图书具有更多的流通，那么它就拥有更大的价值。在此处的"书"，不单单表示纸质版的资料，同时也指代各种电子文献，甚至网上的各种资源也包含在内。文献流通率，即于某一时期中，读者真正使用的文献数量和馆藏的全部文献数之间的比值。要在图书馆自身性质、所具有的规模基础上，考虑其历史以及当下的实际情况，评定不同的等级，最好的为优秀，其次为合格，最后为不合格。

2. 主动性

图书馆，一方面要被动地接受用户到馆内进行借阅；另一方面，也要主动出击，给人找书，并且给书找人，使文献更充分地加以使用。图书馆要大力进行宣传，更好地完成参考咨询，尽可能完美地回答读者的疑问。在具体项目性质的基础上，并结合其难易度，进行等级的评定，比如，高难度的评定为优秀，难度较高的评定为良好，难度一般为合格。

3.速度

图书馆不断可以对用户提供信息和文献，还可以让用户最快速度地获得需求的文献，由此就不得不提升工效。要按照图书馆的类型以及发展的规模，同时按照服务项目的实际情况，设计出某一阶段的测评指标。

第六节　图书馆服务理念

一、现代图书馆服务理念

（一）图书馆服务理念的内涵和特征

1.图书馆服务理念的内涵

就图书馆而言，其服务理念即其主体于实际的图书情报工作过程中，站在服务型的角度上，对众多有关问题产生的整体看法。它着重的观点为：就图书馆来说，最根本的产出即提供文献信息，而各位读者以及广大的用户是它的直接客户，持续达到它们当下或是之后的知识信息诉求即为它进行革新的最终目标。

2.图书馆服务理念的特征

（1）选择性。就图书馆服务理念而言，最为突出的一大特点即选择性。在实际中，图书馆即为有关产品的供给人，而读者以及用户即是各种服务产品的使用人以及消费者。其可以按照自己的意愿选择相应的图书馆服务。而这种选择性就涵盖着图书馆之间的竞争。所以，在这种竞争机制下，图书馆——文献资源的供给方，就一定要确保更高的质量以及品位，给用户更好的服务，达到其诉求，否则将会被时代所淘汰。

（2）层次性。图书馆另一个鲜明的特征就是层次性。用户和读者在读者需求方面有一定的区别，图书馆需要区别对待，实行分层服务。

（二）传统的图书馆服务理念

就中国传统图书馆而言，其服务理念能够简述成：藏、封、守以及旧。其形成受到了某一发展时期中不同要素的影响，比如，科技、社会思想以及传统习惯等。简单来说，就是以藏书信息为图书馆的主体，将其当成给读者服务的仅有的物质载体。仅仅针对本单位的各位读者，较为封闭的服务思想就大大减少了图书馆具备的交流以及社会功能，妨碍其更好地践行其服务宗旨。图书馆的服务从根本上来说，是被动的，需要用户上门。大部分的图书馆还是当成借藏书的地方，其学习场地的作用往往被遗忘，虽然在不断提升服务质量，但是却在对读者的尊敬上还不到位，没有将更人性化的服务带给各位读者。

（三）现代图书馆服务理念的基本内容

其理念的详细内容能够简述成服务的产出、市场、质量观，同时读者以及用户的权益观也是重要的内容，另外也包含学术性的服务观以及其他观念。

1. 图书馆产出服务观

对于图书馆，它力求将能够提升人力资本价值的各种文献、不同信息以及知识或是其他产品供给读者，这种产品可以是有形的，也可以是无形的。其产出即给予各种信息资源的服务。但是就读者以及广大用户来说，尽管图书馆的服务不收取任何费用。然而，其所有的资源，当然人力资源也包含在内，全部属于国家或是集体投资的。所以，读者在图书馆各种资源的使用同时，即在消费其服务产品。

2. 图书馆服务市场观

图书馆服务市场的核心为图书馆服务的供求关系。图书馆为一种知识性、信息化的公益服务组织机构，其根本是文献资料的社会收集、利用以及开发，该社会性质的文献信息的收集、利用以及开发是全面贯穿在服务的所有环节内的。

3. 图书馆服务质量观

图书馆服务质量是指图书馆需求主体对其服务最初的预期和他们体验到的服务之间的比较。在图书馆中，对其服务质量进行测评的一项重要标准即读者的满意程度。和别的物质产品相比，其服务质量就中心质量而言，不管是出现的时机，还是各种质量要素，还是评价主体等，都存在着突出的差异。在掌管其质量时，要把达到各位读者现在确定的或是将来的信息诉求当作根本目标。

4. 读者和用户权益观

构建图书馆的服务系统，就需要高度关注用户和读者的主体地位。国家可以运用立法的方式确保群众可自由、平等地使用图书馆信息和资源的基本权利。在保护图书馆对用户和读者提供服务的权利方面切入，图书馆的用户和读者可获得如下的4个权利。

（1）知悉权。图书馆的用户和读者有获得服务真实现状的基本权利。读者以及广大的用户具备权利按照实际情况做出判断，选出更适合自己的资源。服务时，图书馆要时常将其运行以及管理情况告知读者，这也是它的一项义务。

（2）自主选择权。读者以及广大的用户能够按照自己的意愿挑选图书馆的可用资源，自己确定获取信息的途径。市场供给主体必须尊重他们的意愿，不可以任一缘由进行阻碍。

（3）平等利用权。图书馆服务对所有个体均平等，供给主体不能对其有歧视行为。

（4）监督权。读者以及广大的用户可以对图书馆的服务进行有效监督，这是他们具有的一项权力。其也可以针对自身权益给出一定的意见，图书馆要重视这些意见，接受大众的监督。

5. 学术性的服务观

图书馆是一个文化教育服务机构，其本质属性不仅仅是"服务"二字。虽然文化教育职能是通过其服务来体现的，"服务"是其本质属性之一，图书馆实际上为文化教育服务机构。它的根本性质不单单为"服务"。尽管其文化教育的功能要借助它的服务来展现，但服务仅仅是它的其中一个性质。其服务也要以学术为支撑。就图书馆的工作而言，并非纯粹的普通事务，不少工作（如文献研究、信息检索等）都带有一定的学术性，通常也是别的学术的研究依据。

总而言之，图书馆为学习化组织，并且也是进行学术探究与交流的地方，其学术性和其服务性相互依存，服务性为其所有工作的中心，而学术性为其所有工作的支持，其如果不具备科研，那么其服务也不会好，同时也会导致图书馆的各项事业都原地踏步。

二、现代图书馆服务理念的转变

要说到近现代的图书馆，就要回到 19 世纪 50 年代，经过一百六十多年的壮大，图书馆服务理念在时代变迁以及社会发展的基础上也在改变着。各个图书馆都已经形成了共同的认识，即服务才是图书馆的根本宗旨。这就确定了其本质——服务机构。由此可以帮助图书馆更好地定位，并且可运用服务优化的方式获得较高的社会地位。

（一）美国图书馆的发展与"三适当"准则

美国在 18 世纪，就产生了对群众提供服务的图书馆。一般可以将该图书馆划分为两个类别：第一是流通性图书馆，第二是联谊性图书馆。联谊性的主要依托群众筹资，且只开放给会员，所有的集资人均是图书馆的股东，通常而言均为有相同兴趣的人创办该类型的图书馆；流通性的则重点依托图书出租的方式保持经营，以人们喜爱的书籍为主，像一些杂志以及通俗小说等。以上两种图书馆就如同最初的美国公共图书馆。

在 19 世纪下半叶，美国图书馆学盛行，并出现了众多的优秀图书馆学家，比如，卡特以及杜威，他们为典型代表。就杜威而言，他是这项事业的组织人，也是著名的图书馆学教育以及理论家。他推行图书馆的各种用品要设定一定的指标，并倡导流动书车等。他在图书馆事业中发挥了极其重要的作用。

在 1876 年，他又提倡实行"三适当"的原则，就是在适当的时间内，为适当的用户，给予适当的服务。在这一准则之下，图书馆就把其资源的供给以及选择和其服务合理有效地结合起来，极大地促进了图书馆理念的形成，确定了其最根本的宗旨，就是通过最优质的书籍，最少的成本，让最多的读者使用。对近现代图书馆而言，19 世纪是一个特殊的阶段，为其基础阶段，同样在这一阶段中涌现出了众多优秀的图书馆学家。在他们的不懈努力之下，使近现代的图书馆面向社会，使这项事业深深扎根于群众。同时，近现代图书馆发展了其工作方法系统，对文献进行分类编目，同时开展借阅活动。通过经验图书馆学，实用与效应融合的理论系统发展起来。同时，理论图书馆学也一直致力于图书馆学的概念以及体系的分析，并取得了一定的效果。

（二）20 世纪图书馆事业的发展及"五原则"的提出

在 20 世纪，各位图书馆学家将图书馆学的理论内涵最终确定下来。这方面的理论专家认为，科学、理性，这是该世纪最有价值的理论，而美国的芝加哥学派即为这一理论的突出代表。芝加哥大学图书馆学院的教师和学生们就图书馆学有着自己独特的见解。自 20 世纪 20 年代后期，其就进行图书馆学理论系统的研究，注重人才的培育，推动图书馆学不再是一种职业，而发展成了专业。就理论精神而言，华普斯以及巴特勒教授等，勇敢迎接并坚强抵住美国图书馆协会带来的压力，坚定地批判"杜威传统"，通过在社会科学中也依旧适用的"科学办法"

进行探究。该校中的图书馆学院进行的早期学术研究，标志着图书馆学由人文科学迈进了社会科学。

1931 年，阮冈纳赞，来自印度的图书馆学家，创作了《图书馆五原则》。这部著作在全世界的图书馆学领域激起了巨浪。其并不同于芝加哥学派，他没有对社会科学展开探究，身为数学家的他试图通过数理科学的手段来分析。阮冈纳赞讲解"五原则"时宣称这是一套最基本的、能够延伸出别的图书馆学理论的一种准则，如同物理领域中的牛顿三定律，由其能够延伸出别的物理学定律。

其五原则的主要内容为：首要原则即书是为了用的。每个读者都有其书，此为第二准则。而第三准则即为每本书都有其读者。第四准则即借阅读者的时间。而最后一大准则即图书馆为生长着的有机体。以上实际为杜威提出的准则的传承与更新，被称之为"我们职业的最简明的表达"。它给现代图书馆服务理念的形成做好了铺垫，被当成是不可撼动的律法。直至二战之后，最终确定了服务理念，即服务至上、读者第一。

（三）"新图书馆五原则"与和谐意义

时代日益更新，在图书馆领域，服务为其最根本的宗旨得到了极大的认同，这也贯穿了图书馆发展的主线，是图书馆的核心价值观，同时新五项准则出台，即开放原则、方便原则、平等原则、创新原则和满意原则。

图书馆从其问世之后，先是封闭的状态，之后发展到局部开放，直至现在的全面开放，这历经了长时间的发展完善。在现代图书馆中，开放服务已是十分重要的一大特点。而就图书馆而言，其服务的第一大准则即开放原则。开放为其实现服务的基础，假设不开放，就不存在服务。当代图书馆实行的开放是全面的，不仅仅是资源的开放，也包括时间、人员以及馆内事务的开放。

方便原则也有别的名称，比如，简便原则抑或是便利原则，有的也将其称之为省力原则。给服务目标以便捷，此为所有服务的一致目标。如果某一服务没有带给大众便捷，那么它也一定得不到大众的喜爱，甚至会被抛弃。就服务而言，其本质即为方便。这也是服务的重心。就图书馆而言，其服务的方便原则即图书馆的所在地要给予读者方便，资源组织也要给予读者方便，同时服务设施以及方式也要给予读者方便等。

图书馆，最能展现自由以及平等。在图书馆面前，所有人都是平等的。这是图书馆领域中的圣律。其服务中实行的平等原则，就是让图书馆以一颗博爱之心，爱护所有的读者，尊重他们，保护其合法权益。于服务中践行平等原则，着重就是维护所有读者的权利。其服务创新也涉及众多的方面，比如，理念、内容以及方式等方面的创新。而进行创新的前提就是要具备超前的服务理念。服务，可以看作是一种品牌，也能把其当成一种文化或是一种获得。展望图书馆的发展，其服务要不断革新内容，着重的方向即扩充信息服务，同时给予群众更多的方便。而方式上的革新即转变之前单一的馆藏资源借阅方式，通过网络，给予不同的数据库以及知识库服务，并开展在线或是离线服务。

读者是否满意以及其程度如何，为评判图书馆服务质量的最根本指标。在其服务的众多原则之中，最为重要的一项即满意原则。安达利以及西蒙兹就这方面的考核设定了五大命题，分别为：体验到的图书馆具备更好的质量，那么读者就会更加满意。图书馆的馆员具备更强的反应能力，那么读者就会更加满意。体验到的图书馆具备更高的工作能力，那么读者就会更加满意。体验到的图书馆具备更好的设备，那么读者就会更加满意。而其服务的五项准则从根本上来说即让图书馆在建筑、资源创建以及管理等各方面都达到所有读者的全部所需。换言之，即使图书馆的建筑和自然之间可以和谐共处，图书馆和社会之间可以和谐共处，图书馆和读者能够和谐共处。

三、图书馆服务理念创新

（一）图书馆服务理念创新的必要性

伴随社会的持续变化和发展，图书馆需要持续创新服务理念，在全新的发展态势中信息技术更迭速度越来越快，在创造模式、知识传播环节中予以改革，网络资源演变为群众获得知识的重要途径，信息用户可运用网络方式获得自身需求的诸多内容，面临严峻的挑战，并符合当下信息化的发展，图书馆不得不转变思想，进行革新，促使自己可以科学发展。对于图书馆而言，服务为其生命的源泉，而理念又能够引领行为。图书馆唯有不断革新服务理念，方可获得更高的竞争力，在时代变迁中不被淘汰。

（二）图书馆服务理念创新的实质

对图书馆而言，要从根本上革新服务理念，第一任务就是要革新图书馆有关工作者的思想，积极进行创新，并积极给各位读者供给有关的信息，把促进图书馆具备更高的质量当成重要的目的，创新从根本上来说，即所有都是为了读者，促进其服务的多样性。

现在社会为信息的世界，知识更新更加频繁与迅速，给予各位读者更迅速、更高质量、更为详细的信息，才实现了服务的真正革新。因此，图书馆要持续完善信息服务的有关内容，将实体馆藏与众多的网络资源结合在一起，发挥其优势，实现各个读者的诉求，也从根本上做到服务理念的革新。

（三）图书馆服务理念创新内容

1.服务观念的转变

要对服务观念进行创新，就要保障图书馆时时刻刻掌握之后的发展方向，随之转变其工作步骤，涉及新型的规定，促使管理更加高效。

在网络的大背景中，图书馆要进行更细致的工作分工，从整体上进行把握，网络给信息的收集、规整以及服务带来了全新机遇，是图书馆不断提高质量的前提条件。在网络背景中，方方面面都需进一步地整改，之前图书馆的工作要再次进行规整，由此才能顺应网络环境的发展。不同的部门都要付诸行动，让图书馆变成有机组织，在其中能够实现信息的网上服务以及共享。另外，图书管理员也具备了不一样的职能，慢慢发展成新一代的服务工作者。

图书馆应深入地开发各种信息资源，力求让其实现最大化，同时也达到最优化。这就要依靠先进的服务思想，完善其网络优化组织。创建其网络，由此可以共享我国丰富的信息资源，同时慢慢和别的国家展开协作，促进信息资源数据库的创建，和其他国家彼此学习、彼此引进，给广大用户更优质的服务。

2.竞争服务观念

图书馆服务直接关联其他社会服务活动，不但彼此竞争，还是互补的存在。结合为一种精神文化的服务来说，文娱体育、电视等网络获得迅速提升和发展，所有人均不能摆脱文化产生的制约和影响，且参与到创造文化环节内。图书馆当下面对较大的生存难题，目前群众不但可以享受多样的网络信息以及电视节目，还可以在家庭中就是用网络之中的图书馆，获得诸多的信息，还可以在网络内购买书籍。信息网络以及大众传媒的发展能动力为社会需求以及科学技术，其对图书馆不但产生了冲击，还产生了机遇以及动力。梳理精神文化的求美、求乐、求知的功能，图书馆是社会求知的载体，并且在精神文化内其一直是空头的存在。在社会持续发展和进步的基础中，图书馆均需要构建更高的服务理念，就需要图书馆工作者结合自我工作，多层级、多角度地对用户构建优良的服务，满足用户需求，由此图书馆管理工作者需要持续提升自我能力和水平，实现自我素质的不断提升。

3.树立知识服务理念

知识服务属于一种较为新型的服务思想，在信息资源上进行更加深入的开发，并加以使用，并十分重视知识的增值。和之前的知识服务对比来说，其区别重点呈现为如下四个层面。

在传统信息服务中，更加注重给予了用户怎样的信息资源。但在知识服务中，更加注重帮助用户处理了怎样的问题。

传统信息服务只要注重用户提问，满足在文献方面的用户需求，知识服务为通过逻辑获得的服务方式，运用信息重组和研究获得产生全新的知识产品。

在传统信息服务中，更加注重给予用户详细的文献信息。但在知识服务中，更加注重提供给用户处理办法。

在知识服务中，更加注重服务价值的提升，希望使用自我能力以及知识给予广大用户独具价值的产品。但是在传统信息服务中，更注重占用各种资源，借助劳务来展现自己具备的价值。

为此，在知识服务中，有关的工作者就要发展成复合型知识人才，可以"一专多能"，把散布于不同领域的专业知识进行提炼产生契合用户的精品知识。

第七节　图书馆服务内容

一、图书馆服务原则

就图书馆而言，其服务原则即该领域作为社会不可缺少的构成，在担负相应的社会职能过程中要遵守的有关准则。图书馆在面对全新时期的难题和挑战的时期，需要如何对用户予以服务，这会极大地影响其在社会中的地位。

（一）基本保障原则

对图书馆而言，要将维护好公民的阅读权当成己任，给予各位读者最基础的服务。这也是其众多服务中最根本的一项工作，是对其最低的工作要求，也是最基本的一项原则。基本保障原则涉及的内容比较多，馆藏资源保障率为最基本的一项，同时也包含了基本的图书馆服务设备供给等。

（二）开放与共享原则

当代图书馆的开放服务为意义更广的开放，不但涵盖了服务对象种类的开放、演唱开放时间和在线服务的全面工作和一体化馆藏借阅的书刊信息的开放，还涵盖了开放空间资源、设备资源、馆藏信息和数据、读者互动的开放等。图书馆应该开放思想，使用服务和资源共享的模式对用户提供有更高满意度的服务。

（三）公平与平等原则

图书馆的人权宣言就是所有个体人人平等。对图书馆方面而言，在服务环节中，需要维持公正、公平的基本原则，平等对待全部的读者，让其可以获得平等和公平的服务。

展望中国图书情报的不断壮大，尽管不能实现绝对的平等，然而，我国采取众多的措施来进行文化扶贫，举行文化下乡以及其他一系列的活动，也在尽力地实现平等。图书馆不能置身事外，同样要付诸行动，关心弱势人群，给予其公平的服务，给予帮助，想方设法地提高其阅读环境，为和谐社会的创建尽自己的一份力量。

（四）公益与免费原则

图书馆的发展资金着重来源于国家以及各个地方的财政支持。其担负着服务社会的职责。它的服务就应该是免费的。在《图书馆服务宣言》中的首个目标即图书馆为开放的，是知识以及信息的聚集地，其要将公益性当成一项最基础的准则，把维护好广大公民最根本的阅读权当成自己的责任，把各位读者的所需当成全部工作的目标。这就又一次确定了它服务的公益性。

这一公益性就将图书馆和别的市场经营文化进行了划分，同样为它于社会文化创建中的一项最基础的准则。坚持这一原则，就要做到坚守服务免费的准则，不管何种类型的图书馆都不能乱收取任何费用，严格界定制度以及非制度收费的区分点，而一些制度性收费也要在合理范围之内，比如，复印扫描，不能收取太高的费用，以保障成本为主。

（五）便利与高效原则

便利与高效原则包含以下五点。

第一，在地点和时间上方便读者，要体现以人为本的便利性原则。

第二，简化服务环节，使用自助设施，实现服务自动化程度的逐渐提升，便于用户借还，大大节约了时间，并且已经在不少高等院校和公共图书馆中得以实施。

第三，对各项服务指标进行更细致的划分，对弱势人群给予更多的关怀，不断提高管理水平，比如，创建流动图书馆或是增加弱势人群的服务设施等。

第四，对各类馆藏资源，要实施远程访问，同时运用检索体系，让读者于使用不同的数字资源时能够便捷高效地获取所需资源。

第五，给予读者高效并且精确的服务内容，信息以及职能服务全部要使读者体验到图书馆高效并且优质的服务。

总而言之，让便捷时刻围绕在各位读者身边。

（六）多样与满意原则

信息环境处于不断的变化之中，随之读者也存在多种多样不同的需求，并且也有自己个性化的所需。由此，图书馆的各项服务也要在众多读者所需以及变化上真正践行多样化准则，将多样的服务方式、内容以及办法供给用户，满足不同种类用户的需求。

读者对图书馆服务的满意度是衡量图书馆服务成效的主要指标，因此，在图书馆服务中，满意准则占据中心地位。读者对馆藏的种类和品质感到满意了，对工作者的服务感到满意了，对各种设备感到满意了，对其空间服务感到满意了，对数字化运用感到满意了，方可呈现图书馆的价值。

（七）创新与发展原则

对于图书馆而言，创新是其不断进步与完善的根本动力。唯有进行服务创新，方可保住其地位。践行创新准则即要做到有目的地进行内容、方式以及办法上的革新，要主动分析读者不同以及变化的诉求点，在其所需特征基础上展开革新，并非被动地去投合，或是向壁虚构。在创新时，先要确保大部分读者所需要的信息资源，之后兼顾少部分读者所需的个性信息资源。在创新时，供给的各项服务既要易用，也要易获取，和读者的使用习惯相一致。促进图书馆的服务能够在稳定向前的同时也有所创新，通过创新来推动发展，在创新服务的基础上发展出品牌，并形成品牌效应，使自己具备更高的竞争力。

二、图书馆服务内容

和普通服务相比，图书馆的各项服务也存在着很多一致的地方。例如，他们具有相同的服务标语，即服务至上。他们要应付各种各样的人群，也都涉及服务的态度以及质量，并且在服务时要处理不同的冲突。但是，图书馆的服务又存在着自身特色。依据普通服务领域的观点，站在图书馆服务的层面上，可把其内容分成三大部分：其一为职能服务，其二为心理服务，其三为管理服务。

（一）职能服务

职能服务是某一服务部门或产业独有的特性，是和其他产业和部门区别的特殊存在。例如，饭店的服务就是让消费者吃好吃饱。理发店的服务就是美发和理发。图书馆服务是让用户可以顺利获得自身需要的文献资料和信息，且还可以在舒适、安静的环境内学习、阅读和分析。图书馆的服务，按照服务的重点区域可划分为人才资源和文献资源、建设设施而实施的服务。

（二）心理服务

所有服务行业均有心理服务的问题。伴随着社会的演变以及发展，大众已经获得了基本的物质所需，而心理精神的服务就慢慢发展成其所需。所以，不少领域都将心理服务作为其一项重要的服务内容。这项服务发生在人们的交往之中。如果某一读者向馆员咨询某本书籍或是某种信息，可不可以查询到，这是功能服务，而馆员是否热情，使读者感受到一种尊重，进而开心满意，这就属于心理服务。

这项服务在图书馆的众多服务之中，有不可低估的价值。由其能够了解一个图书馆的精神面貌，掌握其工作者的职业素养。这项服务承载着读者能够满意而归的保障。倘若到图书馆的用户查询获得需要的数据，但其并非肯定是满意的，有较大的概率对馆员态度不满意。相反，倘若在图书馆中用户并没有查阅到自己需要的书籍，但只要工作者对其尽心服务，耐心细致地分析和解释，且致歉，则用户可欣然接受该结果，满意回归。

（三）管理服务

管理服务涵盖了两个层面的意义：第一，图书馆有诸多的用户群，用户的思想素养、文化水准等有所不同，图书馆要制定有关措施实现对用户行为的规范，进而确保图书馆的设施设备、馆藏资源的有效和安全应用；第二，图书馆工作者的职业素养、知识水平等有所区别，为确保图书馆不同工作的有序、科学开展，图书馆诸多服务工作全面落实，图书馆需要制定诸多的管理制度，进而对员工行为予以约束。两种管理均在维护用户利益方面切入，由此也将其叫作管理服务。

三、图书馆服务中存在的问题及改进措施

（一）图书馆服务存在的问题

1. 服务理念较为落后

在部分公共图书馆中，依旧通过藏书的数量或是具有的孤本善本来评判其地位。读者只能在馆中进行借阅，同时手续也异常繁杂。个别的公共图书馆将这些孤本以及善本珍藏起来，不向外借阅，也不进行深层次的探究来发挥它们的文献价值。

2. 政府经费投入不足

中国依旧属于发展中国家。和西方众多国家比较，在经济实力上存在一定的差距。而发展公共图书馆离不开国家的资金支持。换言之，即某一国家具有怎样的经济水平，其公共图书馆也会具有相应的发展能力，这两点呈现一种正向关联性。在中国，公共图书馆受所在区域文化部门的管辖。它的经费着重依靠中央以及地方的财政。在市以及县中，公共图书馆仅有比较少的资金，一般都只能进行基本的运行，没有剩余的资金去丰富馆藏，或是引进先进设施，或是完善团队创建，或是提高服务等。除此之外，中国依旧存在着经济发展不平衡的问题，由此也造成了各个区域的公共图书馆具有不平衡的发展状况，尤其是部分贫困区域，由于不具备充足的资金，图书馆服务能力不强，并且不能在短时间之中改进这种状况。

3. 人员素质整体偏低

在全球领域中，图书馆职业都具有非常小的压力，这已经是公认的了。在馆内的工作一般都比较轻松。同时图书馆通常情况下都是公益性事业，因此工作都是较为稳定的。而正因为如此，图书馆一方面不具备极大的吸引力，促使高端人才的加入；另一方面，也变成广大关系户的圣地，变成那些不想奋斗只想碌碌一生的人的首选职业。长时间以来，有的公共图书馆还没有设定出确切的入职标

准，并且在工作过程中也不注重职工培训，造成了其职员素养水平低。

4. 社会重视程度不够

长时间以来，由于管理体制的固化，大众普遍觉得公共图书馆的创建及发展，全部由政府负责，不关乎个体的事，造成社会对图书馆的关注低下，公共图书馆属于一种公益事业，依靠各级政府的财政支持，资金来源较为单一，几乎不存在别的资金来源。而大多数的社会捐赠，一般会捐赠各种图书或资料，极少有个体或机构给予大额资金的捐赠。

中国的各个组织或个体一般都比较关注学校的教育价值，慢慢发展出了给学校捐款，促进其创建与完善的优良风气。而这所社会性的大学——公共图书馆，因为没有充分展现教育的作用，整体上来说，依旧没有获得社会的认同。除此之外，公共图书馆不注重自身宣传，社会也不知其所需，这都妨碍了社会对其的支持与帮助。

（二）图书馆服务的改进措施

1. 树立文献信息资源共享的观念，宏观协调，分工合作

随着信息技术的发展，就中国图书馆的服务方式而言，因为最初的格局导致了现在多个中心、多个体系、多个层次以及多种类型的状况，因此在信息经济时代更注重分工合作，信息和资源的网络共享，共享网络服务，规避各自为政情况的产生。例如，在建设书目数据库环节中，当下已有的重复建库，规避产生人力和资金的浪费情况，由此在建设数据库中不可以走老路子，政府机构需要强化宏观调控和干预，实现分工合作。

2. 强化图书馆信息资源的增值服务

提高应用信息的价值，就要提供信息价值，无偿服务、有偿服务的融合，实现服务品质的不断提升，实现经济和社会收益的共同发展。图书馆可运用服务，满足社会方面的需求，提升技术水准，扩大服务能力以及效果，让群众在信息时代和网络环境中，均难以离开图书馆提供的服务。图书馆要善于利用自身所拥有的信息资源、快速开展加工信息的优势，使用网络系统，重组和研究电子资源，构建了信息增值的有关服务。图书馆服务成员需要精准掌控信息来源，明确分布信息资源的现状，了解分布信息网络的现状，了解网络提供信息的组织机构，更好地传播信息，对用户提供服务。

3.创新现代图书馆服务模式

信息技术为图书馆读物构建了优良的机遇，图书馆需要抓住该机遇，对资源的加工、收集、服务、整理赋予全新的内容。图书馆的人员设置、组织设置、业务流程均要适应网络环境的需求。传统服务模式可使用网络环境更好地发挥效益。例如，图书馆的查询、外借预约、馆际互借等服务，可运用网络技术的优势，实现服务领域的不断拓展。例如，信息的收集就不仅仅是采访部门的事情，参考咨询成员参与到收集信息资源中，突破了此前图书馆的分工。在图书馆中其信息服务工作者和服务工作会越发重要，伴随图书馆开展诸多的服务工作，该工作者均将服务于全新的图书馆服务方式和模式。

4.培养网络环境下新型的图书馆服务人才

要在网络环境中提升图书馆服务的水平以及质量，一定要使其工作人员具备更新、更完善的知识构造。在当下的图书馆中，一定要引进网络专业的高素质人才。这会直接作用于整体服务能力的提升。组织、设备、资金、机构的落实可以说是硬件，在很短的时间中就可以实现，人才培养需要几十年或几年。所以，政府一定要站在宏观计划的层面，关注人才的培养。而图书馆也要注重让工作者能够在自己的专业领域中发挥作用，培养全新的一大批信息服务工作者。

第八节　图书馆服务建设

一、图书馆服务设施建设

（一）图书馆服务设施布局的基本依据

对服务机构而言，合理布局服务设施，制定了诸多的标准。

1.设施布局安全性

如按安全通道以及消防通道的宽度，划分读者空间和员工通道、防火标志的醒目程度等。

2.服务路线的长度

需要最大可能性地降低服务的长度，降低读者和工作成员走动路线的距离，对工作者和用户构建工作和服务中的便利性。

3. 服务路线的清晰度

布局服务设施需要契合利用服务和用户体验的习惯，各不相同的功能区需要制定显著的标志牌。

4. 管理合作和员工的舒适

合理的设施布局需要让读者和读者、工作人员和读者、工作人员之间便利地联系，便于督导以及便捷沟通。设施布局合理，还可以构建优良的工作环境，显著提升工作效率。

5. 可进入性

全部的设备和设施均有良好的可进入性，便于保养、清洁以及维修。

6. 空间灵活性以及利用

设施布局环节中，要最大可能性地提升空间利用率，布局的设施不但需要契合目前服务的基本需求，还需要契合长期发展的需求。

（二）图书馆服务设施的布局原则

制定完善的服务设施布局的标准，融合当代图书馆在服务方面的具体实践，布局服务设施需要按照如下的六个基本原则。

1. 以人为本原则

以人为本，这项原则在图书馆的服务中占据重要地位。在这一原则之下，其服务设施布局要满足我们人类的三个诉求。其一为审美诉求。其二为自然生理诉求。其三为心理诉求。在此处所指的"人"，一方面包括到馆需要服务的读者；另一方面也包含为各位读者进行服务的工作人员。由此，在布局图书馆服务设施环节中需要考量人体自然形态和设施，人体感觉器官和服务设施的匹配等。

2. 满足功能的要求

服务设施环节中，尽管有装饰品，但也有自身功能和作用。而该功能和特定空间是契合、匹配的。由此，布局服务设施需要满足服务的这一功能，倘若离开了该内容，就将服务设施演变为多余摆设，不但无法对用户构建优良的服务，并且会导致诸多物力、财力的浪费。在图书馆的咨询服务区、入口区、研究区、阅览区、公共活动区、存贮资源区、技术设施区、办公区，布局方式和服务设施等均不同。

3. 尽可能满足用户的各种个性化需求

目前，从总体上而言，图书馆服务更加综合化。但对某一个体来说，其有显著的个性化发展态势。不同类型的用户在文献信息上也有着不一样的诉求，进而在服务设施上也有着不一样的诉求。像科研工作者以及高等院校的老师，不仅要借阅书籍，还要查找工具书、期刊文献、网络数据等，由此图书馆要设置报刊、工具书、电子等诸多类型的阅览室，对其提供诸多的信息资源；少儿用户普遍比较活泼，不能秉持长期阅读的心理、生理属性，除去制定的外借处、阅览室等，还需要构建活动室。

4. 效率原则

就图书馆而言，其服务设施的布局要尽可能确保读者能够以最少的时间获得所需的文献资源。现在，高效率的读者流线，通过"借藏阅"以及"人机书"的相互融合展现出来，从而使其之前的运作方式被淘汰。布局服务设施还需要构建高效的工作者工作流线，由此确保后台服务同样具备较高的效率、较好的质量。

5. 适应各类文献使用与管理的特点

不同种类的文献有不同的管理和应用特性。要科学管理诸多的文献载体，且充分发挥各种文献的作用，就需要实现文献物理特性和服务设施的适应。在传统方面，图书馆需要按照利用诸多文献载体的特性布局阅览室，如报刊阅览室、图书阅览室、视听与电子阅览室等，对用户构建诸多的服务，不但可以满足用户在某特殊文献方面的需求，还便于管理以及利用诸多的特殊文献。

6. 适应馆舍、人力等现有条件

就服务设施而言，一方面要满足用户所需，和文献特征相一致，还需要按照不同图书馆目前已有的物力、人力、馆舍条件等实现用户资源的合理配置，配置最能发挥文献作用的设施，尽可能地达到用户的所需。

二、图书馆服务环境营造

图书馆是对用户提供知识、文献、信息服务的文化教育组织。伴随着当代社会的持续发展和演变，图书馆为了更好地满足社会需求，不但需要有大量的文献资源和信息资源、大量优秀素质的工作者，还需要营造优良的服务环境。

（一）服务环境概述

1. 服务环境的概念

服务环境是对用户提供服务体验而创建的物质环境体系，涵盖了读者可以通过感官系统感知的无形以及有形要素。服务环境的界定重点涵盖了三个层面：首先是从读者的感知来讨论服务环境。其次为物质环境的支持体系，和人际交互作用下产生的无形服务。最后它包括看得见的实体建筑以及各种设施，同样也包含能够感受到的温度、声音以及光线。

2. 服务环境的构成因素

服务环境覆盖了可以通过感官知觉感觉到的无形和有形要素，以及服务传递产生的场景，有专家学者按照环境心理学的研究成果，将构成服务环境的要素划分为三个类别，主要为如下内容：

潜在因素。该要素为可以影响潜意识的背景，例如，照明、温度、气味、声音等，其均可以影响用户再次光临和停留的环境要素。潜在要素是一种环境的稳定特质，用户一般不会立马意识和察觉到，尽管用户并没有察觉到存在潜在环境，但是潜在环境依旧对其工作表现、心情、身体健康等有很大影响。主要是因为一般都将潜在环境当作是必备的，由此潜在环境对行为影响一般是消极或中性影响，可以说在用户观察到存在潜在环境时，会使用规避行为，而不是趋近行为。

设计要素。设计要素为对用户产生最显著的视觉刺激，例如，外部和内部的色彩、建筑、配置、材质、标识等相关内容，为最前端的知觉刺激。因此，和那些潜在因素相比，设计因素存在巨大的潜力，能够帮助读者形成一种正向的知觉，并促使读者产生一种趋近行为。该因素有两大构成。一种为美感，另一种为功能。所谓的美感即指代建筑或是色彩等。功能即为有关的配置以及舒适程度等。不管是外部服务，还是内部服务，都能够运用设计因素。

社会因素。社会因素是指服务环境中的人，包含该服务环境的别的用户以及有关的服务工作者，其外表以及行为，他们具体的人数，全部会影响用户的各种认知。

社会因素有消极与积极之分。如果该服务机构需要共享其服务设备，那么客户因素就在其环境因素中占据着重要作用。客户人数会影响其他一些客户的服务体验，而且这种影响可能是积极的，也可能是消极的。比如，餐馆的大厅中很多人排队结账，那么就会带给其他顾客一种消极的影响，顾客或许由于不想排队，最终不会到该餐馆就餐。

3. 服务环境的特点

对诸多的服务组织来说，营造和设计服务环境并非是简单的事情，在设置服务环境层面而言，服务环境具体涵盖了以下特性。

环境是环绕、包括与容纳，一个人无法演变为环境主体，只可以被当作参与者。

环境通常为多重方式的，其对诸多感觉产生的影响并非单一模式。

环境的核心信息以及边缘信息普遍同时产生，均为环境的构成内容，尽管缺乏被关注的内容，群众依旧可以感觉出来。

对比真实情况而言，环境延伸所渗透的信息往往是更多的，诸多信息可能会产生冲突的问题。

诸多环境均有行动、目的，并且角色也有一定的区别。

诸多环境涵盖了诸多动机性、含义的信息。

诸多环境涵盖了诸多的社会性、美学、系统性的属性和特质。

由此服务环境的营造以及设计直接关乎服务组织的总体印象以及局部印象，影响用户对服务的认可度以及满意度，营造和设计优良的服务环境不但需要投入大量的资金，还有诸多的不可控要素也会对服务环境产生影响。

（二）图书馆服务环境

图书馆服务环境是不同要素组合而成的集合体它包含了各位用户能够感觉到的各种有形的物理环境，也包含了各种无形的人文环境。

1. 服务资源

对图书馆来说，服务资源包括它的人力、文献信息和各种设施设备。馆员是文献信息与读者之间联系的桥梁。一方面，他们是各种信息资源的有效传播者以及组织者；另一方面，他们也服务的供给者，在服务中发挥着导航的功效。信息资源是基础和根本。一方面，其包含各种馆藏；另一方面，其也包含着那些虚拟馆藏。这类资源为图书馆得以创建的最重要的标志，同时也是它举办不同服务活动的前提条件以及保障。设施设备，着重指各种外部环境、内部的装饰、各种建筑，同时也包含不同的电子设备、语音设备以及打印设备，还有专门为残疾者服务的设备等。

2. 服务空间布局

服务空间布局指建筑的整体设计，包含不同功能区的布局和各种设施设备的布局。如果空间布局比较恰当，就可以帮助图书馆保持良好形象，方便用户使用。

3. 信息技术条件

信息技术条件指和图书馆服务息息相关的各种网络以及信息服务科技。在当下的社会中，信息服务技术占据着重要地位。一方面，其代表图书馆有了新型的服务方式，不再实行之前被动的服务，变成了主动的服务。同时它还促使各种文献信息有了更为广泛的运用。

4. 服务活动

图书馆服务活动重点涵盖了服务手段、服务管理、服务交流、服务方法以及，在服务活动中呈现的服务态度和服务理念，优化服务活动需要是一个持续渐进的过程，需要多层次、全面进行综合考量。

（三）图书馆服务环境的营造

1. 制订长远、全面的战略规划

战略规划的制订要确定后续任务以及中心任务，其后划分战略，并制作具体的实施规划和阶段性规划。结合当下情况，建设服务环境的主要目标是创建可提供优质、高层次、高效服务的环境。首要任务是明确新的人文精神和服务理念，与此同时还涵盖了工作者的综合服务技能以及专业知识的深化和建设，整合信息技术系统和制度资源等相关内容。

2. 确立全新的服务理念

图书馆的工作者和领导均需要改变理念，结合先进的信息技术，使用诸多模式进行学习和开展教育，合理认识信息服务和信息技术的发展，认识世界的竞争性以及开放性，进而产生新的服务理念，新理念是注解服务，涵盖了服务目标、服务宗旨、服务创新、服务意识等诸多层面

3. 改善图书馆的功能布局

图书馆设备设施和建筑的布局，用户可直观感受的，能在读者身上产生最直接的作用。图书馆要实现较好的建筑设计、较为完美的布局，第一，要和环境结合在一起，同时各种设备以及设施要先进，并能够提供人性化的服务。第二，

在不同功能区所具备的自身特征基础上完成装饰，同时交通路线也要恰当。图书馆一定要坚持以人为本，恰当布置其空间设施，促使读者能够更好地使用图书馆。

第九节　图书馆管理理论

一、用科学发展观指导现代图书馆的管理

（一）用科学发展观来统领图书馆的改革与发展

秉持通过科学发展观引领图书馆发展和改革为当下图书馆的重点内容。

图书馆需要树立以人为本的发展观，实践学习科学发展观需要秉持以人为本的核心观念，图书馆全部的管理活动均需要依托如何认识人、挑选人、留住人、服务人、教育人而。由此开展好以人为本就需要按照服务育人的基本原则，将读者当作主体，秉持对读者服务的理念。

树立协调发展的图书馆发展观。发展观需要建立在全面发展的基础中，并不是局限在一个或几个方面。图书馆为统一体，有完备的业务链条，只有在业务链接上彼此关联，图书馆才可以最大可能性地发挥综合作用以及效用。科学发展观注重协调一致，其要求各个体系、各个部门都不可以单独行事，要互为补充，一起谋发展。由此，在运作环节图书馆需要掌控好不同层面的协调关系。一是确保图书馆服务功能协调发展；二是确保协调建设和协调发展信息资源。图书馆在文献资源和信息的购进、管理、开发等方面进行有效协调的发展。

科学发展观需要管理者在管理以及规划图书馆环节中注重图书馆的可持续发展。在采集资源环节中需要重点处理好潜在需求和目前需求的关系，不但需要满足目前需求还需要满足潜在需求，实现资源的合理采集；管理资源环节中要开展好当下处理方式和未来处理方式的有效衔接，目前有诸多对资源描述的方式，图书馆需要有效考量国际全新的描述模式；资源服务层面需要有效处理好未来利用和目前利用彼此之间的关系，尤其是稀有资源以及珍稀资源，不能单纯为了强调便利使用而降低资源的使用寿命；就资源的开发使用而言，要按照服务目标存在的领域，研发出具备自身特色的数据库，同时加以改进。除此之外，不管是工

作人员的使用，还是设备的购进馆舍的设计等，全都要避免短视行为，秉持长久发展的目光，由此促进图书馆的不断完善。

（二）图书馆践行科学发展观的主要途径

"以人为本"落实好人性化服务。以前的图书馆也坚持以人为本，但更多的是就服务用户而言的。从根本上来说，这里的"人"涉及两大层面：其一就是服务的主体——图书馆的有关工作者，其二即服务客体——读者。所以，图书馆实现的人本管理需要做到以下两点：①对读者提供人性化服务，也就是用户第一的理念和观念。馆员需要树立用户第一的观念，有热情的服务观念和态度，将图书馆当作是读者之家，让读者在图书馆产生宾至如归的感觉；需要对用户提供和创建优良的学习环境，让用户感受到图书馆为其学习、读书的最佳区域，为传承文化的主要场地。图书馆的工作人员要注重自身整体素养的提升，可以给予各位读者更加全面、更加便捷的文献服务。工作人员要做广大读者利益的代表，尽可能地达到其所需。②图书馆中的各位领导也要人性化地管理工作人员。领导要具备为工作人员服务的意识，给予他们良好的工作环境，并为他们做好后勤保障。了解工作者的合理需求，解除其后顾之忧，让其在愉悦的心情中工作，有效发挥员工积极性，进而落实最大化的工作目标效益。各位领导要做工作人员的利益代表。

打造良好的人文气氛，营造良好的育人环境。图书馆为蕴藏知识的高雅之地，需要较强的学术气息以及文化气氛，要在细节之处展现文化理念，凸显书香韵味。图书馆在创建建筑功能、内部环境环节中需要秉持以人为本的基本理念，高度关注用户需求。服务环境层面，图书馆工作者需要端正服务态度、提升服务观念、提高服务品质，让用户有倍感呵护的感觉。对弱势群体，图书馆需要设立专门的阅览室，并对其提供有关的服务，有效考量用户，呈现出人文关怀！

建立健全合理的管理机制。合理的管理机制是图书馆落实以人本服务和管理的核心。一直以来，图书馆在管理体系中有诸多的不良要素，例如，一直不改变员工的岗位；缺乏员工的合理竞争和流动；职务和职称的晋升有论资排辈和人为因素的原因等。如上情况均限制了图书馆工作者的积极性，并且还有可能会造成人才的极大浪费，健全合理的管理机制可以从以下几个方面入手。①在管理中管理者需要关注在图书馆中工作者的作用，关注工作者的学习、思想、生活、工作，在诸多方面对其提供可靠保障；②要结合不同工作者的特点，调动所有工作者的工作积极性，有效发挥工作者潜能，并且帮助其实现工作目标和人生价值；③制订合理科学的考核和考勤体系，按照工作者实现的科研成果、完成任务、思想道德现状，构建竞争的体系和制度，规避在职称和职务晋升和安排岗位中只有领导直接确定的不公方式；④保障竞争的公开性、透明性，以公开公正的方式展开竞争；⑤制定出图书馆的奖惩措施，满足工作者在精神和物质方面的需求；⑥落实民主管理，在管理中让工作者参与其中，制订计划以及目标的时候，需要获得工作者的建议，制定的决策需要获得大部分工作者的认可；⑦要构建监督机制以及监督系统，保障不同方式和措施的可行性；⑧管理者需要持续改良工作者的工作作风，并全面深入工作团队和真实工作中，在工作者层面思考问题，所有的工作均在工作者方面切入，演变为工作者利益的代表和典范。

注重提供工作者的服务水准、综合素质。能不能发挥图书馆的功效和作用、能不能呈现较大的经济效益直接决定于图书馆工作者的能力和水平。图书馆领导需要对所有的工作者提供均等的受教育权，对其构建个性发展的空间，运用诸多的模式提升工作者的综合素质。馆领导需要将人才的培养当作首要任务，强化人才塑造和培养，制订人才培养计划，并且形成长效体系，可运用短期培训、学术交流、学术研讨、考察学习、脱产进修、岗前培训等诸多方式缔造高素质团队，让工作者可以适应环境的改变，提倡创新，进而方可更好地开展图书馆事务，实现做强。

总之，加快建设现代图书馆需要科学定位、面对未来，制定科学发展观，秉持以人为本的理念，使用最便捷的服务模式展示大量的馆藏信息，提供最优良的服务、对用户提供大量的服务时间，并对其提供最有用的信息，将全面发展和可持续发展实现有效融合，落实不断创新服务系统，进而推动图书馆的健康以及和谐发展。

二、人本管理思想在图书馆管理中的应用

在数字化和网络化发展的当下，知识经济对图书馆产生较多挑战，诸多图书馆开始使用和制定了诸多措施，在硬件层面创建了数字图书馆，软件层面则开展人本管理，虽然很多人并没有关注人本管理，但结合现实情况来说，在提升图书馆竞争力，实现可持续发展方面，人本管理和建设数字图书馆一样重要。

（一）人本管理

管理作为一种基本的人类实践活动，在一般管理中涵盖了图书馆管理，也可将其当作是管理科学的一门分支，图书馆开展的人本管理是一种全新的管理模式。该全新方式的内涵和传统管理有较大的区别，但其并非是全部脱离传统管理凭空形成的，是在传统管理层面中吸纳现代管理学内的全新分析成果而形成的，其内涵为两者的有效融合。可以定义如下：确定人在图书管理中的中心位置，以此来发挥人具有的主观能动性，推动人和组织的共同发展，同时争取将图书馆的职能尽可能发挥出来的一种管理活动。

（二）图书馆管理工作的核心主体

在之前的图书馆管理中，主要存在三大管理对象。其一为馆员。其二为经费，其三即文献和设施。换言之，即人、财以及物。人本管理在该层面中注重在管理要素内人的核心地位，也就是所有管理活动都需要将人为目的和中心的落实和开展。在所有要素内，人一直均为第一要素，是发挥决定功效和最活跃的要素。此处的人详细而言即图书馆的各位馆员。在人本管理中需要秉持以人为本的理念，重点涵盖了两个层面，就是读者和图书馆工作者均是以人为本的管理对象，进而引发了读者第一以及馆员第一的争议。其为将图书馆的服务宗旨和管理对象的定义范畴混合一起。树立"读者第一"的宗旨为管理的基本目标，管理的主要目标为在被管理体系外，管理为在某系统中开展和实施的，管理对象为系统中的全部资源。就像金融单位或是保险公司一般，不可以将他们的服务对象也放进体系内部的管理制度。在管理图书馆时，能够通过"馆员第一"来突出人在管理之中的重要位置。然而，不管怎样，其不可能代替图书馆的服务宗旨。同样，在管理对象内服务对象的读者并没有添加其中，不但无法取代，还不能并列在管理因素内，在管理工作内我们论述的有核心地位的群体为图书馆员。

（三）马斯洛需求层次理论

美国著名行为科学家亚伯拉罕·马斯洛在1943年出版了《人才动机理论》，其中强调需求层次论，指出我们人类具备五大最基础的需求，并进行了由低到高的排序，最低级的需求为生理需求，其次为安全的需求，接下来为交往的需求，之后为尊重的需求，最高级的需求即为自我实现。

人都有5个各不相同层次的需求，但在不相同阶段呈现的需求的迫切情况不同。

就人类价值体系而言，具备两种需求。其一为随着生物谱系的发展慢慢降低的本能抑或是冲动，叫作低级需求，又叫作生理需求。其二为在生物进化基础上慢慢生成的潜能抑或是需求，叫作高级需求。在产生高层次需求前，就需要恰当地满足低层次需求。渐渐地满足低层次需求之后，满足高层次需求会逐渐提高激励功效和力量。

（四）调动人的主观能动性是人本管理的核心

人类具备很多特征，而主观能动性为不可缺少的一个。常说管理要依靠人，而说到人就会涉及其本质。然而，人的本质可以说是一个非常繁杂难懂的哲学难题。尽管不少专家都对此进行过探究，但当下并没有某一学说被普遍接受和认可，有较大影响的为劳动说、实践说、语言说、工具说、意识说等。尽管诸多的学说很难界定，但普遍论述均认可主观能动性为人最主要的一种特性。

所谓的主观能动性即为人具有的主观意识以及活动对客观存在的一种反作用。人与镜子不同，并不是消极且被动地呈现客观存在。其于时间之中，将客观存在积极并且能动地反映出来，同时在自身认识的基础上，对客观存在进行能动的改造。人主观能动性不但呈现在改造和认识客观世界中，人还可以自我锻炼、自我认识、自我改造、自我实现，并且在实践环节持续提升自我改造能力和认识能力。思想作为主观的存在，行动是一种主观行为也是一种客观事物，是人独特的能动性。人主观能动性重点呈现为意识活动为目的性、自觉性、现实性、创造习性，个体的主观能动性是开展人本管理的哲学理念。

主观能动性要以客观实际为基础。意识的能动性最终会带来两大结果。其一是推动了事物发展。其二是对事物发展起到了阻碍。正确呈现客观规律和事物，严谨地按照客观规律行事，可以对事物发展进程发挥显著的推动功效。扭曲呈现客观规律和事物，并没有顾及客观条件，无法按照客观规律行事，可以对事物发展发挥消极阻碍功效。所以，领导者一方面要积极引起馆员的主观能动性，另一方面，也要使其依循客观规律。

（五）基于需求层次理论的图书馆激励机制是人本管理的基础

具备确切的目标，此为图书馆发挥激励机制作用的基础。在马斯洛的理论中，目标能够给予人导向，而清晰的目标更可以带给人动力，规定行为的方向。可以说，图书馆出于缺乏内部竞争力，而所有的工作均比较乏味和繁杂，历经较长时期的熟练后，馆员特别容易形成心理懈怠以及能力满足，不求上进，慢慢就对工作失去了激情，随之也没有了前进的动力。这个时候，图书馆的有关领导就要在所面临的形势以及具体任务的基础上，制定出该阶段行之有效的组织以及个人目标，引导群众依托该目标落实满足个体目标的基本需求，进而调动馆员在工作中的努力积极性。与此同时，图书馆组织目标的落实不但可以满足员工的自信心以及自尊心，让其呈现出极大的热情，产生群力群策、同德同心的发展局面。

满足馆员基本需求的基础——物质激励。物质需求为人类最基础的生存所需，其为根本，占据最为重要的地位。尽管物质激励达不到最高的需求。但诸多的馆员在缺乏较高收入的基础中为特别有效的。经调查了解到，图书馆员工缺乏归属感，有很多的成员对图书馆工作缺乏兴趣，希望转行。导致该被动情况的主要原因为一直以来图书馆工作成员的福利、工资、住房等很多基本生活需求均难以获得良好的满足。所以，有关领导一定先满足各位工作人员的基本生活，以此当作物质激励，并借助不同的福利提升他们的收入，使他们拥有更好的生活条件，从源头上激起他们的工作主动性。现在，中国图书馆的职员的薪资几乎都是参照国家统一标准。但是岗位津贴以及各种奖金都是自己单位决定。图书馆可按照工作者的真实工作现状、敬业精神、业绩进行不同等级的分配，提倡员工有更多的绩效，产生更多的成果，其为当下时期有可行性的图书馆做法。在应用物质奖励时需要严谨按照"按劳分配"原则开展，需要明确目标、绩效、报酬的关系，由此才可以使激励发挥更好的效果。另外，对于物质奖励而言，也要达到一种相对满足。觉得越满足，就会得到更好的激励作用，这是片面的，也和马斯洛理论不相符。过度的奖励一方面会带给人们一种不安；另一方面，也让旁人不能接受。不仅不会起到激励效果，同时也会让不少人丧失积极性。

精神激励，这是图书馆工作者激发潜能的根本。马斯洛的分析还证明人的力量和动物本能有一定的区别，人本能需要可以实现其内在潜能以及价值，也就是自我实现。可以说，在满足物质需求之后，精神需求就演变为其他层次需求的主导要素。一直以来，在管理制度中图书馆将工作者放置在服从和被支配的地位中，工作者不能合理发挥自主性，只可以被动、机械地开展工作。其结果让很多的馆员均产生了显著的依赖心理，变得越发懒惰、消沉以及麻木。图书馆工作者有被尊重、自我实现、民主等高等级需求，能不能满足高等级需求通常是对积极性产生影响的重要因素。由此，管理成员需要有效发挥民主作风，需要高度尊重员工，注重其提出的诸多合理要求以及建议，积极动员和吸纳全部工作者参与重大决策，有效发挥和行使其自身的民主权利，其为对馆员的信任以及尊重。让所有工作者均可以了解到在集体中自身的作用以及地位，进而提高自身的责任感以及主人翁观念，这必将激发其极大的工作热情。

创造公平竞争的良好氛围，让人们要好地发挥才能。一般来说，各位馆员都希望自己的工作职位能够尽显自身的才能，激起自己的潜力，取得一定的工作成绩，体现自己的价值。然而，实际中，因为图书馆不具备良好的竞争机制，选聘时一般都没有参照个体的才能，更重要的是领导偏好以及人际关系，由此造成有很强工作能力的成员无法在岗位中发挥自我能力，导致工作积极性持续降低。当下图书馆需要实现有效竞争，就需要使用可操作的衡量指标以及员工任用系统，图书馆可按照业务的需求实现科学设置岗位，且落实动态管理岗位，规定其聘任时间不能太长，通常两年是最佳的时间，并且所有全新的聘任均需要秉持公平、公开、公正的基本原则，录用有愿望、有能力的工作者，并对其提供施展自身才华，落实价值的机遇，唯有公平竞争方可更好地激发工作者热情，产生人人竞争的发展格局，注重内部激励，完善培养人才体系和机制。内激也就是自我激励，为馆员使用某调控方式，深挖自身潜能的激励要素，让其内心形成积极行为。达到自我实现的需求，就要各位馆员认识到服务型的馆员早已被时代所淘汰，当下是知识经济占主导，需要信息咨询人员或是网络中介员，总之，需要高水平的知识型人才。诸多馆员唯有持续激励自身获得全新技能和知识，运用提升自我素质能力方可落实自我价值，实现自我实现需求的不断满足。通过实践能够得知，外部激励的效用一般会随有关手段的消失而散尽。然而，内部激励却有着长久的功效。只要我们具备内在动机，其效用就永远存在。由此，注重调动个体的内激力量，实现内激和外激的有效融合，馆员积极性方可稳定和持续。

在图书馆的不断发展中，人才发展是永远的旋律。图书馆要实现进步，就一定要依靠人才，要创建人才机制，整体规划。将图书馆培养目标、社会需求、工作成员实现自身价值融合，且按照工作需求有计划地安排工作成员进修、上学、培训，使他们熟知更多的知识领域，不断完善自身知识结构，通过不同的办法促使其素养的提高，使其具备更广阔的视野，充分挖掘他们的潜力，让他们变成图书馆不断发展的推动力。

三、运筹学在图书馆管理中的应用

（一）运筹学基本理论

是科学、定量地研究问题，对诸多的数量关联予以研究和分析，创建数学模型，其后通过数学原理获得问题的最佳解决方案。

（二）图书馆资源共享的运筹学

运筹学重点分析效率问题，开发图书馆资源的目的是为了落实资源价值，确保更有效率的投入。经研究了解到，邻近的大学在藏书结构方面比较类似，有难以供应的需求和资源，且不能合理、有效地应用资源。两者如果可应用有限资金构建个性的藏书结构以及组织，且在结构内持续互补，可实现图书馆资源的互补和利用，则可显著提升图书馆效率，可实现资源的合理使用。无法有效实现资源共享的重点是将自己限制在小天地中看待问题，倘若要实现资源共享则需要突破该条款的制约，制定协作理念，方可一起获得收益。

四、现代图书馆管理

我国专家学者对图书馆管理有不同的定义。

黄宗忠表示，图书馆管理是运用计划、组织、指挥、协调、控制等活动和办法，恰当地使用图书馆系统的人力、财力、物质、资源，最大可能性地发挥自身功效，落实预期目标，实现任务的环节以及流程等。

吴慰慈表示，图书馆管理是对图书馆之中的人力、文献信息、物质资源、财力等运用决策和计划、领导、协调、组织、控制等诸多环节，合理实现制定目标的一种活动。

郭星寿表示，图书馆管理为按照图书馆的发展规律，按照管理工作的程序以及内容，在最优系统化的基础中，充分利用其资源以有效地落实社会职能的所有系统、有组织的活动。

于鸣铜表示，通过现代科学的办法和理论，按照图书馆事业和工作的固定规律，且当合理地最大层面地发扬图书馆的物力、人力、财力等诸多资源的功效，进而实现预定目标决策的环节，其为图书馆的科学管理。

鲍林涛学者出版了《图书馆管理学》，并强调，对图书馆进行科学有效的管理即在计划、组织、相互协调以及掌控等的基础上，依据该事业的发展，并考虑该工作的有关规律，最恰当地运用其财力和人力、物质资源，让其可以最大可能性地发挥功效，进而实现预期的图书馆目标，圆满实现图书馆任务。

潘寅生在《图书馆管理工作》中表示，所谓的图书馆管理是按照工作的基本规律和客观规律，在计划、组织、相互协调以及掌控等的基础上，恰当分配并利用资源，实现设定的目标。满足用户知识需求和信息需求的活动。

苟昌荣、倪波表示，图书馆管理是使用现代管理原理和办法，合理组织以及开展活动，有效应用人力资源以及物质资源，落实合理发挥最佳成效，并实现预期目标的流程，并且在该流程中不断审查和改良，实现任务的圆满完成。

原国家高教司《图书馆管理学教学大纲》提出，所谓的图书馆管理，即在其发展规律基础上，按照工作的有关步骤，创建完善的管理体系，恰当分配并运用图书馆的各项资源，最终发挥它的社会职能的掌控过程。

综合如上和图书馆管理有关的定义可充分了解到，目前在界定图书馆管理中不同学者或组织的出发点均有一定不同，并且定义也有一定区别，结合管理原则来说，内容均涵盖了部分相同之处，但由于存在混合管理的基本技术、原则、手段、办法等，造成比较偏僻。由此需要对图书馆管理定义关系进行分析和研究，对其定义涵盖的内涵进行把握和理解，可在如下层面切入：第一，在管理学中图书馆管理为基本原理，是在图书馆层面的一种呈现，例如，图书馆管理强调人力作用，是在管理学中使用人力资本。管理活动要最大可能地发挥人力、财力、物质等资源功效，其为系统原理、效益原则的表现；对图书馆管理活动开展组织、计划、协调、指挥、控制为适用动态原则；第二，在图书馆管理中需要强调将管理学内的诸多系统理论，人本理论、效益理论、动态原理等有关理论实现有效融合，最大可能性地规避由于认知偏差造成在实际应用环节产生的割裂行为；第三，在现实管理工作中，要让管理的原则和管理的技术、办法、手段有效融合，在基本原则的引导和指导下，对管理环节产生的全新问题、全新情况使用有关的办法、技术、方式。由此，图书馆管理是在正常运转图书馆环节中，为落实工作任务、工作目标，而对该系统内的不同资源合理使用的一种活动。

图书馆管理是在社会中广泛存在的一种独特的实践活动，是人收集文献资源和信息资源，也是资源的利用、整理、存储环节中形成的管理行为，由此它不但含有社会实践的共同属性，例如，客观性、能动性、历史性，并且还有图书馆自我独特的属性。

综合性。管理是通过分析企事业机构人类的活动规律，使用科学的办法有效调动工作人员的积极性，合理改良管理工作的行为。它主要是以人为当作中心的一种管理行为，直接确定活动的基本规律，且有效组织和配置人力、财力、物力等相关因素，逐步提升单位的工作效率，合理激发工作人员的积极性，并实现生产力的不断提升。图书馆服务的主体是用户，需要秉持以读者为核心的基本原则，确保服务工作的正常运行，图书馆管理工作者需要解决人和人、人和环境之间的诸多关系。进而在根本上来说图书馆管理是凭借管理服务而开展的，是一种综合的表现。

理论性。图书馆管理是一种独特的管理活动。在现实运行管理环节中，可学习诸多基础理论获得的研究成果，例如，图书馆学、管理学、经济学、情报学、心理学等诸多学科，将如上学科的成果和图书馆管理有效结合，且将其应用到管理的具体环节中，进而可以良好推动图书馆事业，提升在社会发展中图书馆的作用和地位。

科学性。图书馆管理作为一种科学教育活动，必然有科学性的特点，在产生图书馆的时期群众就了解到使用某些办法便于文献信息的查询，由此在管理图书馆过程中群众了解到可以使用诸多办法管理、利用文献信息以及资源。该方式逐渐演变为图书馆的管理规定，还有的演变为标准和法律，进而可以将管理图书馆作为科学性的一种活动。

组织性。伴随着图书馆的演变和发展，目前图书馆已经实现规模化发展，并且也有更加繁杂的管理活动，在管理活动中涉及诸多资源，造成物力、人力、文献、财力等要素彼此交织，且对图书馆的管理活动产生较大影响，管理资源的优劣直接影响了图书馆的运转。由此在图书馆管理内需要有目的、有计划地开展管理，图书馆管理为有组织、系统的管理活动。

动态性。管理活动原本就是要在持续改变的环境中开展的。为了合理应对不同用户的不同需求，图书馆需要不断改变，在改变文献形式时，也需要改变管理；在社会环境改变的基础上，还需要进行管理活动的改变；由此在管理图书馆环节中需要随着工作环境、服务对象、社会环境等的改变而不断改变。

协调性。图书馆管理主要涉及图书馆的诸多行政管理活动以及业务活动等。该活动对图书馆管理的正常、正确、有序开展产生直接影响。图书馆管理为让该有关联的行政活动和业务活动内的利益关系、人际关系处于和谐、均衡的状态，消除管理中的诸多不利要素，实现内耗、摩擦的持续降低，有效发挥组织协同作用，让图书馆之中有限的信息资源、人力资源发挥最大作用和能效。

图书馆管理环境对图书馆的管理活动和行为产生间接或直接影响的诸多要素的总和，可将环境划分为外环境以及内环境。管理图书馆就需要全面了解该要素改变的现状，并且及时掌控环境改变，进而制定精准的决策。

图书馆是对人提供信息服务的一种社会组织，对人类文明有巨大贡献，17世纪的德国 G.W. 莱布尼茨就将其称为"百科全书""灵魂宝库"。图书馆可以获得这样高的评价，主要是因为管理工作发挥显著的决定性功效。

图书馆管理职能是指图书馆的业务管理、政务管理、员工生活管理。

决策职能。决策直接决定了行动，是最主要的一种管理职能。在本质上来说行政决策是在管理图书馆的始末中全面贯穿的，管理的其他职能很难脱离决策活动，该管理在根本上而言为决策的综合。可以这样说，管理即决策。

计划职能。指图书馆不同部门为落实制定的行政决策目标，对该目标进行测算、科学分解，划分必要的物力和人力，制定具体实施的方法、步骤和有关的策略、政策等相关的管理活动。具体涵盖了制订计划、执行计划、监督计划、检查计划等诸多流程，其主要是让图书馆的所有工作均可以有计划、步骤、办法的落实。

组织职能。主要目标是落实计划和决策，为管理效能和管理目标实现的重要职能，组织职能涵盖了对不同工作组织的设计、调整以及运转，不同职权的合理划分，对所有工作者的选拔、调整、培训、考核，对固定资产、资金以及其他物品的有效使用和安排，对执行活动内不同具体工作的检查、监督以及指导等。

协调职能。指图书馆的业务部门、行政部门和所有工作者之间的关系的改善以及调整，让其可以按照团结合作、分工协作的基本原则紧密配合、彼此支持、共同发展，一起实现图书馆制定的工作量和工作任务。当代图书馆在开展管理环节中是一种协作化、专业化管理，倘若缺乏协调就难以实现共同目标。协调职能内容涵盖了协调行政管理组织之间、业务管理组织和行政管理、业务管理组织之间、行政管理部门和工作成员、工作成员之间、业务管理组织之间，并且和单位外的企事业、政府、其他社会组织之间的一种关系。

控制职能。指按照行政计划的指标，对完成计划的情况进行衡量，改正计划执行环节中产生的偏差问题，确保可以实现计划目标。管理图书馆的控制职能有效贯穿在行政管理的全部层面和流程中，实施好控制职能一般需要强调以下内容：第一，明确控制指标，确保不同工作均制定了量化指标，进而使用正确的改进方式和措施；第二，监测管理图书馆环节的质量标准以及真实结果，获得管理环节的偏差，为其后开展的控制措施构建凭证；第三，使用有关的措施调整管理图书馆的环节和行为，也就是判断管理行为偏差的层次以及性质，明确偏差的范围以及程序原因，且制定纠正的所有措施；第四，落实有效监督，形成原因按照计划、目标、控制指标，督导、检查行政环节的正常演变和有序运转行政体系。

第十节　图书馆服务创新

一、图书馆服务职能存在的问题

（一）封闭型的单一服务模式

传统图书馆服务职能已经难以满足当下群体对图书馆服务的基本需求，中国有诸多图书馆的工作者一直受制于计划经济产生的影响，存在思想保守、轻用重藏的观念，缺乏开发利用信息资源、信息商品化的思想。在信息竞争、市场竞争越发激烈的当下，图书馆工作者还存在保守封闭的理念和思想，只满足用户图书借还的传统服务，该服务模式已经难以满足新世纪高级用户的基本需求，也难以满足人们对诸多类型信息的基本需求，难以迅速对用户提供有效的信息。

图书馆服务需要向多层次、全方位演变和发展，持续提高工作者的职业责任感以及敬业精神，树立以用户为核心的全新理念，将自身的工作当作是科研工作、教学工作的主要内容，并积极投身到图书馆工作中，配合科研工作者和教学工作者提供更新、更多、更好的信息，满足特定用户和深层用户的基本需求。

（二）服务观念陈旧，不符合当前社会的需要

当代图书馆需要对信息用户合理提供服务，工作者需要持续更新自身理念，

强化服务理念和意识，在某一层面而言可以将其当作是一种思想理念的革新，改变人的思维方式和认识模式。

在人才竞争、市场竞争、信息竞争更加激烈的当下，图书馆工作者唯有不断创新、多思多考、强化市场观念、更新理念、持续进取、强化信息服务观念、细致思考怎样开发更多的有用的馆藏信息，对用户提供服务，有效发挥图书馆的信息职能，深入引导信息服务工作，方可在激烈竞争中获得更大的市场份额。

（三）图书馆工作人员的素质问题

图书馆工作者的综合素质能力的高低直接关乎图书馆对用户提供服务的成败。中国图书馆工作者大多没有较高的综合素养，他们受制于专业、学历、知识等方面的制约，对市场运转体系不熟悉，没有应变和组织协调能力，均影响了信息资源的利用和开发。目前图书馆普遍缺乏可以很好开展市场调研、信息咨询、信息研究的信息服务工作者，由此直接降低了图书馆实施信息服务的竞争能力。

图书馆要提供信息服务，就需要逐渐提高当下已有工作者的工作素质，有计划地培养全新的服务工作者。在一个层面而言，可运用举办开发信息资源研讨班、培训班等方式，分批、分期的提升当下已有工作者的思想、政治和业务素质；另一层面而言，院校开展信息资源的信息服务、开发使用、信息管理、信息分析等专业，培养综合素质较高的专业人才，并将该高素质人才引入图书馆内，进而实现图书馆人员组织结构的改良，提升信息服务团队的能力，提升开发信息的能力。

（四）服务对象单一

在信息市场化、商品化的时期，图书馆需要面向全社会开放，面向企事业、社会、市场经济建设统筹兼顾科研、教学、生产等诸多层面开放。

科技是第一生产力，但怎样将科技演变为生产力，怎样对生产力提供源源不断的动力，信息服务是有一定的可行性，在社会生产力演变环节中，信息服务有巨大的价值以及功效。

二、图书馆服务职能的转变

（一）开展多种服务方式

1. 把借阅服务从馆内推向馆外

图书馆工作主要是对读者提供服务，除了对图书馆中的读者提供优良服务之外，对图书馆之外的读者也需要平等对待，特别是对军人、老干部、残疾人等，可提供特殊服务，例如，派专人对该群体上门送书，通过设置流通站的方式对更多用户构建优良的服务。

2．举办展览

通过举行展览活动的方式拓展服务内容，还可以定时对用户提供专题资料以及新书目等相关服务。

3．定期举办各种类型的知识讲座

图书馆需要走服务型、开放型的路线，以开放式的方式对用户提供服务，举办不同类型的知识讲座，不但可以有效发挥图书馆的馆藏资源和教育职能，并且还可以有效拓展用户的知识面，有效使用图书馆目前已有的信息资源，让其可以更好地适应社会的发展现状以及基本需求。

4．更好地开展信息咨询服务

信息咨询服务为当代图书馆的主要工作，是信息服务的一种高级服务模式，咨询服务工作的实施是衡量图书馆影响作用和社会地位的标杆。其主要目的是提供目录索引或对问题进行答疑解惑，通过网络索引的方式帮助用户收集信息，信息咨询服务为一种较高技术含量、知识密集、显著社会效益的综合服务产业，其是建立在深层研发信息文献基础上的。构建图书馆信息服务网站，强化图书馆之间的合作和交流，实现有效互通，有效使用图书馆的资源，最大可能性的共享资源，改变此前被动服务模式，主动对社会提供服务，为用户获得资料提供最大便利，诸多的信息机构可实现数据库文献资料的二次编制，扩大用户使用资源的便利性和便利程度，科学处置使用和藏书之间的矛盾问题，进而让图书馆渐渐演变为信息文献服务中心，显著提升文献资料的使用率和利用率，满足用户对不同信息的基本需求，让用户演变为上帝，逐步提升服务咨询水准，还需要逐步扩充服务对象范畴，提高市场竞争能力，并对宣传媒体构建专栏常规性资料，且赚取一定的收入。

5．开展定题服务

"定题服务"是指图书馆集中的信息服务工作者，按照科研、教学、生产的真实现状和需求，挑选急需解决的关键问题以及重点研究课题当作基本目标。深入分析和研究提供对口性信息和文献资料，对用户提供服务，一直到完成该课题。或解决关键性问题，该服务办法也叫作跟踪服务，其主要特点是有针对性、主动性、时效性地开展服务。

信息服务工作者在开展定题服务环节中，需要了解科研教学生产的进展现状，在明确课题需求的层面中，挑选服务课题，主动关联用户，且通过自我的业务知识在有效了解馆藏信息之后，实现信息资源的合理开发。制定专题索引、专题文献以及专题述评、综述、参考资料等，定期主动有选择性地将需要的精准数据、全新信息提供给用户应用，帮助其解决该问题的服务模式。定题服务可以发挥显著的先导功效，让用户最快地完成研究，不但可以节约用户信息的收集、梳理时间，并且还可以更好使用文献资料，实现服务品质的显著提升。

6. 开展馆际互借服务

是指在文献资料利用方面图书馆和图书馆之间互通有无、彼此补充，进而对读者提供更好服务的一种模式。馆际互借服务可以显著扩充馆藏资源，落实共享资源，有效满足用户需求。开展馆际互借就需要使用联合目录，可以迅速精准地呈现馆藏的流通现状，互借申请有更强的针对性，更便捷地进行检索，便于用户合理使用。开展地区性的馆际合作在较大层面上直接缓解用户无限需求和馆藏有限资源的矛盾，极大提升了资源的利用率以及流通率。

7. 建立信息服务网络

图书馆的馆藏资源和文献信息是有限的，并且对用户提供的信息产品也是有限制的，唯有使用现代化的网络技术以及图书馆和图书馆之间互相合作的优势，提供超文本、全文本以及多媒体的服务，才能让用户在查找联合目录时，可在系统的任何一处均获得内容，让所有的入网用户都可以在办公室中、在家庭中获得自身需求的文献信息，有效使用图书馆的网络资源和信息资源。

8. 开展创新服务和特色服务

创新服务是指图书馆参与科研分析，将全新的信息以最精准最迅速的方式提供给科研工作者，由此可以间接或直接的产生经济收益和社会收益，并体现出图书馆工作者的价值。特色服务是图书馆的服务内容、服务方式、服务效果的统一。图书馆在开展好常规服务环节中，按照现实可能和需求，挑选某领域以及专题当作自身优势，开展特殊服务，在收集二次文献、一次文献、三次文献以及文献的提供利用和加工环节中进行综合规划，产生特色，进而可实现优势集中，重点研发某一服务领域，提供有自身特色的服务，满足一定用户群的特定需求。

（二）建立合理的规章制度

建立奖惩制度、岗位考核、业务统计、业务档案等有关体系和制度。逐渐调整岗位结构，按照自身特长设置岗位，有效发挥所有工作者的积极性，强化管理图书馆，在业务开展环节中落实必要的检查工作，可以良好地完善和修改规章制度，有效安排和调拨物力、人力，真正实现人尽其才。

（三）提高图书馆工作人员的服务水平和服务能力

第一，优质的服务工作是深化改革图书馆，推动图书馆事业逐渐发展的主要方式和措施。出于图书馆的读者服务均是一线服务，一天需要接待上千万的用户和读者，不但需要对该用户群提供诸多服务，还要宣传、组织、指导阅读、推荐书籍等工作，特别忙碌，由此不但需要对用户构建读者至上的服务理念，还需要强化工作者的业务能力和水平，提高工作者的服务理念，让工作者不断拥有情报学、图书馆学等有关知识，还需要有其他学科和外语能力。

第二，为逐步适应信息时代的演变和发展，需要尽快培养在信息检索、信息咨询、网络研究方面的高素质专业人才。出于用户没有使用现代网络检索文献的技巧和知识，很有可能会导致漏检以及误检，由此需要举办短期培训班、业余讲座等，通过短平快的模式分批分期的对用户进行重点介绍和培训，重点对其论述检索的技巧和办法，创造更多条件和用户主动交谈，和用户一起制定检索对策，使其获得满意的结果。这种做法不但提升了用户的检索能力和水平，提升检索品质和技术，还可以提升图书馆服务质量，以及更好地对诸多种类的用户构建优良服务，从而逐步适应社会基本需求，获得用户的支持以及信任。

总之，图书馆通过开展多种服务方式并存、有序灵活的综合运转体系，逐步提升工作者的综合能力和素质，更新工作者的知识结构，提升服务水平和技能，主动积极地对用户提高提供优质服务，方可让图书馆服务更好适应经济发展需求。

三、图书馆个性化服务

目前个性化服务已经拓展到诸多层面，例如，信息检索系统、新闻网站、推送资源系统等，图书馆是社会的学习中心、信息中心，由此对用户开展个性化服务有一定的迫切性。

在数字环境中，个性化服务是图书馆特色服务的持续深化，直接突破了传统理念和观念的限制，对图书馆的发展和生存带来全新的希望和思路，在数字图书馆层面中，也需要分析用户的习惯和行为，对不同用户使用不同服务策略，进而可最大可能性地满足个体的信息需求，这已经成为图书馆界深化服务和拓展服务的重要问题和难题。

（一）图书馆个性化服务的内涵

1．个性化服务的含义

在图书馆领域将个性化服务叫作个性化信息服务或者是定制服务。它不但可以合理有效地对用户的信息迷航、信息过载问题进行解决，还可以最大可能性地提升图书馆资源利用率以及服务品质，个性化服务是对比此前的综合服务模式而言的一种全新服务方式，目前已经演变为图书馆全新的服务主流方向。

个性化信息服务是可以满足用户个体信息需求的一种服务，也是按照用户明确需求，对用户构建个性化、应用习惯的研究，主动对用户提供用户需求信息的一种服务。

个性化信息服务是建立在用户的信息应用习惯、行为、特点、偏好之上，进而对用户构建满足其自身需求的服务模式。

2．个性化服务的内涵

（1）服务时空的个性化。是指突破空间以及时间方面的制约，用户可以随意决定享受服务的具体地点以及时间等。

服务对象的个性化。其一方面指代某一个人；另一方面也表示存在一致特征的群体。由于处于相同等级、地位以及生活背景中的人，也都具备差不多的信息所需。

服务内容的个性化。一方面，其能够达到用户的一些专业诉求；另一方面，其也能够达到其临时所需。

服务方式的个性化。以各位用户使用不同信息的行为、喜好以及习惯等诉求为基础，给予相应的服务。

服务目标的个性化。其涉及两大层面，一是信息内存，二是给予读者系统服务。

服务支撑技术的个性化。它是动态的、不断发展的。一方面包含众多的支撑技术，网页动态生成或是数据加密等，这些技术都是图书馆进行网上个性化信息服务的重要依靠；另一方面也包含智能代理技术。

（二）图书馆个性化信息服务基本实现方式

1. 个性化定制服务

个性化定制服务被划分成众多方面，比如，个性化的界面定制。同时个性化的信息检索也是其重要的一项，还包括个性化的内容定制服务。

个性化内容定制服务。即广大的用户在自身喜好以及信息所需的基础上，进行信息的定制，能够借助图书馆网站给予的内容进行挑选，同样能够进行有关的申请。

个性化信息检索定制服务。个性化信息检索定制服务，用户在自身搜索习惯的基础上，按照自己的要求来挑选出个性化的定制，比如，对有关历史研究进行检索等。

个性化界面定制服务。即广大用户在自身喜好的基础上挑选自己喜欢的界面风格，能够直接使用网站中存在的一些模板，也能够做个性化的设计，比如，界面色彩等。

进行个性化的定制服务的同时也要保障读者的安全，并保护好读者的隐私。假设暴露了读者的一些私人信息，读者或许就不会再相信图书馆。因此，图书馆要确保隐私安全。

2. 个性化信息资源管理服务

在激烈的竞争中，信息资源早已变成一项重要的竞争条件。而图书馆就是一种信息管理。以图书馆为例，因为学科专业并不完全等同于科研方向。因此，图书馆要在自己学校专业特征的基础上，考量教研方向，以此对信息资源展开划分。首先要确保信息资源是多种多样的，之后单独给读者进行定制，创建其自己的信息数据库。这在创建过程中，读者能够完全按照自身喜好以及所需进行定制，也能够按照自己的意愿以及理解来划分各种信息，进行规整，在信息的管理上给予读者个性化的支持，

对图书馆而言，能够创建独特的数据库，或是发展专业学科库创建独具特色的馆藏，给予读者个性化的信息。另外，也能够将信息资源整合体系投入馆中，使图书馆的各个馆藏数据库之间实现统一检索方式，实现无缝连接。各个高等院校的图书馆也能够创建图书馆联盟，借助信息资源整合科技，加快各个图书馆具

备的各种信息能够得以共享，防止资源闲置。但是这一服务方式受到一定条件的制约，比如，图书馆的资金状况以及国家的一些政策等。

3. 个性化信息推送服务

指通过推定技术，并依靠互联网科技，在读者所需的信息基础上，和图书馆网站创建一种合约，促进个性化的信息服务体系能够自觉地把相关信息推送给读者，避免了读者毫无目的的检索，促使信息检索更加高效，节省了广大读者的时间，同时也节约了有关的网络资源。

信息推送服务具有四大环节。首先，在个性化体系中，读者将自身信息或喜好输入进去。其次，该体系就会自动或通过人工来研究有关的信息，并进行筛选，之后进行整理，进而得到读者的信息所需模型。再次，参照读者信息所需的关键信息，于信息库或别的资源库中进行搜索，将和读者所需存在关联性的信息检索出来，之后依据读者的定制要求展开划分与规整。最后，把信息在规定时间内推送给读者。

4. 个性化互动式服务

互联网日益发展，随之图书馆和广大读者间有了更为密切的互动。图书馆服务也发生了变化，不再是之前的被动服务，发展成一种动态服务。现在，其网站互动服务着重被划分成了三类。

实时互动。在即时聊天工具的帮助下，馆员能够和读者之间展开实时互动。

延时互动。读者能够借助留言或是邮箱及其他办法把自己的问题以及需求发送给馆员，由此展开互动。

合作互动。常见的有图书馆对用户的调查，例如，调查问卷等。

读者通过和图书馆之间的互动得到了自己需要的各种信息，而图书馆也能够按照读者的行为来得到其信息模式。并且这一模式在服务中被反复调整，加以完善，给予读者个性化信息服务。

5. 个性化信息素养教育服务

图书馆还有一大价值，即信息的传承。同时其也担负着对广大学生进行信息素养教育的职责。学生如果具备比较高的信息素养，那么其就能够更快地得到需要的信息，具备更高的信息意识，同时检索能力也会比较高。还是以图书馆为例，其服务对象出现明显的层次性，这就要求其不单单要普及基本的信息素养，同时要针对一定的读者，进行专门的信息素养教育。教育时可通过嵌入式的教学手段，在有关的专业课程中融进一定的信息素养知识。另外，也可以借助网络视频，把有关的知识制成微课，供学生学习。

6. 其他服务

图书馆的个性化信息服务除了上述的方式外，用户还可以利用个性化信息服务系统享受其他个性化服务，例如，网上预约、文献传递、借阅历史查询、新书推荐等。比如，图书馆网站建设的"我的图书馆""移动图书馆"等都是个性化信息服务的表现，用户可以借助自己的账号、密码登录个人空间，定制管理自己的个性化信息。

第四章　阅读困难群体研究的基本问题

分析阅读困难的产生原因、界定困难群体的主要构成、帮助该困难群体落实畅通阅读和良好阅读是社会、政府、图书馆需要普遍关注的热点问题。

第一节　阅读困难与阅读障碍

本文论述的阅读困难为一种广义的定义，不但涵盖了阅读认知障碍（也就是传统含义中的阅读困难症或者是阅读困难），还包含了阅读行为困难（重点是难以实现阅读行为），下面主要探讨阅读行为困难和阅读认知障碍之间的联系和不同。

一、阅读认知障碍

国际阅读困难协会（International Dyslexia Association，IDA）给出了阅读障碍症的概念：阅读困难亦叫作读写困难症或是读写障碍症。其受到神经系统的影响，形成了特殊的学习障碍。它的特征为不能精准且迅速地辨别单词，同时在拼写以及解码上也具有一定的难度。其最初的症状是和别的认知能力相比，在语言中音韵上具有比较弱的感知，其于课堂上也不能获得良好的成效，久而久之就发展成阅读理解上的困难，导致阅读量大大较少，由此就妨碍了词汇和有关背景知识的提升。

美国《精神障碍诊断与分类手册》第三版修订本（DSM-m-R）将阅读障碍界定为：在阅读理解和识文断字方面有显著的缺陷，并且该缺陷不能用发育迟滞、精神有问题或教育不充分的理由进行解读，也并非是由于听觉或视觉问题或神经系统病症造成的；该缺陷的口头阅读特点是歪曲、省略或替代或者是阅读难以连贯，并且也损害了阅读理解能力。

哈里斯（T.L.Harris）和霍奇斯（R.E.Hodges）于1981年对阅读困难论述了当下广为流传的定义：阅读困难是儿童虽然在听力、视力、年龄、智力的层面均比较正常，但无法阅读，丧失该能力的主要原因是由于损害神经，并且不能将其归纳为继发原因，例如，社会或环境对其产生的影响。

里昂（Lyon）在1995年给阅读困难下的定义是：一般将阅读困难当作是一种学习障碍，为一种独特的语言障碍，呈现出显著的难以单词解码的情况，并且也无法实现语音的充分加工，该困难并非是由认知、年龄、学业、能力等造成的，也不是损害感官或发展性障碍产生的结果。

格达·尼尔森（Gyda Skal Nielsen）认为，阅读困难为一种复合型原发性的神经性病症，具体呈现为在没有显著生理缺陷的层面中短时记忆、计算数字、视觉知觉、听觉、运动技巧有问题，为一种独特的学习障碍，例如，拼写、阅读、书写中的诸多或一种障碍。

通过如上定义可以将阅读障碍的定义归纳为三种：涵盖式定义、一般定义、排除式定义。一般定义（Halris, Hodges, 1981）表示，阅读障碍为阅读环节中产生的任何困难，不管造成原因是什么，有怎样的强度；涵盖式定义（Wheeler Watkins, 1979）则将智力正常但有显著语言缺陷的儿童当作是阅读困难儿童；排除式定义（Perfetti, 1985）表示，阅读困难为有正常和正常之上的非语言智力，在社会环境、教育机会、学习动机、经济基础、情绪的层面和其他成员没有显著的区别，但阅读成绩和其智力实现的水准显著比平均人群落后。需要关注的是世卫组织界定的阅读障碍——排除式定义。

二、阅读行为困难

阅读行为困难是对比阅读认知障碍而专门提出的，重点是由于很难落实自我阅读或无法落实自我阅读或缺乏社会阅读媒介而造成不能有效开展的阅读行为。造成阅读行为困难的原因包括：由于没有阅读动机造成没有阅读行为（例如，没有阅读需求，缺乏阅读习惯以及自觉观念），由于自身缺乏行为能力而造成阅读困难（例如，老年人有视力问题、盲人等），由于外界环境干扰造成难以开展阅读行为（例如，没有优良的阅读氛围和环境），由于难以获得阅读资源而造成无法有效展开阅读行为（例如，没有获得阅读资源的媒介、途径、技能等）。由此可知，阅读行为困难群众是普遍存在的，具体覆盖了儿童、老年人、农民、残疾人、城市低收入成员和偏远区域的居民等诸多群体。

阅读行为困难不但对阅读行为的开展产生影响，并且还影响个人的发展和生存以及社会的进步和谐，个人的信息资源拥有数量和阅读能力不但可以对个体精神生活富有程度产生较大影响，并且直接决定了其社会地位、拥有的财富数量、公共话语权、社会参与度、获得教育资源程度等。阅读行为困难会造成没有良好阅读成效或无法开展行为的，就会造成阅读者难以获得知识和信息，将其位于信息劣势地位，造成更严重的经济贫困，可能会丧失发展机遇。从社会角度来说，阅读是知识传播、知识积累、知识创造的主要途径，人不能有效开展阅读行为，会直接关乎在社会中其受到的文明程度和受教育度，还有可能会影响文化传承以及社会发展进步。

三、关于阅读困难的进一步说明

在如上阅读行为困难和阅读认知障碍环节中可以了解到，阅读认知障碍是阅读者自身由于身体问题而造成的不能开展阅读行为，而阅读行为困难是外在客观要素直接制约了阅读行为的落实，两者有一定的不同。

第一，阅读困难覆盖了阅读行为困难以及阅读认知障碍，其中阅读认知障碍是人脑综合处理听觉和视觉信息时不能有效协调造成的阅读障碍，为一种由于神经系统造成的学习特殊障碍，其特点是不能精准识别词汇，在解码和拼写环节中有问题和困难。阅读障碍是由于损害了神经系统造成的丧失阅读能力；相对来说，阅读困难为先天性无法学会阅读或后天无法开展阅读。尽管最开始在医学领域提出了阅读困难，但诸多心理学家和教育学家更乐于使用发育性阅读障碍进行论述。在推测是由于神经病学的原因造成丧失阅读能力的情况下使用阅读困难更加恰当，由此可见阅读认知障碍注重的是难以理解文本，阅读困难注重的是在实施阅读行为环节中的障碍，也就是在落实阅读行为环节中面对的所有源于阅读客体、主体、外在环境产生的制约和阻碍，覆盖了阅读行为困难和阅读认知障碍两者的基本内涵，阅读行为困难群体和认知障碍群体均有阅读困难。

第二，阅读认知障碍制定了评判标准，但却难以识别阅读困难。出于阅读认知障碍为心理学病症，可运用诸多指标评判是不是有阅读障碍，例如，有的研究成果表示初步评判阅读困难的模式分为12个特征，分别是：①阅读吃力，读错字；②阅读后不理解内容；③不能流利地进行朗读，出现跳字或是跳行问题。

④不愿意书写，在书写上也存在一定的困难，并且书写不规范，极易出错。⑤抄写时要花费很长的时间，要看一笔，再进行书写。⑥能够集中注意力的时间非常短。⑦在课堂上的听课不具备较高的效率，好动。⑧运动能力比较差，并且平衡性不够高。⑨非常聪颖，却不能用在学习上。⑩不能规范地握笔，系鞋带比较费劲，并且不能顺畅地使用筷子。⑪不自信，极易放弃。⑫不能恰当地处理人际关系，比较内向，容易害羞或是烦躁。以上的特征中，如果有六项相符，并且长达半年，则有七成的概率为阅读困难病人。但相对来说，造成阅读困难的原因比较繁杂，并且有多样的表现方式，群体范畴特别宽，很难识别和区分。例如，老年人在阅读环节中经常会遭遇听力、视力等方面的障碍，通常不会应用新技术开展阅读，例如，移动终端和网络媒介等，可获得有限的阅读资源，但不排除有的老年人由于自身有较高的受教育情况和优良的社会环境等而没有阅读困难的产生。

第三，阅读困难为相对定义。例如，如上文本所论述的阅读认知障碍有判断和评判的标准，但阅读困难并没有明确统一的评判标准，其是对比阅读没有困难来说的，阅读困难是在获得阅读资源和阅读能力层面，也就是出于某种障碍（例如，经济收入、地理位置、年龄、受教育程度等）不能有效、顺利开展的阅读行为。对比正常的阅读成员而言阅读困难群众一般会呈现如下特性：一是，阅读困难群体一般都有较低的阅读能力，没有阅读动机或需求，并且在精神生活方面比较匮乏，受教育程度也不高，限制个人发展机遇；二是，按照社会分层基本理论，阅读困难群众一般都位于分层体系中的底层或者是下层，不但有较低的收入，并且政治话语权比较薄弱，一直是社会边缘人物；三是，由于缺乏便捷、权威、高效的获得阅读资源的途径和渠道，阅读困难群体可使用的资源比较少，并且由于自身经济能力方面的限制，无法运用租用、购买的方式合理补充。

第二节　阅读困难群体的界定

一、现有研究对阅读困难群体的界定

国内学术界在界定"阅读困难群体"中提出了下面的观念：王瑛琦表示，阅读困难群体为在阅读文化方面位于弱势的群体，其主要的阅读障碍呈现在缺乏阅读能力和缺乏阅读材料、缺乏服务设施、观念和文化环境的缺失三方面。王虹认为，阅读困难群体是出于遇到某一障碍，导致无法获得有益阅读，不能运用阅读获得收益的群体，阅读困难不但涵盖了难以自我进行阅读或难以自我获得社会媒介创建的阅读条件；另一层面涵盖了位于缺乏应有的阅读能力和没有阅读习惯或自觉的状态。张春春表示，阅读困难群体为在社会信息演变中，出于个体的阅读技能、文化水准等要素产生的影响，和社会地位、地理环境等客观条件的制约，不能获得或无法迅速获得需求的阅读资料，被排斥在阅读服务外的在阅读文化中位于弱势的成员。洪伟达、王政表示，可以将阅读困难群众划分为相对、绝对的困难群体，其中绝对困难群体为剥夺了基本阅读能力的群体，例如，智障儿童、视障成员等；相对困难群体为被剥夺一部分基本阅读能力或在某程度上被剥夺的群体，例如，农民工、老年群体、不识字的人等。李昊青认为，阅读困难群体是指在获取与利用阅读资源或在社会阅读权益和服务享受中，其阅读境遇和阅读能力被排斥的社会群体或弱势地位，其重点牵连到半文盲、文盲、新识字的群体、低幼儿童、老年群体、城市低收入群体、农民、务工人员，和由于生理缺陷或心理问题导致的阅读障碍人员。

按照如上的定义，阅读困难群体不但是由于病理或生理要素导致的阅读困难成员（如阅读困难群体基本都是由于神经缺陷导致的），还涵盖了在技能、文化、资源层面处于弱势地位的阅读困难群体（例如，病残老幼等）。所以，阅读困难群体泛指那些因为受到生理、心理、观念、意识、经济、技能等个人要素或文化、地区、配置资源、教育等客观要素产生的影响，对个人开展阅读行为、获得资源、满足需求、确保权利导致的不利影响以及障碍，由此对个人的发展和生存产生消极影响的群体。大体来说，阅读困难群体的"困难"主要表现在三方面：一是阅读能力缺失，如文盲或半文盲、不能应用当代阅读工具或没有网络应用尝试以及技能；二是阅读材料及基础服务设施缺失，着重指因为政治经济以及社会地位低下或是地理因素等导致的在阅读素材以及公共服务方面的一些障碍。最后，思想以及文化环境方面的缺失。即由于受教育的水平以及文化环境导致的阅读兴趣丧失，以及在阅读习惯上的一些消极影响。

二、阅读困难群体的社会内涵

结合目前已有的研究成果可以了解到，不管是在外在环境还是内在技能方面，无论客观和主观要素均在较大层面直接影响了阅读困难群体对资源的利用以及占用，对公共服务的应用和提供、阅读权的维护以及保障等，并且该要素均对阅读主体的阅读实施产生影响，缺乏任何内容均会造成无法开展阅读行为，由此在界定阅读困难群众中需要按照困难程度开展实施。

正如"困难"有相对和绝对的分别，阅读困难群体也有相对和绝对的区别，区别两者的关键在于主体的基本阅读能力的实现程度。按照阿玛蒂亚·森（Amartya Sen）的"基本可行能力"观点，基本阅读能力可理解为主体可自主挑选的阅读方式、内容、空间、时间的能力。绝对阅读困难群众是剥夺了基本阅读能力的社会群体，例如，智障儿童、视障人员等；相对阅读困难群体为部分剥夺阅读能力或在某个层面剥夺了的社会人，例如，农民工、老年人、不识字的人员等，其并没有先天的阅读困难，是由于经济能力有限、社会地位不高导致不能获得社会阅读服务以及资源。同上文对于"阅读困难"的界定一样，阅读困难群体是一个广义的概念，泛指相对困难群体。

第三节　阅读困难群体的构成类型

对于阅读困难群体构成类型的划分，岳景艳认为，由三大角度来进行分解：其一即人具备的阅读能力。其二即阅读的意识。其三即获得阅读的条件。可以将阅读困难群体划分成五大类。第一类人即存在阅读愿望，并且具备一定的阅读能力，但是却不能得到阅读提供。第二类人为存在阅读愿望，但是不具备阅读能力，并且很难找到适合自己的阅读方式。第三类人为存在阅读欲望，也得到了阅读提供，但是尚没有阅读的能力。第四类人为不存在阅读能力，同时也没有得到阅读提供，同样也不存在阅读愿望。最后一类人为尽管得到了阅读提供，同时具备相应的阅读能力，然而却没有阅读愿望，也没有阅读习惯。

由于阅读困难群体是部分被剥夺基本阅读能力或某个方面被剥夺阅读能力的社会人群，由此按照限制阅读能力的要素将该群体划分为三个类别：①个人生理性因素导致的阅读困难，也就是由于一定的心理障碍，抑或是由于视力上的障碍等而导致的阅读困难，像视力障碍者或是智障儿童等。以上这种阅读困难者大部分存在先天性的不足。②由于自然环境造成的阅读困难。也就是由于所处的位置比较贫困，抑或是由于民族语言带来的阅读困难，如文盲、不能掌握官方语言和文字的少数民族；③由于社会排斥产生的阅读困难，比如，由于不能得到充足的阅读资源而导致的阅读困难。像一些农民工或老人等。

一、阅读困难群体

阅读困难为人脑综合处置听觉信息和视觉信息无法协调处置而造成的一种拼写和阅读障碍症，阅读困难是源于神经体系的学习特殊障碍，其特点是不能精准地识别词汇，并且在解码、拼写方面也有问题。这种特殊学习障碍最初的症状是和别的认知能力相比，在语言中音韵上具有比较弱的感知，其于课堂上也不能获得良好的成效，久而久之就发展成阅读理解上的困难，导致阅读量大大减少，由此就妨碍了词汇和有关背景知识的提升。它属于隐性残疾，得到了世界诸多机构的注重。欧洲阅读困难协会（European Dyslexia Association，EDA）的调查显示，在国际上有8%的群体均有阅读困难症，其中比较严重的占比为2%到4%，在所有在校儿童中有3%到5%是有阅读困难症的儿童。

我国在分析阅读困难方面起步时间比较晚，普遍为心理学和医学方面的分析，按照有关的文献资料，中国在阅读困难患病方面普遍概率维持在3.26%，尽管从数量方面而言，阅读困难群体依旧为心理学和医学研究的小众对象，但该类型群体中很多为学龄儿童，并且有大量的资料证明，倘若在一年级时就有了阅读障碍，则有87%的概率在之后依旧为阅读困难者。有诸多的研究证实，阅读失败会对未来的阅读能力产生重大影响，例如，1994年施威茨（Shaywitz）等人通过分析证明，倘若在9岁前阅读障碍儿童并没有被识别出且开展治疗，则该部分群体中有74%以上会在高中时期依旧存在阅读困难症。

在中国有诸多的群体均有阅读困难症，其基本均会面对阅读认知障碍，难以读写，不能有效获得和应用阅读服务和阅读资源，特别是阅读困难群众，通常无法快乐自由地阅读徜徉在知识的海洋中，还有可能会被同龄人嘲笑，形成心理问题，直接影响儿童的精神和心理健康发展。

二、残疾人

《中华人民共和国残疾人保障法》将残疾人定义为：在心理、人体结构、生理中，某一功能或组织丧失或不正常，部分丧失或全部丧失使用正常模式开展某活动的个体，涵盖了听力、视力、肢体、言语、智力、精神、其他类型的残疾等。按照有关数据的统计，当今世界上有60多亿人口，其中残疾人共有600,000,000多人，为总人口的10%左右。中国有众多的残疾人口，相比健康人而言，残疾人在工作、学习、生活的诸多层面均位于社会的弱势地位。由于社会劳动结构的分化，造成残疾人更可能会被社会公共服务和主流文化所排斥，尽管我国法律已经对其进行规范和限制，但社会中依旧有很多歧视残疾人的情况。

在阅读环节中，残疾人主要存在听力障碍、视力障碍、肢体障碍、语言障碍、认知障碍，造成阅读困难的主要原因可涵盖为客观原因和主观原因。其中主观原因主要是由于残疾人自身条件的问题，难以出行，由于阅读方式和能力受到阻碍，到图书馆使用无障碍馆藏资源和设施有较大难度。客观原因为社会普遍没有广泛关注残疾人，对残疾人创建的阅读活动、阅读环境、阅读资源、阅读设施均有一定限制。不同残疾人的阅读困难，也有一定区别，例如，视障读者尽管可以使用盲文书籍开展阅读，但当下的盲文书籍的出版种类和数量有一定限制，并且盲文书籍和大字版图书普遍比较笨重和比较厚，应用和获取方面比较困难。针对聋哑人而言尽管聋哑人认识图字，但由于手语表达和文字表达的语序有一定区别，其在文字阅读环节中，特别是阅读大段文字时需要面对很大的语言障碍；针对肢体残疾的用户而言，很多人是由于残障程度难以看报看书等，难以开展阅读行为，出于自身身体问题，普遍没有接受过正规教育，并且自身的知识能力有限，在获得和利用阅读资源环节中有较大的困难。可以说阅读困难对残疾人的日常生活和学习带来很多消极影响，让其无法有效地利用和获得知识信息，演变为信息穷人。在学习、工作、生活中，难以参与以信息为核心的新经济活动，造成在社会地位、收入、受教育程度、社会参与度方面和普通人有很大差距，并且阅读是娱乐消遣和文化休闲的主要内容，但目前残疾人运用阅读很难落实娱乐休闲的放松，长此以往均会缺乏和外界知识信息、情感、精神的交流和沟通，并且也会造成精神文化比较匮乏、单调，就会产生寂寞孤独感。由此可见，帮助残疾人更好开展社会阅读是推动文明发展和进步的基本要求。

三、老年人

国际上将65岁以上当作老年人的年龄起点，按照2015年我国统计局的有关数据，到2014年12月31日中国60周岁以上的老年人口总量为21,242万人，为总数量的 15.5%；65 周岁以上的老年人为 13，755 万人，为总数量的 10.1%；预测发展到十三五期末，中国将有 2.8 亿老年人，为总人口的 20%。以上数据均证明当下中国人口结构已经步入老龄化，并且老年人口的相对比例和绝对数量均在持续增多，我国不得不面对更加严峻的养老问题，老年人问题普遍比较繁杂，由此当下不管是在社会、国家政策、家庭伦理方面均提倡社会对老年人进行人文关怀和特殊关注。

对老年人而言，阅读困难普遍是由于记忆力衰退和视力减弱等造成的。在生理学方面而言，视力退化特别是和年龄有很强关系的黄斑变性、白内障等病症均强迫老年人不得不放弃阅读。由此，赫希（Hirsch）运用分析研究了老年视力的改变现状，了解到在 60 岁之前视力维持在比较稳定的情况下，在 60 岁之后视力就短时间中衰退，并且近视比远视有更大的改变；心理学研究了解到工作记忆老化对阅读理解能力和语言理解能力有明显影响；社会学家分析老年群体的阅读问题，在老年人员的生活模式方面切入，表示对老年人而言，削减的家庭责任、退休、空闲时间、空巢等较大层面让其形成和社会的孤立感和脱离感。阅读对改良如上心理问题均有显著帮助，由此应该普遍关注对老年人的价值。而教育学视角的分析则强调注重老年人的阅读能力、阅读策略和阅读行为，表示老年人在阅读方面的能力明显低于 18 到 60 岁的成年群众。图书馆学方面的分析的重点关注老年群体的阅读、阅读兴趣和利用关系以及促进阅读等相关问题。综合而言，老年群体的脑力、视力、行动力等都会伴随年龄的提高而不断降低，为老年人面对的重要困难，由此消除和克服该障碍演变为推动和保证人群中阅读的重点和基础。

四、未成年人

未成年人的阅读分析普遍划分为两个时期：青少年时期和幼儿时期。苏霍姆林斯基经长期研究和实验，认为儿童阅读对于个人发展具有特别重要的作用，表示阅读为一种最复杂、最重要的技能，儿童要进行脑力活动和思考就需要掌握阅读技能。由此可了解到未成年人开展早期阅读对学习习惯、阅读水平和综合能力的提升和发展有显著功效。

3 岁以下的儿童一般被叫作低幼儿童，5 到 3 岁的儿童一般被叫做学龄前儿童，由此幼儿通常是指 3 岁之下的儿童。有专家表示在 3 到 0 岁的时候是培养儿童产生学习习惯和阅读兴趣的重要时期，6 到 3 岁则是提升学习能力以及阅读能力的关键时期。美国麦尔威·杜威（MelvilDewey）曾表示："幼儿时期是奠定人生基础的时期，不但是接受中高等教育的基础，并且是一生习惯嗜好、事业、习惯的基础。阅读和书写能力需要被当作是一种工具，儿童需要科学合理地使用工具，例如，其要学习其他的工具一样，阅读的主要目的是让儿童可以熟练的应用言语，将其当作无法掌握就无法了解其他事物和人物的一种方式，将其当作是和别人分享其发现事件的主要途径和方式。"通常阅读和文字有一定关系，学龄儿童和成年人才会有阅读困难，通常直接忽略了幼儿的困难。但幼儿困难普遍是由于生理原因造成的，主要呈现为机能异常和神经结构异常。并且在儿童阅读障碍遗传理论层面切入，诸多分析证明儿童阅读障碍和遗传两者为正关系。

阅读障碍于学龄阶段中较为普遍。由发生机制上被划分成两种，一种为获得性阅读障碍；另一种为发展性阅读障碍。前者是由先天遗传及后天损伤造成的脑结构异常。而发展性阅读障碍指正常智力水平的儿童于成长中并未出现神经受损亦或是其他器质性的伤害。但是其具备的阅读水平远远低于其智力亦或是生理年龄应该具备的水平。现在，全球领域中该种疾病的发病率达到了所有儿童人数的 5%～17% 气一般这种障碍出现于婴幼期，6～7 岁症状明显。轻者经过干预治疗，症状会有所减轻或消失；重者经过干预治疗，症状会减弱但不能完全消失，部分症状会伴随一生。因为这种障碍一般在儿童很小时期就会表现出症状，但是现在我们不具备以学前儿童为目标进行的阅读指导。因此，患有该症的儿童绝大多数都不能于学前期被确诊。因为这种障碍并不是先天性的，早诊断、早干预对发展性阅读障碍的缓解和改善尤为重要。

朱智贤学者出版了《心理学大辞典》，他对儿童阅读困难存在的特征进行了归纳，表现为：①不能正确的认识词汇，对于具备相同或是相似读音、相似字形的词汇不能进行辨认，对拼音很难进行辨认，不能将字母与其相应的发音结合起来。②一个字一个字的进行阅读，不能做出恰当的停顿，亦或是嘴唇蠕动，会发出嘘嘘的声响。③不能理解所读内容，不能明白其意义，讨厌进行阅读。④在行为上的特征为注意力不集中，思维不能长久地停留在某一活动或想法上，经常性地跳跃，手脚也不够灵活，走路也不平稳，经常会摔倒，进行阅读时极易感到疲劳，不能正确、轻松地辨认方向以及距离等。上面讲到的这些阅读行为于日常的生活中非常普遍，可将其概括成不会阅读。现在，有关的心理学家以及教育专家，包括医生，在该障碍形成的成因上存在着不同的观点，在怎样正确地进行类别的划分上也各执己见。然而有一点是一致的，即把该障碍当成学习功能的不足和丧失，也就是和相同年纪的孩子相比，具备更低的阅读水平，然而其心智以及情感感知都和正常儿童无异，也不受文化要素的影响。防止用法错乱，不少学者都借助"特殊发展阅读困难"来对该症状进行描述。

和别的心理障碍无异，阅读困难也有其检测方法，在检测过程中，更多地借助"智力测验与阅读成绩差异"。在该检测手段中，将儿童具备的阅读成绩和他们所处的智力结果展开对比，找到之间的差距。通常先通过韦氏量表，同时也在瑞文推理测验量表的辅助下，检测其智力情况。之后借助"幼儿早期阅读能力评估工具"来了解其阅读水平。假设儿童的智力没有什么特殊状况，不存在显著的情绪障碍，同时不管是经济文化，还是教育机会，也都正常，然而，最终的阅读成绩却远远低于他们智力应该具备的水平，这样就会认定为儿童阅读困难症。在该检测手段的运用中要注意，要以年龄段为目标，进行相应的阅读测试，同时要把数次检测结果进行标准化处理。但是，该检测手段是一种静态的分析，尚未注意到儿童地发展认知，并且阅读成绩怎样也不绝对取决于智力。现在，更多的会借助"认知与干预动态分析"。这是一种动态的评估手段，更加注重儿童之后的发展。在该手段中，教学与干预将儿童学习的经过以及最终的结果联系在一块，对其之后的发展以及具备的学习潜力进行测评。该检测手段既融进了认知心理学，同时也含有心理测量，在心理认知基础上，展开过程的设计，并对测量工具进行编制，对测量得到的最终结果进行研究、做出解释。由此，儿童的智力被加以测试，同时关注其于阅读过程中的各种认知要素的检测，更便于发现影响儿童阅读困难的要素，进而有目的性地设计干预手段。然而，笔者觉得将以上静态与动态检测结合在一起会更好，将静态检测获得的结果作为依据，同时考量动态检测的成绩，更加细致地做出诊断。

对于青少年阅读的分析，需要明确青少年阅读习惯和需求之间的关系。韩国分析儿童阅读的专家南美英了解到6～12岁的儿童有如下的阅读特点：①利用儿童的知识性读物，或通过观察获得经验；②喜爱幻想类型的故事；③能够了解简单的专辑和历史故事；④期待好人有好报；⑤喜爱大声朗诵；⑥有的儿童由于阅读兴趣和能力的持续递增，演变为"贪婪"的阅读成员；⑦阅读后，喜爱和其他成员探讨阅读的主要内容；⑧对描写过去历史、遥远的地方或者未来生活情境的读物尤感兴趣；⑨喜欢收集或者与人交换儿童读物；⑩开始学会应用工具书、目录索引帮助阅读；⑪喜欢浏览和阅读儿童的专门读物；⑫对介绍不同民族、人种、国家文化的读物有较大的兴趣；⑬喜欢在百科全书、参考书、杂志报刊中获得知识，弥补自身知识方面的匮乏。对比幼儿来说，青少年在困难方面的阅读是比较复杂的，不但有生理和先天方面的原因，还有心理和后天教育的原因。在青少年阅读心理方面，其认知某一词汇要运用视觉表征通路（也就是在认识词逐渐演变为词义的了解）或转录语言（首先将词语演变为语言编码，其后演变为词的含义）；在教育方面，青少年产生阅读困难其缺乏阅读技能和阅读知识有紧密的关系，并且也直接关乎其早期教育。进而可了解到，阅读能力的多少和儿童时期接受的阅读训练有密切的关系。由此，需要关注未成年群体的阅读困难，迅速发现阅读困难群体，且帮助其掌握基本的阅读技能。

五、农村人口

百度百科将农民界定为"长时间开展农业生产的个体"。发达国家中将农民当作是一种职业定义，主要是从事和经营农业以及农场的人，该定义和工匠、渔民、商人等是并列存在的，农民和全部的工作者相同，均有一定的公民权利，也就是在法律意义上其均为市民，但是有不同的职业。出于历史和国情的原因，在汉语中一般将农民理解为一种身份、社会等级或准身份、生存状态、社会或社区的组织模式、心理结构或文化模式。按照我国统计局的 2014 年宏观经济数据显示，在 2014 年中国共有 136，872 万人，常住乡村人口总量为 61，866 万人，在总人口中有 45.23% 的占比，按照我国人口统计学有关数据，农村人口重点遍布在城市边缘、农村地区和少数民族聚集区、边远山区等不发达的区域，主要是以贫困人口、文盲和缺乏文化的阶层为核心。在国际范围内，出于发展中国家有较大的农民基数，普遍遍布在信息基础服务外的贫困农村区域，一般被界定为弱势阅读群体，对农村人口来说，长时间在落后和封闭的地区生活，通常不得不面对被剥夺科技技术、教育培训、保健卫生等的情况，在经济方面表现出经济贫困，但由于文化贫困才是造成自身基本能力贫困的主要原因。由此针对农村阅读困难群体而言，资源的阅读、获得、利用均是对自身能力的一种挑战，尽管伴随我国重点文化工程（推广国家数字图书馆工程、共享文化资源信息工程、推进建设电子阅览室工程）的发展，当下已经普遍覆盖和普及了公共农村文化设施，但由于农村群体缺乏强有力的阅读动机以及阅读需求，并且在获得阅读资源方面有一定的问题，欠缺阅读技能，直接限制了阅读行为的开展和实施。按照代际传播文化的基本发展规律，农村群众普遍不注重家庭阅读以及儿童阅读，必然会影响后代人的阅读习惯的培养和塑造。

六、低收入者

低收入者普遍有工作缺乏稳定性、难以就业、收入不高等特点，对职业技能培训、求职就业、法律政策、社会保障等，和生活以及工作有紧密关系的信息有较大的需求，并渴望运用获得该信息改善自身的生存环境以及经济收入。针对低收入成员而言，阅读并非是实现知识丰富拓展技能的基本途径，还可以增加自身的社会幸福感、实现身心愉悦。例如，利物浦大学阅读研究中心副院长乔西·比灵顿（Josie Billington）博士认为，阅读的人更可以制订、决定计划，划分主次；阅读可以帮助群众远离抑郁、压力、痴呆等，并且还可以对人提供更开阔、丰富、繁杂的人生经历，让人在全新的层面审视生活，获得新的认知。低收入者的阅读需求可概括为如下层面：①职业技能培训信息，涵盖了职业培训组织的地址、名称、培训内容以及收费情况等方面的信息，职业技能比赛的地点、项目、报名模式、时间、奖励等信息；就业服务组织的地址、名称等和就业招聘会、服务信息等有关的内容。②政府政策法律信息，涵盖了行政法有关的法律和地方性的规章、法规、政策措施等信息。③社会保障信息，涵盖了失业保险、养老保险、生育保险、医疗保险、法律援助、工伤保险等；职业病有关的信息，例如，鉴定办法和组织、病的名称、负担治疗费用等；法律援助的联系、名称、援助项目、申请条件等诸多层面的信息。低收入者一般都面对较差的阅读条件阅读环境，以及缺乏阅读资源、难以获得阅读资源的渠道和途径的问题，出于其经常为生活所困，很多精力和时间被投入经济生产的活动之中，没有更多的时间进行阅读，并且由于缺乏阅读资源会加重该类型群体获得信息的困难，由于缺乏自我教育和自主学习造成自身发展有一定的局限性，并逐渐向着更弱势的层面演变以及发展。

七、其他人员

如上六种成员被界定为阅读困难群体可以在社会方面获得基本认同，但也有并没有被涵盖在如上六种成员之内的阅读困难群体，其一样面对很多的阅读障碍，也需要获得社会的普遍关注和重点关注。一是长时间患病成员，其不但要承受身体疼痛的折磨，背负精神和心理的负担，并且还要在经济上接受较大数额、长时间的生活支出以及医疗支出，还有很多长期患者会有被强制隔离的问题，例如，乙肝、精神病患者等，直接侵害了自身的基本权利，通常会在社会上广泛受到排斥，难以开展阅读活动。二是农民工，农民工普遍缺乏文化生活并且缺乏精神信仰，没有较强的阅读能力和阅读水平，但一般该类型群体有较高的阅读欲望，出于阅读资源获取的途径和渠道有限，通常需要将资源传递到他们身边方可开展阅读活动。三是盲目流动、城市乞讨者以及外来人口等，一般都位于社会底层，没有固定地区生活，并且难以保障自身的日常生活，更难开展阅读活动，针对如上的阅读困难群体来说，有的人并没有基本阅读能力，也难以获得以及利用阅读资源，由此需要将其归入服务阅读困难群体的体系范畴中，融合当下已有的阅读困难群体的真实现状，在主观－客观以及个体－社会的方面对阅读困难群体的障碍原因进行矩阵研究，可得到表 4-1 所示的结论。

表 4-1 我国阅读困难群体障碍成因的矩阵分析

障碍成因	主观因素	客观因素
个体层面	阅读意愿、阅读兴趣和阅读习惯 缺乏阅读心理问题 阅读文化素养与技能不足	个人生理缺陷 经济条件有限 生活环境问题
社会层面	信息歧视 社会排斥 社会阅读文化建设不足	信息支持与保障制度的不健全 阅读资源建设与配置的不完善 社会阅读基础设施和服务队伍建设不足

其中，（1）"个体—主观"的原因为三个层面：①缺乏阅读兴趣意愿和习惯，有的群众表示个人的阅读需求和自身的发展和生存没较大的关系，通常都没有很强的阅读观念和意识，并且由于自身有限的空闲时间和缺乏个人精力、没有充足的阅读动力等原因造成了一定的认知障碍问题。②阅读心理问题，还有一定的群众在阅读心理方面拥有从众、自满、自卑的情绪，进而产生了回避阅读的诸多系列行为；③缺乏充足的阅读技能以及文化素养，有的群众在新技术环境中并没有获得知识、利用知识、表达知识的能力，并且对新媒介阅读有一定问题。（2）

"个体—客观"成因涵盖了：①生理缺陷，部分丧失或全部丧失基本阅读能力的肢体不全、视障者、智障者和有发展性以及获得性阅读困难的群体；②没有良好的经济条件，有的群众在获得阅读资源的间接或直接成本中，直接高于自身可承受的经济能力；③生活环境问题，有的群众由于居住地过于偏僻，并且没有开展充足的家庭教育，缺乏阅读文化环境直接造成自身的阅读困难。（3）"社会—主观"原因涵盖了：①信息歧视，有的群众在合法阅读行为和活动中受到了不平等对待，在开展的阅读活动环节中一般呈现为年龄、性别、地位、地域等方面的歧视等；②社会排斥，例如，由于社会二元城乡结构差异、不平等资源配置、不健全社会制度导致的社会制度排斥，尽管有的阅读主体存在阅读需求，但在开展阅读行为环节中拥有体制性问题和障碍；③建设社会阅读文化不完善，主要是指阅读环境和氛围对主体产生的影响，例如，有的家庭并没有创建阅读文化环境，则孩子难以培养阅读兴趣以及阅读习惯。（4）"社会—客观"原因主要涵盖了：①不健全的保障制度以及信息支持制度，有的群众由于诸多现实障碍问题造成在制度上缺乏阅读权利的价值呈现，并且在制度实践环节中难以落实有效保障；②不完善的阅读资源配置和建设问题，信息服务机构和公共图书馆等文化公共服务组织的阅读资源供给错位或不足，并且由于低效配置资源和缺乏完善的阅读辅助设施造成产生阅读困难。同时还涵盖了社会阅读资源的障碍，例如，内容语言种类、文献载体、文字大小等诸多方面的要素；③社会阅读服务队伍建设不足或缺乏基础设施、公共信息基础设施、特殊阅读的服务人员，难以保障所有个体的阅读活动。

第四节　阅读困难群体的阅读表现

一、阅读意愿缺乏

一直以来，弱势群体受制于政治传统文化的影响，没有强有力的获取信息的观念和意识，并且在认识知识获得重要性方面比较薄弱，缺乏获得信息的动力。阅读需求为驱动开展所有阅读行为的内部动力，倘若缺乏需求也就难以开展阅读行为。尽管缺乏阅读兴趣和意愿是主体不能开展阅读行为的主观要素，但研究本质原因，缺乏阅读意愿可概括为如下三个层面：第一，阅读主体由于缺乏阅读经验，很难在阅读环节中获得精神愉悦感以及乐趣，进而造成没有开展阅读行为的想法和意愿；第二，阅读心理是对阅读主体开展阅读行为产生影响的内动力，具体呈现在阅读的注意力、联想、心境和对美认识等诸多层面，倘若阅读心理存在从众、自满、自卑的情绪，那么会产生疏离、轻视、回避阅读的情况；第三，阅读兴趣和习惯的培养需要历经较长的时间，并受到自身识字能力、个体经历、文化素养、阅读时间、教育背景、家庭环境等诸多要素产生的影响和干扰，与此同时还有显著的代际传播的特性。

二、阅读能力缺失

阅读能力缺失不但涵盖了先天能力匮乏者（例如，部分丧失或全部丧失基本阅读能力的智障者、视障者、肢体不全成员），并且还涵盖了阅读认知障碍群体。该阅读困难群体重点呈现为无法开展阅读行为或无法有效落实阅读行为。普遍是由于个人身体问题造成的。也有很多的阅读困难群体是由于自身难以获得阅读资源、欠缺阅读技能和词语表达能力，造成不能开展阅读行为。一般都没有显著的生理问题。通常是由于没有阅读技能和文化素养造成的，主要是由于社会排斥逐渐产生的。例如，文化设施比较落后农村群体，均没有较高的阅读技能和文化素养。城市中也一样拥有文化服务的空白区域，有很多的阅读困难群体由于没有强有力的阅读资源利用和获得能力，直接限制了自身阅读活动和行为的开展和实施。该区域所论述的获得阅读资源能力低下重点是指在阅读资源的甄别、查找、获得方面缺乏能力，进而造成阅读困难的产生。由此产生的阅读困难群体不但是由于没有阅读资源获得的渠道和途径，通常也有阅读资源利用方面的障碍，在获取阅读资源环节中存在阅读资源搜索和需求感知的两个环节，需求感知是主体感受到由于匮乏某一层面的知识，而形成的阅读欲望的环节，是形成和开展阅读行为的基础条件，也是推动主体开展阅读行为和阅读能力的主要能动力。搜寻阅读资源是运用某渠道和途径收集自身需要的知识的一种行为，在获得知识环节中是重点环节，缺乏阅读能力具体呈现为落后的阅读意识、缺乏充足的阅读需求、认知难以清楚表达，阅读需求获得资源有限，理解阅读内容有偏差，知识转化和吸收能力有问题等。在一个层面而言，由于缺乏阅读需求认知、缺乏强有力的阅读欲望、不精准的需求表达直接降低了在阅读行为开展环节中的主体地位，阅读资源获得的精准性和针对性显著降低，直接影响了知识供给的品质，造成困难群体知识越发贫瘠；另一层面有限的获取阅读资源的途径和理解阅读内容有问题有偏差、转化和吸收知识能力匮乏等都是在有效供给阅读资源的基础中，很难发挥阅读困难群众的真实阅读价值，造成产生知识事实性贫困。

三、阅读资源匮乏

阅读资源不但受制于配置其他资源产生的影响，并且和政治环境社会制度等有紧密关系。在理论方面来说中国的社会排斥一般直接呈现为体制性排斥。例如，由于城乡二元结构造成的贫困群体普遍汇集在我国的广大农村，由于社会资源二元化再分配导致诸多的优势资源均流入城市，并且在福利制度和社会保障方面也有很高的选择性，通常对相对优越群体进行覆盖，经济严重落后于群众的需求和经济发展。就业市场的相对封闭性和排他性在较大层面直接制约了下层人士流动到上层社会的途径和渠道，最主要的是由于缺乏阅读权利加重了阅读困难群众缺乏阅读资源的窘境，在我国农村区域由于缺乏保障社会公共文化的制度，造成农村普遍缺乏文化信息；尽管在城市普遍实现了义务教育的全免费，但依旧有很多城市的群众依然在生存方面有较大问题。由此又何谈该部分群体的文化娱乐、文化休闲以及文化享受。由于配置社会资源缺乏公平性和均衡性导致职业培训、医疗保健、技术推广、正规教育、就业迁徙等资源均逐渐转移到有较多资源的社会群体，持续拉大社会不同阶层之间的收入差距，困难群体通常会由于没有获得发展和生存的机遇进而在财力、人力、能力、物力、权利等资源配置方面比较匮乏。一直以来在中国均存在公共文化资源和公共资源分配不足、供给不足的问题，出于当下的体制限制、公共物品供给不足、发展不公等原因直接制约了阅读困难群众获得阅读资源的问题，并对其有效发展产生很大影响，出于阅读困难群体持续位于配置文化资源的劣势地位，通常都很难获得正常的就业技能和受教育机会，还有可能会运用代际传播形成较大的消极影响，造成该类型群体逐渐偏离社会中心。

四、阅读方式受限

按照阅读文字的理解程度可以将阅读方式划分为浅阅读和深阅读；按照阅读载体可将其划分为数字阅读以及纸本阅读；按照获得阅读知识的模式可将其划分为信息式阅读以及经典式阅读；按照阅读精准度可将其划分为精读和泛读；按

照阅读目的可将其划分为鉴赏性阅读、专业性阅读和消遣性阅读等。出于不同的阅读内容和阅读目的阅读主体通常会选择相应的阅读模式，特别是在移动设施产生和网络时期，逐渐丰富了阅读模式，对人类突破时间空间的限制的随时阅读构建的可能，但针对阅读困难群体来说，出于缺乏明确的阅读需求和匮乏阅读经验，缺失阅读能力，获得资源的渠道过于单一，造成可选择的模式不多，特别是步入网络时期之后，表层公平的网络对阅读困难群众知识获得也产生了一定问题。例如，未成年人在选择海量信息时有一定的茫然，未成年人对数字阅读设施的使用有较大困难，低收入成员针对付费阅读难以承担，残疾人对辅助阅读设施的应用翘首以盼。在迅速发展的网络时期，该类型的阅读困难群体不应该被人类发展的同时而遗弃，伴随技术和时代的演变发展，人类阅读方式必然会持续丰富、延伸，由此需要提倡阅读困难群体使用诸多模式的阅读实现终身学习和自我教育，且确保个人民主权利的实现和自由发展。

五、阅读行为受阻

阅读困难群体出于受到教育、经济、社会排斥、地域等方面要素的影响，普遍位于弱势群体地位，尽管其拥有强烈的阅读意愿和需求，但由于自身缺乏知识能力，在获得和利用文献资源方面也比较匮乏，在相同的经济基础中，对比有较强阅读能力、有较高教育水平的人会获得更少的有效知识；与此同时，阅读困难群体在转化吸收知识方面能力比较弱，没有较强的交流沟通能力，尽管获得知识，但依旧无法合理使用如上知识，该源于技能、经济、资源方面的阅读壁垒和障碍，均会对阅读困难群体开展阅读行为，形成较大的阻碍，让其无法有效顺利地实施阅读行为，无法获得阅读成效。尽管教育是提升人们理解、学习、运用知识的重点，但由于中国的教育综合水平较低，并且地区之间存在不均衡发展的问题，阅读困难群众对获得知识的转化、加工、利用的能力和意识均比较薄弱，很多的阅读困难群众依旧停留在经验分析文本知识方面，并没有使用科学方式予以理性研究和分析，并且在阅读需求感知方面，阅读困难群体缺乏敏感性，不能精准完整地表达自身阅读需求，由于自身开展的阅读行为受到阻碍，直接对阅读权益和阅读效果产生影响，并且会直接降低该类型群体的阅读兴趣以及阅读欲望。

六、阅读环境干扰

基本来说虽然阅读兴趣、阅读意愿、阅读习惯为个体的一种主观行为，但环境依然可以显著刺激阅读意愿，优良的阅读氛围和阅读环境便于合理提升个体的阅读兴趣，推动开展阅读行为。对阅读困难群体而言，难以落实阅读行为以及复杂的阅读障碍直接会降低阅读积极性，并且在开展阅读行为中由于没有产生精神愉悦感，也会降低自身的阅读动机。

可以将阅读环境划分为阅读空间环境、阅读文化环境，阅读文化环境可以分为家庭阅读环境以及社会环境。建设社会文化的主要目的是通过营造和优良的大文化氛围，逐渐影响个体的思维模式以及价值观念，而优良的家庭阅读环境可以发挥显著的阅读推动功效，例如，培养阅读习惯、激发阅读欲望、形成优良的阅读认知等。由此需要构建优良的全民阅读氛围。阅读空间环境重点是客观存在的阅读空间作用，例如，在安静的图书馆读书比在嘈杂的菜市场读书更便于开展阅读行为。按照相关的调查，阅读困难群体一般都会面对很大的经济方面的压力，并且没有固定的阅读时间以及舒适安静的环境，还有很多的残疾人家庭中没有书籍也不开展读书活动。苏塞克斯的阅读研究结果表示，在环境安静的区域进行 6 分钟的阅读。就可以降低 67% 的压力，由此阅读不但是自身获得知识和信息的主要渠道，还是提升文化素养、开展自我教育的优良途径。构建优良的读书氛围，排除外界干扰不但是所有个体努力的方向，还应该是社会一起努力的方向。

第五节　阅读困难群体的主要特征

当下我国有较高的信息化水平以及丰富的文化资源、经济发展比较发达的区域遍布在东部经济发达地区，并且阅读资源普遍是精英阶层掌控。针对社会精英来说，阅读困难群众接触阅读资源和现代化通信设施的机遇不多，在开展阅读行为环节中，一般不能跨越数字鸿沟，也无法有效实现和保障阅读困难群体的基本阅读权，在社会中有较低的话语权，具有较低的政治民主参与能力。呈现出显著的社会两极分化的问题。当下在经济和政治方面获得不公待遇的情况越来越明显。阅读困难群体在配置阅读资源利用和获得资源层面均为劣势地位，必然会拉大和其他群体在精神、生活、经济收入、公民权利方面的差距，造成社会发展空间、生存环境的逐渐恶化，基本上来说阅读困难群体普遍有如下特性：

一、物质生活窘迫

在"路径依赖"（路径依赖为社会中的制度变迁或技术演进，和物理学中的惯性比较类似，但倘若不步入某路径内，不管是好的还是坏的，均可能对该路径形成依赖性）原理而言，在知识和信息方面比较匮乏的个体，其人力资本重点依托自身体力劳动，而有大量知识和信息的个体人力资源重点依托智力劳动。很多阅读困难群体出于没有良好的阅读能力，造成在知识的处理、收集、利用和加工环节中也缺乏能力，无法合理使用网络的新媒体和新技术获得更多知识，也无法和其他人共享知识、交流知识，该信息不对称和信息落差问题会造成很多的优质资源流向相对没有阅读困难的群体，进而阅读困难群体可以利用和获得的资源会越来越少，直接剥夺了该群体的基本阅读权，造成被社会主流文化排斥，还有可能会造成阅读困难群体在社会竞争中没有优势或完全丧失竞争能力。出于阅读能力的不同，一般将社会群体划分为两个类别：第一类是知识富人，拥有较高的收入水平，普遍接受过高等教育，在知识利用方面有更强的能力，可以快速获得和使用有较高价值的资源，位于竞争优势地位；第二类为"知识穷人"，其不但有较低的社会地位、收入水平、受教育程度和社会参与度，并且不能和社会产生有效关联，在知识的利用和获得方面也能力有限，很难运用正式渠道迅速获得自身需求的知识，并且获得的知识没有较高的价值，很难确保其精准性。"知识穷人"由于自身普遍缺乏知识，并且获得知识的途径受到阻碍，很多都是阅读困难群体，并在学习、工作、生活中很难参与到以知识为核心的新经济活动中，更难参与到培训、教育、购物、娱乐、交流等活动中。

在20世纪90年代之后，中国的社会化、信息化发展进程持续加快，社会分化情况越发显著，通过阅读可以显著提升个人价值，从而获得成功和积累更多财富。大量的经验、知识、交际能力、商业技巧、外表和人格等均可以运用阅读获得提升，获得越多的知识、越善于运用知识的人通常会有更强的积累权力、财富、声望的能力，相反，获得知识越少的人、不善于应用知识的人接触就业和教育的机会大打折扣，通常在经济政治层面位于消极不利地位，出于阅读困难群体不能公平利用和享受公共文化服务，难以公平分配阅读资源直接限制阅读困难群体的能力演变和发展。进而可了解到缺乏阅读权利是造成阅读困难群众没有较高经济收入的主要原因。

二、精神生活匮乏

在马斯洛的需求理论中，将人的需求划分为安全需求、生理需求、尊重需求、社交需求和自我实现需求，该需求均是有顺序、有层次的，在某一时间中可同时需要几种需求。出于在现实生活中阅读困难群体日常会受到生存、机会、知识、权利方面的困境，产生内心矛盾和焦虑的情绪，在心理方面有很强的脆弱性和敏感度，很有可能会产生失衡感以及自卑感，造成心理失衡、无序状态和非理性化状态，并且该群体没有较强的成就感以及满足感，由于持续强化的被剥夺感以及失落感，长此以往就会产生社会对自身不公的心理，还有可能会产生对抗、厌恶、报复社会的心态。出于很多的阅读困难群体一般都位于社会底层，通常会为了自身的生存和发展而不断忙碌和奔波，较少有机会和时间参与娱乐活动、社会文化活动，长此以往，不但导致其脱离社会文化氛围，并没有和外部的知识、信息、精神交流和沟通，造成心理问题。由于社会贫富的持续分化和自身的困境，产生强烈反差，形成思想和信仰的迷茫和异化，通过阅读可帮助自我发展和提升，并且可消除不安和压力，安抚心灵的浮躁。萨塞克斯大学（University of Sussex）在开展和消除压力相关的研究中，通过心跳数检验听音乐、读书、看电视、喝咖啡、散步、打游戏等诸多压力削减方式的成效，结果显示，读书可降低68%的压力，喝咖啡可降低50%的压力，听音乐可降低61%的压力，看电视和打游戏可降低21%的压力，散步可降低42%的压力，可了解到阅读是最有效降低人体压力的方式和途径，可以良好地改善阅读困难群众的文化素养以及精神困境。

三、社会权利缺失

约翰·罗尔斯（John Rawls）在《正义论》中指出，尽管是无知的人群依旧有权利获得知识。"他们知道和人类社会有关的一般事实，理解经济理论原则和政治事务，了解社会组织的基础和人的心理法则，在一般信息层面，也就是法律和理论层面是没有限制的"。进而可了解到唯有运用阅读并获得某一数量的知识时，方可产生控制他人和影响他人的权利以及能力，特别是在信息社会，个体知识拥有数量通常和高新技术、知识产权分配、金融资本等有紧密关系，可以说知识拥有权力化的基本特性，也就是掌握更多知识的群体更可能会成为社会的强势群体，拥有社会话语权，直接影响社会公共政策的实施以及制定，并且运用财富和权力又可以获得更多知识。阅读环节中知识的获得直接对应阅读资源的配置以及提供,相应阅读设施的匮乏和阅读资源直接剥夺困难群体参与到社会活动中。由于知识垄断和信息网络技术发展而产生的消极影响,让阅读困难群体可以正常地参与到社会认知活动中,有效落实自身发展权和生存权,社会需要进行共同努力,降低获得知识的门槛,重点保障阅读困难群体的自身阅读权。

运用如上研究可了解到:第一,阅读困难群众受制于诸多障碍要素产生的影响,在价值认同、资源建设、能力支持、服务保障等方面受到社会排斥,其在社会阅读资源的品质、数量、渠道等层面的限制通常为常态存在;第二,政府和社会组织要为阅读困难群体提供普遍均等的公共文化服务,保障其阅读权利。图书馆对阅读困难群体提供服务是将核心价值当作基本导向,将建设阅读资源当作基础,将提升阅读能力当作主导、将阅读服务当作保障的民生工程。例如,有一专家学者表示,当下中国农村进城打工成员、农民、城镇普通群众、下岗成员、工人、低收入群体、转岗成员、弱势群体的真实阅读数量并不乐观,这些人也并非是现实的公共图书馆的读者。社会的中坚和精英阶层拥有的阅读资源数量让其演变为图书馆服务系统内的重要用户以及现实用户。由此,图书馆服务阅读困难群体演变且确保信息公平以及维护公民基本阅读权利的重要问题。

第六节　阅读困难群体的脑机制分析

NSSmith'ioi 表示,阅读是由四个逐渐深入的环节产生,即字面意义的理解、批判性阅读、解释、创新性阅读。武超在该理念的基础上,考量了在阅读环节中活动和大脑功能产生的影响,并论述了正常群体在开展阅读环节中会历经五个时期:

解码时期。该时期为读者阅读最初需要历经的时期,在读者对文本记录符号阅读时,视觉神经系统会进行识别和输入,解码的环节是对文本理解奠定基础。该活动的创建在用户脑海中已经储存有对应的记录符号(字音、数字、含义、字形等)层面中开展的。在用户遇到不能给视觉神经体系识别的文字时期,大脑就不能顺利开展解码,进而表现出阅读障碍。解码时期直接决定了能不能顺利实施和开展阅读活动。

理解时期。用户在解码阅读的文本之后，大脑神经系统会调动知识储备和经验，对获得的文本信息的含义进行提取，该加工环节就是理解。

对比矫正时期。在某一方面上，可将对比矫正时期理解为阅读环节中的去伪存真时期，在该时期中大脑神经系统会对阅读获得的信息和此前记忆中的经验信息进行对比，过滤假性信息，在记忆中纳入真性信息，倘若用户错误地存储假性信息，过滤真性信息，会造成用户在阅读内容理解环节中形成障碍和困难。

评判时期。该环节重点是读者按照自身价值观和界定善恶美丑的标准对阅读的内容进行理性判断和评价、汇总和研究，该环节是建立在理解、解码、对比矫正基础中开展的一个高级时期。

存储时期。该时期是用户将在阅读环节中积累、进行有序化、简单化的信息存储在脑海的有关认知模块中的一个环节，可以说是将阅读素材中的有用信息、内容和知识记忆的环节，参与该环节且实现重点依托人的视觉和听觉对信息的识别、输入以及大脑的处理和加工。

尽管阅读是人独有的并且是一种普遍的行为，但大脑并不是天生就可以实现阅读的，在人脑的组织结构中并没有专门阅读管理的区域，大脑中设置了诸多的区块，其分别对应听觉、视觉、语言、运动等诸多功能的管理，但对阅读并没有单独区域开展管理。研究产生该问题的主要原因和阅读活动的繁杂性有紧密关系。在开展阅读活动时，为理解自身所读的内容，视觉能力、注意力、听觉能力、记忆力、语言加工能力均会被调动起来，而该时期负责如上能力的脑部区域就会飞速运转，由此在人开展阅读活动中，人脑的诸多区域均会被一起调动起来，并且在该区域中构建起全新的神经回路，长此以往就产生了阅读能力。出于文字语言的差异性、多样性特征，在脑机制分析中会拥有不同语言模式的阅读，可以说在对不同文字阅读时，大脑所调动的区域和活动范围也是不同的，有专家学者对中文、英语、日文的阅读机制分析后了解到，英语阅读的读者在阅读时主要依托人脑的左脑后方；而中文阅读者则主要激活人脑的右脑；日文读者在阅读假名时和英文读者比较类似，在阅读日文汉字时和中文读者比较类似。

伴随人们持续深化研究阅读时的大脑机制，匹兹堡大学专家在分析对比了25种语言阅读之后的脑成像，了解到在不同书写系统阅读中均会被激活的脑部涵盖了：枕叶区域、颞叶区域、额叶区域和顶叶区域。

（1）枕叶区域。枕叶（Occipital Lobe）是大脑皮层的一个区域，枕叶区域的功效为：对看到的物体予以视觉感受，视觉辨识，运用视觉观察予以理解，且欣赏图像。在人的视觉系统中拥有被叫作"网膜拓扑图构建"的特性，主要是因为人在出生之后大脑之中的枕叶细胞会和视网膜神经元进行匹配，由于存在该关系，在看到符号、图像和文字时，枕叶区域就被激活，与此同时人脑会调动除却视觉外的诸多功能创建神经回路，该回路均是阅读的基础。在此前的分析和研究中，阅读活动和人脑枕叶有关已经被证实。例如，在对无意义符号阅读的时期，可激活人脑之中的枕叶，在阅读有实际含义的词语的时期，枕叶活跃程度表现出 2 ~ 3 倍的递增。

（2）颞叶区域。颞叶（Temporal Lobe）是位于外侧裂下方的脑部区域，重点是感知和辨识声音，处理听觉信息，并且颞叶还和情感、记忆能力有关系。阅读环节中，会历经对后续阅读有显著功效的时期，也就是语音时期。在对某一词语读取的时候，人脑负责视觉的地区会产生反应，其后颞叶会对该词语的最低发音单位予以处置，且将其演变为人脑可以接收的信息，再由其他脑区处理词语的功能和含义。有关的分析证明在历经重点依托视觉特征，例如，形状、颜色、方向等辨别字词时形成表层阅读之后，读者会将自身关注力局限在更小的区域，且尝试按照不同语素组合读取生词。在某个层面上而言，在阅读环节中语音发挥了显著功效。

（3）环布洛卡区的额叶区域。环布洛卡区的额叶区域（Broca's area）是掌控语言功能的区域，重点承担语音的存储、转换、提取。该脑区可确保人协调精准发音，保障有合理正确的语法结构，且产生语言的愿望以及动机。并且该区域是在获得词语意义的时期，发挥显著功效的脑部区域。

（4）顶叶区域。在人类的大脑中，顶叶区域（Parietal Lobe）在一系列与语言相关的活动中都有所参与，在此前的研究中，有诸多的专家学者运用元分析获得如下的结论：在加工汉语语音的时期，读者左脑的顶叶系统背侧区的神经机制会密切地参与进来。另外顶叶区域也和人对空间的感知能力以及运算能力有一定关系。

综上，可汇总获得，阅读环节是，人脑中的枕叶——颞叶区重点是视觉化的认读和识别字词；在布洛卡区环绕的额叶包含了两个功能，第一是识别音位（也就是某一语言的最低语音单位），第二是解读词义；颞叶上下方连接的顶叶区为管控语义、语音诸多要素处置的多功能区域。这三个阅读时神经机制得到激活的区域遍布枕、颞、额、顶四大脑叶，形成了一个"通用的阅读脑系统"。

通过对阅读困难群体阅读过程中脑部区域异常激活情况的梳理，再结合阅读前文所介绍的阅读所经历的5个阶段，可以总结出：在阅读环节中，阅读困难群众和阅读环境有关的激活脑部区域的程度普遍会比正常读者更低，融合不同区域的功能可了解到对汉字视觉加工、字形、字音、短时间记忆和字义的缺陷是造成在阅读理解、解码、存储时期，阅读困难群众产生困难的主要原因。通过梳理研究该缺陷所对应的脑部功能，便于图书馆科学识别阅读困难群体和进行类比划分，且结合不同障碍论述相关的阅读服务。

目前在研究阅读环节过程中脑机制实验中，ERP（事件相关脑电位）为重要的研究办法。该技术将人脑形成的和特异性感知、认知活动有关的神经反应，使用脑电波的模式提取，进而呈现在听觉、视觉刺激基础中的脑部神经电活动。其表现模式一般使用N、P代表负波和正波，字母之后使用数字代表出精准到毫秒的潜伏期。目前，已有研究者利用事件相关脑电位方法在阅读困难与阅读正常人群的对比研究中获得了重要的结论：

表 4-2 阅读困难群体脑电波异常情况表

电波	电波脑区	波幅	潜伏期	阅读缺陷层面
N400	脑区分布较广	小于正常读者	长于正常读者	语素和正字法
		小于正常读者	长于正常读者	语义加工、整合
P1	左脑枕区	小于正常读者		汉字早期识别
P1	枕区	小于正常读者		汉字方位识别
N170	左枕颞区	显著大于正常读者	无明显差异	汉字早期识别
N170/VPP	枕颞区、额顶区	显著大于正常读者		汉字非汉字决策

电波	电波脑区	波幅	潜伏期	阅读缺陷层面
N170/VPP	枕颞区	大于正常读者		汉字方位识别
P300		小于正常读者	长于正常读者	试听整合
P300	前额叶	小于正常读者	长于正常读者	注意力执行
P300	额叶	小于正常读者	长于正常读者	语音、视空间记忆

根据表 4-2 可知，N400 效应反映了读者在阅读过程中对语音、语义的加工情况，同时与读者对语素和正字法的意识有着较为密切的联系；P1、N170 效应通常能反映读者在阅读中的视觉加工能力；而 P300 效应与读者听觉加工、执行能力以及工作记忆能力有相应的关联。了解阅读困难群体在 N400、P1、N170、P300 等效应上相较于正常读者所存在的异常，通过波幅大小、潜伏期长短特征并结合相应脑部区域，可清晰呈现该群体在阅读过程中的脑机制，找出存在缺陷的阅读层面及脑部区域；此外，对脑电波异常活动的研究也可以利用到阅读困难人群的发现与识别上，对图书馆找到这类隐性人群并为其提供阅读推广服务提供了关键的前提条件。

脑部代谢异常重点是在脑血流量局部呈现的异常问题，局部的血流量和脑功能有紧密的关系，其可以呈现出脑区功能活动和代谢的指标。在此前的研究环节中有诸多的结论表示阅读困难群众对比正常群众而言，在代谢局部脑血流量层面有一定的不同，一般在阅读环境中正常读者的血流量会有显著的提高，而阅读困难群众的血流量对比正常群众的血流量的增长比较低，在加工视觉层面，阅读困难群众的前额叶会产生显著的增加脑血流的情况。

要落实全民阅读推广的战略部署，倘若单纯依托图书馆的实施则很难获得满意成效，全民的重点是调动社会各界的所有力量，实现共同合作、共同努力。图书馆是推广阅读的中坚力量，也需要联合不同机构、不同组织，合理发挥自身所长，对阅读困难群众构建专业和全面的服务，本文创建的对阅读困难群众提供的推广服务模型的主体是图书馆的工作者以及外部机构组合产生的。按照此前论述的我国在阅读困难群体服务中缺乏有关的服务指南和法律法规、患者和社会有较低的认知度的相关问题，在推广主体中笔者纳入了图书馆协会、政府部门、新闻媒体等，主要目的是帮助颁布有关的法规法律，颁发图书馆服务性纲要和指南，引起社会各界的普遍关注，进而确保阅读困难群体的阅读基本权利的实现，并规范引导服务推广，普及阅读困难和阅读障碍症等相关定义，这也是对阅读困难群众构建服务的基本保障。与此同时图书馆还需要和学校展开深入合作，深刻掌握在校阅读时期学生的能力和水平，帮助图书馆寻找和发现该隐性群体，结合心理组织机构对图书馆内部工作者提供理论支撑，实现服务能力的持续强化，并对细分、识别阅读困难群体和心理辅导构建实践和理论层面的支持。与此同时图书馆还需要和出版社进行紧密合作，进而对阅读困难群体推荐适合其自身阅读的资料和信息，帮助图书馆对该类型群体制定专门的图书，进行推广普及以及公开发行。

内部推广主体。重点是设立图书馆内部部门和内部人员。为合理开展阅读推广活动和服务，内部工作者需要系统培训和学习与阅读困难有关的知识，查阅国外和国内的经典案例，透彻研究了解推广群体，之后制订服务方案以及推广方针，在设置部门机构和结构中，除去需要设置活动部门和预览部门，还需要有效使用阅读脑机制相关的研究成果，精准识别阅读困难群体，进行对象细分，按照不同缺陷对其构建个性化、精准化的阅读训练。并且为确保服务的人性化发展，需要高度关注阅读困难群体的心理健康。

受益于阅读脑机制研究的相关分析与结论，能够根据读者在阅读过程中脑区域激活、脑电波以及脑血量代谢情况，将发展性阅读困难读者细分为：视觉技能缺陷读者、语音加工缺陷读者、正字法意识缺陷读者、词义理解缺陷读者等类型，并将其利用在面向阅读困难群体推广服务模型的构建中，对图书馆更好地开展阅读推广以及阅读困难群体享受阅读服务两个层面都提供了好处。立足于图书馆自身，能够识别出这类群体，是开展一切推广活动的前提条件，结合阅读脑机制不仅能发现这一群体，还能科学的将推广对象加以细分，根据读者呈现出的不同阅读能力缺陷层面，提供有针对性的服务，大大提升了服务质量及阅读推广效果；立足于阅读困难群体，通过对自身症状的科学了解，使其更加明确自身的阅读需求，从而更主动地向图书馆及相关机构寻求帮助，有助于全民阅读能力的提升。

本文创建的推广模型内的客体不仅涵盖了传统含义中的书推荐，并且有效考量阅读困难群体自身的特点和实际情况，要逐步提升该类型群体的阅读能力，逐步提高该类型群体参与阅读活动的兴趣，激发阅读欲望，由此模型将阅读能力、阅读资料、阅读兴趣均当作推广的客体。

推广阅读资料。除去传统的资料推广，图书馆需要按照困难群体的种类，对其推荐和阅读能力有关的具体材料。例如，对有视觉缺陷的用户，可对其挑选色彩鲜明、大字体书籍或有插画辅助的音频书籍等信息。本人表示最主要的为图书馆需要按照群体的自身特性和特征，和出版社进行合作，撰写类别不同的原创书目，对其构建个性化推广。

推广阅读能力。阅读困难群体难以开展阅读活动主要是由于阅读能力有一定的障碍和缺陷，由此该类型群体在阅读能力方面有最强烈的需求，也有最急切的需求，针对阅读困难群体，观察阅读行为，且有效结合脑电波观测、脑激活观测、脑代谢观测，可以科学呈现出在阅读环节中的缺陷，针对性地对其进行能力训练。

推广阅读兴趣。出于一直以来在阅读环节中阅读困难群众将会受到干扰和遭遇问题，也出于周边的误解和不理解，长此以往就会在阅读方面产生逆反心理和厌倦心理，并造成恶性循环，倘若图书馆可以激发阅读困难群体的阅读兴趣和自信心，这也是推广服务的核心内容和主要流程。图书馆和专门设立对开发阅读困难群体而制定的活动中心，诚邀名人，或曾经也受到阅读困扰的成功人士，开展演讲活动，分享故事和经历，引发情感共鸣，与此同时还可以对阅读困难群众现存的缺陷问题进行团队比赛，例如，字词游戏、朗读比赛等，在竞技娱乐环节中逐步提高该类型群体的能力，还可以定期举办该群体比较擅长的活动，塑造自信心。

在对阅读困难群体进行阅读推广服务环节中，从外部推广主体的合作组织选取依据、图书馆内部人员工作开展以及部门的规划设立、推广客体的确定到推广对象的识别与类化，都是本着以阅读困难群体为中心而展开的，这样的推广方式与以阅读读物为中心的推广方式有所不同，鉴于阅读障碍人群本身在阅读能力上所呈现出来的特殊缺陷，其并不具备像正常读者一样的较为高阶的阅读综合能力，以阅读读物为中心的推广方式并不适合阅读推广的目标人群，其推广效果势必会大打折扣。

第五章　公共图书馆为阅读困难群体服务的理论与实践

但凡社会有阅读需求，就必然会有社会群体由于诸多原因（文化、经济、地区、社区、身体等）要获得有公益属性的阅读服务，这是现代图书馆存在的主要原因。按照《公共图书馆服务宣言》的含义，保障群众的基本阅读权需要在如下层面论述：第一，图书馆需要确保所有群众均可以公平地获得阅读权利，也就是对全部个体提供平等公平的阅读服务，不管什么种族、什么年龄、什么宗教、什么性别、什么语言、什么国籍、什么社会地位等；第二，图书馆需要对出于诸多原因无法正确利用和获得阅读服务资源的人提供特殊资料和服务，在现实操作环节中，国外和国内诸多图书馆也是如此开展活动的，运用公平提供资源和知识的方式提高社会群众的竞争力，也是矫正社会不公平（例如，信息权利、教育权利的不公平）的主要制度安排以及基础条件，直接提升在社会中群众的间接参与度，推动实现人类繁荣、社会和谐。对阅读困难群众提供服务是图书馆的一项基本义务，并且是落实图书馆精神的主要方式。怎样确保阅读困难群众可以公平地获得信息，维护阅读权，是图书馆界普遍需要研究和关注的重点问题。

第一节　图书馆与阅读权利的保障

在图书馆学演变和发展中，20 世纪 30 年代的美国芝加哥大学曾经分析了图书馆对推动阅读的作用，其将阅读当作"文献中所涵盖的社会知识逐渐转移到个体知识的中间流程，图书馆是推动实现该转移的主要社会机构"，且试图使用诸多的社会调查确定阅读的该转换环节，将该转换原理当作认识论，重新理解和解读了图书服务、选择、历史、管理等图书馆学的诸多问题。在实践层面而言，不能否认图书馆是民主政治的产物，在社会发展中有重大意义，其将践行和继承传承文明、传播知识当作基本职责，在目前国际上组织阅读活动的主要力量（书店和出版商、政府、传媒机构、图书馆、民间和协会组织）中其为一个主要的机构。由此建设阅读资源、提供阅读服务、培养阅读能力、开展阅读活动也就演变为图书馆的主要社会责任和文化使命，演变为对图书馆落实社会教育职能、知识自由理念的践行。图书馆运用推动不同社会阶层的社会流动以及知识交互维护、民主政治以及社会生态体系的和谐有序发展，但伴随数字鸿沟和社会信息分化的产生，阅读资源也开始被当作一种主要的社会资本，演变为稀缺资源，且在资源利用和获得层面中产生了阅读困难群体。由此，公平分配阅读资源、提供多样化的阅读服务、推动知识转化和流动为图书馆促进社会和谐、维护信息公平的主要社会职能。为了实现保障所有公民的基本阅读权利，图书馆需要开展所有促进社会阅读的活动和服务。

一、图书馆应保障每个公民享有基本的阅读权利

《公共图书馆宣言》明确规定："公共图书馆为文化传播、落实教育、提供信息的工具，并且是在群众观念中创建和平理念和丰富群众精神生活的主要工作……图书馆不划分种族、年龄、宗教、性别、语言、国籍、社会地位，对全部个体提供均等的服务，并且需要对出于诸多原因无法正常使用资料和服务的成员（如残疾人、病人和监狱囚犯等）提供特殊的服务和资料。"按照此内容，图书馆权利具体可理解为图书馆应保障每个公民享有基本的阅读权利，尤其要关注和充分保障特殊群体的阅读权利。这种观点与IFLA等国际组织认可的公共图书馆目标相吻合："图书馆和信息服务机构有助于解决由于信息差距和数字鸿沟而造成的信息占有的不平等。图书馆通过互联网为用户提供他们在科学研究和技术创新中所需的信息，进而促进社会的发展和人类的幸福。"

一方面，图书馆保障公民的基本阅读权利是维护社会公正的体现。图书馆能够使全体社会成员共享知识社会的发展成果，为公众提供参与社会管理和经济活动及日常生活所必需的基本知识，这符合《公共图书馆宣言》（1994）的要求——"自由、繁荣及个体和社会发展为人本质价值的呈现。人本质价值的落实决策于在社会中智者使用民主权和发挥积极功效的能力提升。群众参与建设民主和社会

发展，决策于群众获得的思想、知识、信息、文化的自由开放情况和群众接受的教育程度。"图书馆作为一种典型的公共物品，拥有海量的知识资源，并不以营利为目的，具有明显的公共物品正外部性，是社会通过对阅读资源的公正分配和均衡配置实现信息公平的非营利性公共机构。图书馆通过信息和知识的平等提供而达到社会公平的宏伟目标。这里社会公平意味着所有社会成员都可以平等地享有各项公民权利，包括有效参与社会管理、公平地获得社会资源及享有经济与社会发展成果等。在社会公平的二维向度中，机会公平是基本要素，主要表现在：社会成员能够平等地参与政治、经济、文化活动，获得资源，接受教育和培训、获取信息等。在这里，图书馆被认作是保障公民基本阅读权利、维护信息公平、消除社会数字鸿沟的重要组织和机构。

另一方面，图书馆保障群众的基本阅读权，需要按照知识自由的核心理念。图书馆是主要的文化教育组织，并对社会群众构建终身教育，它不但为一种文化属性，并且有对群众提供均等信息服务的使命和职能，社会公平是图书馆一直追求的主要目标。其一，平等对待用户既是图书馆为了保障公民自由而平等地获取知识必须遵循的基本原则，也是图书馆人员必须遵循的基本职业操守；其二，图书馆应对所提供的资料平等对待、无差别处理，反对来自图书馆内外部的审查。图书馆对任何作者的、反映任何思想观点的和来自任何渠道的图书，都必须坚持同样的原则——"馆藏资料以及图书馆服务并没有受制于任何政治、意识形态、宗教审查体系产生的影响，并不会屈服于商业压力。" "缺乏正当缘由，图书馆无法特殊处置某一资料，无法对资料予以改动和增删，无法在书架中将资料废弃或者是撤除。"并且，在注重自由获得资源、知识平等的环节中，还需要相信群众有理性，可以独自判断信息的价值、内容、优劣，并对行为承担责任。该平等获得为真正含义的自由利用以及获得，需要图书馆将确保群众的知识自由当作一切行为的根本，既反对来自内外部的审查制度，又反对源于图书馆的自检查。

二、图书馆尤其要关注特殊群体的阅读权利

2006 年公布的《世界发展报告：公平与发展》指出，在国际范围内存在的信息不公平问题主要就是需要在有权利、富有的群体和贫困、没有机会的群体之间重新分配信息，让所有群体都可以公平地获得以及利用信息。阅读困难群众运用图书馆对其提供的免费阅读服务、接触网络、获得知识和信息、进行培训、参

与社会教育。其为可以承担得起的主要权利（例如，阅读权、信息权、受教育权、文化权）落实的方式和获得信息的渠道。例如，Liu、Ayers 的研究表明：目前有 13% 的群体表示图书馆是其获得数字信息的唯一途径。图书馆是政府为确保公民有自由获得知识的权利而开展的一项制度安排，其公共目标和主要核心价值就是确保群众可以接受、获得、利用图书馆之中的知识和信息的基本权利，由此对群众构建的公平的终身教育和公共文化服务是图书馆的基本职能和使命，确保所有群众均可以获得阅读的基本权利，这也是公共文化发展的基本目标。对于阅读困难群体的图书馆使用障碍而言，IFLA 在《2006—2009 年战略计划》中曾指出："为确保所有人都能获取信息，IFLA 致力于使人们能够无障碍地认知、学习和交流。IFLA 也非常重视促进信息获取内容的多语种、文化多样性及满足原著居民、少数民族和残疾人的特殊需求。"所以，图书馆理应在提供普遍均等、对所有人开放服务的同时，将社会各类群体囊括进图书馆服务范围，并在经费、人员、资源、服务等方面向特殊群体倾斜，使其在社会的公共服务体系中真正受益。关注和强调对特殊群体权益的保护，这一点在中国图书馆学会 2008 年发布的《中国图书馆服务宣言》中也有明确的体现：图书馆需要将公益服务当作原则，将保障和落实公民阅读权利当作自身职责，将用户需求当作所有工作的切入点……图书馆致力于消除弱势群体使用图书馆的障碍和难题，并对全部的用户构建便利化、人性化的服务。《中国图书馆服务宣言》是国内首个提出公民阅读权利的政策性文件，其中明确了图书馆阅读权利的核心内涵，并强调了图书馆需要努力消除弱势群体使用图书馆的难题，可作为图书馆为阅读困难群体服务的纲领性文件。

第二节　图书馆为阅读困难群体服务的优势

自古以来，阅读帮助人增长知识、获得信息。权利以及阅读能力的匮乏造成阅读困难群众阅读资源获得的质量、数量、渠道受到了一定的限制，并且缺乏阅读资源会直接关乎阅读困难群众在社会中的竞争力、参与活动的情况、公共话语权等，让其位于被社会主流排斥、边缘化、不能确保文化权益的时期，还可能导致在社会竞争中位于劣势地位，导致经济方面的难题，演变为弱势群体。图书馆是政府和国家为平等获得知识和信息、确保群众自由阅读权利而开展的制度安排，以确保阅读困难群众的文化权益、落实终身教育。

一、理念优势

（一）知识自由——阅读权利的正当性

《世界人权宣言》第 19 条表示：人人都有发表意见和主张的自由；该权利涵盖了主张，并不会受制于干涉的影响，不管是国界和媒体寻求、传递、接受思想和消息的自由。在图书馆中该自由主要表现为知识自由。"知识自由"（Intellectual Freedom）一词是源自国外文献对"Intellectual Freedom"这一英文术语的阐释，也有学者将其翻译成"智识自由"。知识自由最早是由 ALA 首先提出的，ALA 将知识自由的内涵界定为："人人享有不受制于区域限制而接受和寻求有诸多理念的信息权，图书馆需要构建对不同思想表达的自由获得，进而可发现某动机、问题、运动的所有或任何层面；知识自由涵盖了 3 个层面，也就是自由接受知识、自由持有知识、自由传播知识。"早在 1939 年，ALA 就通过了著名的《图书馆权利法案》（也有译作《图书馆权利宣言》，*The Library Bill of Right*），其中就针对包括禁书问题在内的及由禁书问题延伸出来的知识自由问题，声明了图书馆界的意见和主张。1948 年，ALA 又大规模修订了《图书馆权利法案》（在 1963 年修订中加入"年龄"部分），之后又陆续出版了《阅读自由宣言》（*The Freedom of Read Statement*）、《思想自由宣言》（*The Intellectual Freedom Statement*）、《学校图书馆权利法案》（*The School Library Bill of Rights*）等一系列政策性文件，并在这些文件中都特别强调每个人都享有获取信息的自由和表达的自由，不分尊卑贵贱、种族血统都享有使用图书与其他信息资源的权利。

ALA 提出的知识自由理念不但对不同国家实施知识自由分析构建了理论基础。并且，ALA 的知识自由活动在行为中引领了自由时间图书馆知识。ALA 的知识自由的活动涵盖了：1940 年，专门成立"知识自由委员会"（Intellectual Freedom Committee，IFC），作为 ALA 知识自由政策拟定和推广知识自由教育的单位；1967 年，成立"知识自由办公室"（Office for Intellectual Freedom，OIF），并将 IFC 作为知识自由的政策拟定单位，将 OIF 作为执行单位；1969 年，正式组建了"自由阅读基金会"，为维护知识自由而接受法律诉讼、降低收入或导致个人损伤的工作者提供财政和法律救援；1971 年，正式组建了"馆员调节、调查和仲裁委员会"（Staff Committee on Mediation, Arbitration, and Inquiry, SCMAI），专门对馆员由于维护知识自由而导致的工作迫害处置，如任期、雇佣等问题；1973 年，成立"知识自由圆桌会议"（Intellectual Freedom Round Table, IFRT），对 ALA 成员构建知识自由的有关活动，设立了自由奖项进而表彰有杰出表现的个体、团体和出版物。IFRT 为探讨有关馆员和图书馆的自由知识项目、行为以及在此过程中出现的问题提供了一个交流和研究平台，对在图书馆中 ALA 成员的自由表达和自由获得构建了诸多机遇。与此同时，IFRT 还给予遭遇审查制度危害的馆员大力支持，并承担发起拟定 ALA 会议重要自由议题和计划，且一年两次开展自由知识报告（该报告是一份有关美国图书馆和馆员宣传知识自由方面的时事及发表意见、评论和分析的简报）。IFRT 为交流自由知识问题的平台，推动更多工作者加入维护自由知识的行业中，提升了美国图书馆及图书馆员实施知识自由政策的责任感。

在国际层面，对于图书馆维护知识自由的公共目标，联合国教科文组织在《公共图书馆宣言》中明确提出：公共图书馆需要在权利均等的基础上，不划分种族、年龄、国籍、宗教、社会地位、语言的区域，对全部个体提供服务；对那些因某种原因无法享受常规资料以及服务的用户，例如，少数民族、残疾人、医院病人和监狱囚犯等弱势群体，公共图书馆必须向其提供特殊服务和资料。同样，1999 年 IFLA 发布的《IFLA 图书馆以及自由知识声明》中表示，"知识自由为信息同行是图书馆的主要责任""图书馆需要最大可能性地保护和发展知识自由"。为了进一步强调知识自由问题，IFLA 于 2002 年相继发布了《图书馆、信息服务机构及知识自由的格拉斯哥宣言》《IFLA 因特网宣言》和《图书馆及其可持续发展的声明》等文件，并在这些权威性文件中指出，"IFLA 强调促进知识自由是世界范围内图书馆和信息服务机构的主要职责"，认为知识自由是"每个人应该享有的持有和表达主张及寻求并接受信息的权利，为开展图书馆服务的核心。不管运用什么媒介、隶属于什么国家，自由获得信息均为信息产业、图书馆的主要职责"，"承认图书馆和信息服务机构通过保障信息的自由获取和传递进而促进社会的可持续发展"。IFLA 在《2006—2009 年战略计划》中指出："IFLA 与图书馆和信息服务机构将共同协助世界各国人民创造并参与平等的信息和知识社会，并在他们的日常生活中享有自由获取信息和言论自由的权利。"进而可以了解到，图书馆是民主政府为确保群众知识自由而开展的制度安排，其存在的重要核心价值与公共目标之一是确保群众接受、获得、利用知识和信息的基本权利。

如果说早在公共图书馆形成前图书馆的主要活动目标为满足统治的社会力量以及特殊阶层对知识垄断的需要的话，那么公共图书馆制度的形成改变了这种目标，使图书馆的活动目标变为满足人们对知识自由的需要，也可理解为保障公民阅读权利。从图书馆建设初衷出发，世界不同国家均创建了图书馆建制，特别是公共图书馆，为确保群众自由获得知识的权利。虽然建立图书馆的主要原因并不是满足群众知识自由的基本需求，但随着民主时代的来临，保障知识自由权演变为社会赋予图书馆的重要使命，这对后来由图书馆来保障阅读群体的阅读权益产生重要而积极的影响。阅读权利的保障需要以知识自由权利的保障与实现为基础，知识自由理念是图书馆阅读服务与活动的根基。

（二）信息公平——阅读资源配置的准则

我国《图书馆服务宣言》（2008）开宗明义提出，"现代图书馆秉承对全社会开放的理念，承担实现和保障公民文化权利、缩小社会信息鸿沟的使命"。信息公平作为现代图书馆的重要基本理念之一，在图书馆的文化、精神、制度、形象、服务、资源等层面产生了诸多的组织偏好、价值判断、管理风格。信息公平注重在深层伦理方面对图书馆的制度设计和理念进行不断反思，在服务和管理环节中更注重图书馆回应公众需求，而并非组织自身的需求。信息公平理论需要图书馆秉持以人为本的基本理念和观念，在保障人人平等的基础中，需要不断呈现出在社会活动中图书馆服务的人文性以及公益性，还需要对阅读困难群体、弱势群体等提供服务的基本保障，在制度开展上有效呈现出图书馆在文化保障、信息建设、信息公平中的主要地位，和其作为公共文化服务组织所承担的主要社会职责。从本质上而言，信息公平是实现知识平等的权利。图书馆也需要注重在服务社会到公益社会的演变，需要从普遍服务转变为普遍获得，实现伦理义务到法律义务的转变。在图书馆阅读权利维护服务活动中，信息公平主要体现在：图书馆服务制度与技术规则公平，为每一个用户提供公平参与知识活动的制度环境；图书馆权利平等，不受阅读主体的家庭背景、种族、性别及资本占有状况等因素的限制和影响；图书馆阅读资源获取机会均等，应优先保证阅读能力低下的阅读困难群体对图书馆的利用。

在国际上，1966 年通过的《公民权利和政治权利国际公约》第 27 条规定："在那些存在着人种的，语言或宗教很少的国家中，该少数人和其集团中的其他成员会进行自身文化的分享，实现宗教或应用语言的基本权利。"图书馆为运用对社会群众构建信息产品或阅读资源，进而确保群众的文化权利，逐渐降低知识鸿沟以及社会信息鸿沟，维护信息公平而构建的一种制度安排。图书馆制度是对知识信息公平的一种制度化履行，信息公平是图书馆分配信息、调节知识的基本原则，在社会流动和社会分层的层面而言，配置阅读资源唯有按照公平的基本原则，方可确保所有人均可以获得社会阶层的准入。由此图书馆在配置和调节阅读资源时需要秉持信息公平的基本原则，并在提供阅读资源和服务时需要呈现出信息公平的现实责任以及社会价值。

（三）社会包容——消除阅读障碍与个体差异

1974 年，法国学者勒内·勒努瓦（Rene Lenoir）首次提出了"社会排斥"（social exclusion）这一概念，从反向意义上映射了"社会包容"（social inclusion）的含义。2007 年，艾纳·傅立叶教授在 IFLA 大会上做的题为《图书馆促进社会包容：我们如何思考……》的发言中，对社会包容给予较为完整的定义："我们必须从社会排斥定义社会包容。社会排斥往往与贫穷关联，但远不止于此。其发生于人群或者区域的一系列的问题，如失业、歧视、技能贫乏、住房条件差、卫生条件恶劣等。图书馆需要解决社区对少数人群的社会排斥及一个更大的社区中对于少数人的信息和信息获取的排斥。"受到社会排斥的群体一般是各类弱势群体，因而图书馆促进社会包容首先需要解决为少数特殊人群服务的问题。

英国利兹城市大学的穆德曼等人针对图书馆领域的社会包容问题展开"向所有人开放吗？公共图书馆与社会排斥"项目（课题）研究，其内容涵盖了 3 个层面：第一层面是概述，综合论述了社会包容的主要内涵，分析了有关信息组织和公共图书馆面对的社会包容的本质问题，且调研了 129 所英国公共图书馆；第二层面是以案例分析、调研报告、方法分析为核心，并且对细节予以实证分析。第三层面为汇总了该项目的成员和主持人发表的十六篇论文，其主题是：①公共图书馆以及社会排斥理论；②社会阶级以及公共图书馆；③社会排斥的历史演变；④公共图书馆和社会、文化排斥；⑤群众、国家和图书馆在解决社会排斥中的作用；⑥社会排斥的消除；⑦公众和用户在图书馆方面的认识；⑧青少年以及儿童问题；⑨老年人的问题；⑩变性者和同性恋的问题；⑪女性问题；⑫残障成员的问题；⑬种族排斥的有关问题；⑭调整馆藏；⑮地方和国家政策；⑯通信技术以及信息对图书馆社会排斥产生的影响。该项目的系列研究成果从不同角度论证了公共图书馆社会包容理念的必要性及针对不同用户群体（如老年人、未成年人、妇女、性工作者）开展图书馆服务的措施，其研究方法与系列研究成果对图书馆领域探讨公共图书馆社会包容的理论和实践具有重要的学术价值与实践指导意义。IFLA 在信息自由获取和自由表达委员会（Com-mittee on Free Access to Information and Freedom of Expression，FAIFE）2010 世界报告中强调，图书馆要关注妇女、残疾人和老年人等弱势群体，并设立专门研究妇女在获取信息方面问题的"妇女、信息和图书馆特别兴趣小组"（Women，Information and Libraries Special Interest Group，WILSIG），同时为住院病人、囚犯、行动不便的老年人、身体或者智力方面存在问题的残疾人等特殊需求人群提供图书馆服务（Section for Library Services to People with Special Needs，LSN）。正如自 20 世纪 90 年代英国政府对公共图书馆教育的高度评价："公共图书馆作为'街角大学'，对于促进教育和社会包容起着关键作用。"

上述研究与实践均表明，图书馆为所有人提供平等的服务，尤其是为阅读困难群体提供知识获取途径、丰富阅读困难群体所需的阅读资源与知识内容、提高阅读困难群体的知识利用能力、保障阅读困难群体的阅读权利，恰恰体现了现代图书馆的社会包容理念以及消除社会排斥、促进社会和谐的使命。阅读困难群体通过图书馆参与对多元文化的知识获取，接受文化素养教育，享用无差别、无歧视的图书馆阅读服务，能够感受到来自社会的关注与温暖，增强政治参与能力与社会话语权。从宏观意义上讲，图书馆为阅读困难群体提供服务的本身就是图书馆对于缩小数字鸿沟、促进阅读困难群体融入和谐社会的积极作为。其不但是图书馆对信息公平、知识自由、社会公平等价值的落实，并且是时代给予其社会崇高责任和推动社会包容的使命。阅读困难群众出于缺乏明确的阅读需求、限制了阅读行为、阅读环境不良等复杂因素影响而无法实施有效的阅读行为、获取知识，大多位于社会边缘地位，远离文化氛围，想要得到主流文化知识是很难的。最突出的是，由于知识贫困是能够代代相传的，以家庭关系为依托，对下一代的学习方式和知识获取模式等均产生严重影响，使得新的阅读困难群体得以产生。由于知识文化缺失，使得阅读困难群体和外部环境无法交流，在精神以及信息等方面无法沟通，对于公共决策来说，无话语权，不能确保自身民主权利以及知识自由，使得这些群体在主流文化外部游荡。对于图书馆来说，它是典型的公共事业，其资金以政府以及社会力量为主，其主要目的就是使公众能够公平地学习知识，能够对知识自主选择。其资源有两个特点，一个是可获得性，一个是无差异性，使得阅读困难群体学习知识的权利等得以确保，将特殊服务给予阅读困难群体，使得社会公共事业的观点体现出来，那就是使知识鸿沟缩减，使社会包容性全面提升。最后，阅读困难群体以图书馆资源为依托，使知识得以有效积累，能够在社会活动中积极参与，使思想层面的异化有效消除，这样才能使社会平稳快速发展有序推进。

二、实践优势

（一）拥有丰富的阅读资源

在图书馆资源中图书作为一种主要内容，是开展阅读活动的主要载体，公共图书馆是一种公益性的文化单位，其主要依托政府提供的全额拨款，由此需要秉着取之于民、用之于民的基本原则，对社会提供无偿服务和资源。图书馆有公益的特性，对比提供其他阅读资源的成员而言，图书馆有诸多的种类，庞大的拥有数量，大量的数字资源和纸本资源。一方面它有对所有公民无偿提供和免费开放诸多服务和资源的基本优势；另一方面，它其有广泛开展全民阅读活动的优良物质基础。由于我国文化政策逐渐倾斜和社会普遍关注图书馆的社会贡献，以及不同级别的各类图书馆的购书经费均逐渐提升，馆藏数量也显著递增；并且伴随着数字图书馆技术的逐渐演变和发展，形成在利用阅读资源和使用阅读资源中并不局限于实体空间，当代图书馆的数字馆藏开始由补充性馆藏演变为替代性馆藏。馆藏资源的逐渐发展和提升，以及馆藏结构的逐渐完善，对图书馆的群众构建了诸多优质和海量的阅读资源奠定良好的基础，在知识自由、信息公平的图书馆核心理念引导下，图书馆按照自由获取和知识平等的基本原则引导公平使用阅读资源。图书馆资源信息公平重点呈现为图书馆的阅读资源、基础设施、教育资源等的资源公平分配和公平获得。公平获得图书馆资源重点表现在基本信息能力以及知识获得方面的均衡性、平等性；配置图书馆资源呈现出不同主体对自身需求的图书馆信息和资源的一种各取所需的状态，在现实情况中则重点强调最大可能性地降低干扰要素和可控影响，最大可能性地实现图书资源的合理配置，进而确保群众可以公平有效地使用图书馆资源。

正如联合国教科文组织1994年发布的《公共图书馆宣言》中所要求的，"各年龄群体的图书馆用户可以获取和需求密切相连的信息。对于公共图书馆来说，其中包括两方面，一个是不同类型的载体，一个是多样化的书刊。最关键的是，馆藏与服务质量，是否能够与地方需求相符，与地方条件相适应。对于馆藏资料来说，要能够将现状以及社会发展情况体现出来，对人类活动全面记录。对于馆藏资料来说，它与服务不受意识形态以及宗教等的干涉，同时商业压力也不会对其产生严重影响。"因此，阅读资源的提供应普遍遵循知识自由理念。从阅读困难群体的成因来看，阅读资源匮乏是导致阅读障碍的主要影响因素，其由于缺乏疾病的知识对生命健康产生影响，由于缺乏精神生活导致观念和思想的变异以及缺乏信仰、由于没有智力劳动能力而没有较多的经济收入、由于缺乏话语权导致不能参与政治生活以及公共决策。图书馆汇集了最优良的文献资源和信息，馆藏文献信息资源丰富、多样、全面，其为公益性的服务组织，无法提供知识资源的载体支撑非正规和正规的群体学习，有利于缓解资源的不对称、不均衡的情况；它是典型的终身学习的空间，图书馆这一学习场地是无偿的，使其能够有机会不断提升、完善，促进人的全面发展。可见，图书馆的阅读资源十分多元，这样阅读困难群体能够有效得到资源，使公共文化空间进一步延伸，使这一群体和其他群体间的差距得以拉近。

（二）具有良好的阅读环境

《公共图书馆宣言》要求，图书馆需要让社区所有群众均可以享受到图书馆服务，在图书馆内开展阅读行为需要创建安静的环境、优良的空间提供良好的学习设施、大量的阅读时间、技术支持等。图书馆是群众开展终身学习和基础阅读的主要场地，各公共场所是群众满足自身文化精神需求、实施文化休闲活动的基本空间，是自由开放的公共文化空间，图书馆的非排他性以及非竞争性直接决定了其推动社会包容、社会和谐、构建优良的学习氛围和阅读环境的基本特性。图书馆可运用积极开展形式多样的推广活动，对阅读困难群体突破阅读空间、阅读方式方面的制约，合理摒弃空间障碍，与此同时图书馆的公共空间特性给予了图书馆落实和推进全民阅读的优势地位，可以帮助有效落实第二起居室和百姓大讲堂的空间作用和价值。

传统含义中的图书馆环境为图书馆设施的应用性、便利性，空间的整洁性、舒适性，氛围的和谐性以及文明性，但伴随民众观念和社会理念的演变和发展，当代的图书馆环境还需要有自由、安全、可获得性等诸多特性。近段时间我国颁发了国家安全法并且伴随网络时期的演变和发展，对数字网络阅读环境构建提出了更高需求和要求。图书馆是传播社会能量、传播知识的主要机构和公益性组织，在阅读环境的创建中消耗了大量的资金和心思。例如，有专家学者在建设和布置图书馆环境中使用了生态学有关理论，试图创建生态绿色的图书馆环境；还有专家学者表示需要打造图书馆微创空间，主要是指创新构建实践方式。专家学者论述了将图书馆构建为第三空间，呈现出公共空间的最大价值，该创新方式的切入点是对读者进行更好的服务，吸引更多的用户在图书馆学习，让不爱读书、不爱学习的人均可以培养优良的阅读习惯，这些都是值得深入分析和提倡的。

（三）开展多样的阅读推广活动

阅读推广活动是重要的图书馆服务方式之一。早在 1949 年，联合国教科文组织在《公共图书馆宣言》中提出："公共图书馆不告诉人们应该思考什么，而是帮助人们决定自己思考什么。因此，必须将注意力置于下列重要活动，展览、书目、讨论会、讲演、课程、电影和个人阅读指导……必须培养阅读兴趣，不断通过精心策划宣传推广图书馆服务。"图书馆落实和开展诸多的阅读推广活动是发展图书馆的基本需求和内在需求，也是图书馆对用户服务的主动行为。首先通过推广阅读活动可以有效提升社会的阅读率，逐步强化公民的文化素养，提高阅读困难群众社会参与度，运用阅读活动的开展，构建全民阅读的大环境和氛围，让社会群众可以无阻碍、无障碍地使用图书馆的所有服务和资源，进而让阅读困难群众培养优良的阅读行为和阅读习惯，提升信息素养以及文化素养。其次，通过推广阅读活动可以显著提升图书馆的利用效率，加深群众对图书馆的了解。有效推动全民阅读活动可以提高图书馆的影响力，获得社会不同层面的普遍关注和认同，进而影响政府等决策组织对图书馆经费投入的比重和政策倾斜，便于实现图书馆的可持续发展；与此同时图书馆通过开展推广活动，可以让有阅读困难症的群体接触图书馆的服务和资源，如对于阅读困难群体的有益引导，加大阅读困难群体对图书馆的了解与使用，加大图书馆的社会影响力与社会效益。

（四）提供专业的阅读指导

针对图书馆而言，其是建立在培训服务、延伸服务的基础上的，持续满足阅读困难群体自身的阅读需求。针对该群体而言，缺乏获得知识的渠道、低下的信息素养和技能不高是造成阅读困难的主要原因。图书馆可通过对其提供多样的阅读服务，实现阅读方法、书目推荐、阅读解读、活动开展等着帮助，可以提升该类型群体的生存技能以及文化素养，特别是针对未成年人来说，通过培养优良的阅读习惯，可以直接影响该类型群体的智力发育以及语言发展。图书馆依托自身专业的推荐书目能力和大量的资源优势，结合不同年龄的用户开展分级阅读培训，合理激发用户阅读兴趣，实现快乐和学习的彼此关联，产生优良的教育启蒙作用。图书馆服务有多元化的发展特性，并非单纯将某类型的知识提供给某一类型的群体，还可以让该群体深刻认识到文化性，使用专题培训、公益讲座等方式逐步提升信息素养，让更多群体参与到社会生活环节中，进而全面提高个体的能力。比如，在美国，一些社区图书馆将语言学习资料向外国人进行提供，使他们能够对这一地区的实际全面了解，降低语言障碍，使这一群体社会参与度有效提升。深圳图书馆针对外来青年务工人员提供粤语培训，使其较快融入社会语言环境。

综上所述，在信息公平基本理念中，针对阅读困难群众服务这一环节，图书馆的定位重点呈现在四个层面：第一，保障基本的阅读权利。图书馆的存在主要是为了消除弱势群体使用图书馆的难题，并对所有的用户构建便利化、人性化的服务，在对阅读困难群众提供阅读权利保障和服务环节中，它有一定的法律和社会义务和责任。第二，它是践行和承载社会核心价值的成员。图书馆需要确保信息的公平性，在社会中全面推广公益阅读，呈现出社会的包容性，为图书馆自身的竞争力的一种表现。在配置图书馆阅读资源环节中需要秉持公益性和公平性的基本原则。第三，是对阅读困难群体提供信息资源和信息需求的成员在生态体系中，阅读困难群体以特殊消费者的身份产生，且有独特的信息需求。图书馆是提供信息的成员，需要在信息选择方面对阅读困难群体进行支持和指导，主要表现在人性化供给阅读资源和平等配置阅读资源，且按照阅读困难群体的行为特征以及信息需求，使用合理恰当的模式供给资源，合理维持和维护信息生态体系的和谐性和有效性。第四，图书馆是社会阅读服务体系的主要构成内容。在阅读资源供给系统中，图书馆是众多阅读媒介系统之一，图书馆阅读是社会阅读的一种形态，与其他阅读媒介系统共同构成星罗棋布、遍及城乡的社会阅读服务体系；图书馆阅读既不会为其他媒介阅读所取代，也不可能替代其他各种媒介阅读。由此不难发现，图书馆为阅读困难群体服务本身具有内在价值与阅读资源上的必然优势，以及承担社会信息素养教育和信息／文化权益保障的现实职能。

第三节　国外阅读困难群体服务实践略举

国外图书馆对阅读困难群体的研究起步较早，各国各类图书馆在联合国教科文组织《公共图书馆宣言》的指导下均开展了大量有针对性的实践活动。本节将着重介绍几个具有代表性的图书馆为阅读困难群体服务的实践，以供开拓研究思路，探寻创新服务路径。

一、国际组织

（一）联合国

在联合国层面，1970 年联合国教科文组织第 16 届大会通过决议，将 1972 年定为"国际图书年"（International Book Year），主题口号为"人人享有图书"（Books for All!）。该活动的目的是希望唤起各个国家和机构对这一现象的关注，促进图书的全球交流，帮助发展中国家解决"书荒"问题。发起"国际图书年"活动的意义在于促进世界上所有地区书籍与阅读的均等化，这是通往持久和平的必由之路。1993 年，联合国大会通过针对阅读困难群体的政策性文件《残疾人机会均等准则》，为阅读困难成员顺利的获得文献和信息服务构建了准则，下希望不同国家制定策略，让诸多类型的残疾人正常的使用信息文献以及服务，能使用恰当的技术，让听力、视力有问题的成员以及有理解难题的成员顺利地获得信息。联合国教科文组织在1997年正式签订了国际"全民阅读"（Reading for All）运动的备忘录。同年11月24日至25日，第一次"全民阅读"专门小组会议在埃及阿斯旺市举行，这次会议的最终成果是决定开展全球性的"全民阅读"项目，这意味着以该项目为标志的全球性全民阅读运动拉开帷幕。事实证明，

"全民阅读"运动在埃及的普遍推广对减少文盲和减少辍学现象效果明显。

（二）国际图联

IFLA 从 20 世纪 90 年代开始对阅读困难群体保持持续关注，并通过下属的图书馆服务弱势群体委员会（Libraries Serving Disadvantaged Persons，简称 LSDP）和图书馆书本残疾人群服务委员会（Libraries Serving Persons with Print Disabilities Section， LPD）来具体实施。其中，LSDP 把服务于阅读障碍人群作为研究和工作的内容之一；LSN 以在使用传统图书馆服务或者资料上处于劣势或者因为各种原因不能利用传统图书馆服务的人群为研究对象。IFLA 的下属机构近年来为阅读困难群体服务方面进行了大量的理论研讨实践探索，详见表 4-1。

表 4-1 IFLA 对于图书馆服务阅读困难群体的研究与实践推进

时间	地点	会议议题与内容
1997 年	丹麦哥本哈根 IFLA 大会	组成了"获取信息：为阅读障碍者服务"工作小组，探讨什么是阅读障碍、阅读困难的表征、图书馆需要了解哪些背景知识以及如何让阅读障碍者在图书馆感受到温暖等问题
1999 年	泰国曼谷 IFLA 大会	主题会议"阅读障碍无处不在，你的图书馆在做什么？"
2001 年	美国波士顿 IFLA 大会	主题会议"阅读障碍：图书馆的挑战与对策"，讨论了图书馆为阅读障碍者服务所需要的专业知识和软硬件设施要求，并在此基础上发布报告《图书馆为阅读障碍人士服务指南》(*Guidelines for Library Services to Persons with Dyslexia*)
2005 年	挪威奥斯陆 IFLA 大会	发布报告《残障人士利用图书馆：目录指南》，内含物理通道的设置规定、馆藏资源类型、服务和交流规则等，图书馆为残障人士服务提供参照条款
2006 年	韩国首尔 IFLA 大会	主题会议"图书馆为阅读障碍者的服务"
2008 年	加拿大魁北克 IFLA 大会	LSDP 更名为图书馆特殊群体服务部 (Library Services to People with Special Needs， LSN)

时间	地点	会议议题与内容
2009 年	意大利米兰IFLA 大会	主题会议"如何为书本残障人群服务",明确将视障人群、阅读障碍者及因其他疾病而无法进行书本阅读的人群共同归类为书本残障人士
2010 年	丹麦哥本哈根 IFLA 大会	主题会议"享有阅读权利"
2012 年	芬兰赫尔辛基IFLA 大会	主题会议"让我们读书吧——青少年阅读障碍"

（三）国际阅读协会

国际阅读协会（International Reading Association, IRA）创始于 1956 年，目前有 100 多个国家参与，世界各地共有 10 万多名会员，是一个致力于全世界扫盲的非营利组织。协会成员由教师、阅读专家、顾问、行政人员、高校教师、研究员、心理学家、图书馆员、媒体专家、学生以及家长组成。IRA 支持扫盲专业人员通过利用各种各样的资源，进行相关的宣传工作、志愿服务和专业活动。IRA 的宗旨是通过研究阅读过程和教学方法来提升全民的阅读质量，使每个人都拥有阅读的能力，并鼓励终身阅读，其主要工作有：从事阅读方面的研究、召开会议进行交流、出版学术刊物、组织评奖、推荐图书资源及其他资源。随着阅读困难群体数量激增、阅读障碍问题日益严重，美国、英国、加拿大、新加坡等国纷纷成立了阅读障碍协会，致力于为本土阅读障碍者提供充分的帮助。

（四）国际儿童读物联盟

国际儿童读物联盟（The International Board on Books for Young People, IBBY）成立于 1953 年，全世界有 69 个分支机构，致力于促进国际间相互了解，使国际不同区域的儿童均有机遇可接触到有高艺术水准的书籍；鼓励并支持各国特别是发展中国家中高品质书籍的发行以及出版；对致力于儿童文学和儿童事业的群众进行培训以及援助，激励儿童文学层面的分析以及学术事业。近年来，IBBY 作为非营利性国际非政府组织，和诸多的政府机构、非政府组织及个人开展合作，包括设立了安徒生奖，对儿童作家进行奖励；并且创建了朝日阅读推广奖，对在推广阅读中有突出贡献的群体进行奖励；创建了恢复海啸计划，帮助受灾区域阅读推广，恢复教育；实施"YAMADA"项目，创建了单独和国际不同区域文化接触的桥梁；创建了国际儿童书籍日，唤醒群众热爱书籍和关注儿童书籍；创建了IBBY残疾人文献中心，对残疾人创建阅读场所；主持召开了诸多和儿童书籍写作、插图绘画、出版、发行和推广工作的研讨会；出版了《书鸟》，促进了儿童文学的发展。

二、欧美国家

（一）美国

据相关统计显示，美国人口中有10%～15%的人患有阅读困难。为唤起全民阅读意识、帮助民众掌握阅读技巧、提高全民阅读率，美国政府尤其是历任美国总统都高度重视阅读及阅读推广活动，致力于消除公众面临的所有阅读困难。里根总统把1987年确定为美国"读书年"，并先后策划推出"美国阅读挑战"（America Reads Challenge）、"美国阅读项目"（Reading Program in US）、"卓越阅读方案"（Reading Excellence Program）等项目。1996年，克林顿签订了《图书馆技术和服务法案》，规定"图书馆对弱势群体构建知识服务环节，均有获得资助的权利，该对象重点涵盖了非英语母语的群体、残疾人、半文盲、文盲、生活贫困人员、失业者等"。1998年，一份名为《预防青少年阅读困难》的报告推动了"阅读高峰会"的成立，此后美国教育部将每年9月定为"峰会"举办月，并广泛邀请专家学者研究青少年的阅读问题，共同讨论解决之道。1998年10月21日，美国国会通过了具有里程碑意义的《卓越阅读法》（*The Reading Excellence Act*，REA），该法案为各州提供50万美元的资助资金，旨在通过使用"基于科学的阅读研究"（scientifically based reading research）结果，提高学生的阅读技能和阅读教师的指导技能。2002年1月，布什总统提议并制定《不让一个孩子掉队法 Child Left Behind Act of 2001》的教育改革法案，以"阅读优先"政策为主导，要求受资助的学校提供有科学依据的阅读指导，帮助学生解除有关阅读方面的障碍，旨在提高学生的阅读能力，使其达到三年级时能够熟练阅读的程度。2006年，克林顿总统发起"美国读书运动"，目的是必须使每名8岁的美国儿童学会阅读，而这也成为此后美国教育发展的三大目标之一。2009年2月，奥巴马总统继续推行全民阅读方案，在《美国复苏和再投资法案》（*The American Recovery and Reinvestment Act of 2009*，

ARRA）中强调要重视在初级教育阶段开展阅读提高计划，并加强对教师和学校领导的培训。

除了政府的政策引导和政策推动，美国的诸多非政府组织和政府组织均全面开展推广阅读活动，美国国会于 1997 年指定"人类发展和国家儿童保健院"和教育部共同任命了专门分析诸多阅读教学法的专家小组——全美阅读研究小组（National Reading Panel，NRP），该小组的 14 位成员，除联邦官员及特定阅读教学法专家以外，均是从阅读研究学者、心理学家、小儿科医生、校长、教师、家长中遴选出来的。该小组于 2000 年 4 月 13 日发布了长达 449 页的研究报告——《教孩子们阅读》（*Teaching Children to Read*），其中确认"音素认知（Phonemic Awareness）教学法"为引导儿童阅读，逐步提升其阅读理解的主要方式和办法。ALA 是图书馆产业中美国的权威存在，其下设置了特殊群体的服务部，重点对有听力、视力、发展能力、活动等障碍的人群提供服务；ALA 下属的文化素养和上门服务办公室（The American Library Association's Office for Literacy and Outreach Services，OLDS）推出"读写和平等获取信息"行动计划，受众群体涵盖了地理上处于隔离的人群、农村和城镇穷人、流浪者及由于种族、信仰、性别、年龄、语言和社会阶层而受到歧视的人群；ALA 下属的分支机构青少年图书馆服务协会（Young Adult Library Service Association，YALSA）于1998 年推出了"青少年阅读周"活动，将每年 10 月的第三周定为青少年阅读活动时间，以提倡青少年更广泛地展开阅读活动，将阅读当作人生乐趣，并且构建了专门的活动网站，推荐新书信息、书目，辅导阅读的资源、提升阅读能力的资料等。与此同时，ALA 还在美国积极举办了诸多的阅读活动，例如，"让我们来谈论它"（Let's Talk About It）以提高学生的阅读兴趣为基本目的，并且在网站中定时刊发可以帮助阅读困难群体参与的互动活动。在美国，另一个比较有代表性的、由非营利社会组织牵头的是美国政府的独立机构"国家艺术基金"（NEA）于 2006 年创立的公共阅读项目"Big Read"。该项目旨在恢复阅读在美国文化中的中心地位，鼓励人们享受阅读的乐趣，让不爱阅读的人也爱上阅读，使人们重视阅读的启迪作用。该项目主要采用"one city，one book"（一城一书）的多方合作形式，即由社区图书馆或非营利组织提出申请并承担活动的组织实施，合作机构进行审核并提供宣传、培训服务，政府基金提供资金。目前来看，"Big Read"是美国最成功的公共阅读项目，社区、非营利组织、政府基金在项目中缺一不可。截至2012年，该项目共用600万美元推动了300万美国人阅读文学和诗歌，每人仅耗费2美元。

在图书馆实践领域，以美国国会图书馆为首的美国公共图书馆界早在20世纪初就开始了为阅读困难群体服务的相关实践活动。1931年，美国国会图书馆成立国家图书馆盲人和视觉障碍读者服务中心（National Library Service for the Blind and Physically Handicapped，NLS），1951年NLS的服务范围扩大到阅读困难儿童，1966年NLS修订的《公共法》（*Public Law* 89-522）规定图书馆应该将因为身体缺陷不能正常阅读文本资料的群体（包括阅读困难群体）纳入其服务对象，2009年NLS发布了《图书馆为盲人和残疾人服务资源2009》（*Library Resources for the Blind and Physically Handicapped* 2009），明确规定图书馆为不能正常阅读的人群提供资源、辅助设备及社会援助。当下，美国已有65个次区域和56个区域图书馆均和NLS构建了合作关系，建立国家性的服务系统，全面提升了图书馆服务阅读困难群众的水准。NLS运用挑选录制音频格式、盲文格式，录制完整的杂志、书籍和其他材料，分发到次区域、区域合作的用户手中。与此同时，美国其他的公共图书馆也开展了形式多样的服务为阅读困难群体服务。例如，纽约公共图书馆推出儿童暑期阅读计划，旧金山公共图书馆和加利福尼亚州图书馆为阅读困难群体提供电话朗读新闻或者图书服务，阿拉斯加州图书馆有声读物中心为阅读困难群体提供大字体截屏软件、屏幕放大软件、语音合成器。

（二）英国

英国于1998年9月推出"国家阅读年"（National Year of Reading）活动，是第一个提出阅读年概念的国家，该活动的目的在于让更多的孩子及早接触阅读、经常阅读，让更多的人了解阅读的乐趣、相互分享阅读的内容。英国的全民阅读促进活动如此，而对于阅读困难群体，则在国家层面上专门制定了《特殊教育需求和残疾人法案2001》（Special Educational Needs and Disability Act，SENDA）、推行"阅读起跑线"（Bookstart）计划。"阅读起跑线"（Bookstart）计划始于1992年，是一个国家性质的专为婴幼儿提供阅读指导服务的计划。在计划中，图书馆与教育和健康等多家机构合作，为每个婴幼儿发放一个免费的阅读包（bookstart pack），陪伴未成年人的成长，使儿童都能从早期阅读中受益，享受阅读的乐趣并将阅读作为终身爱好。

英国除了在政府方面不断推动开展全民阅读活动，英国的图书馆、公共图书馆同样是对阅读困难群体提供帮助的主要力量。通过分析和调研在很多的英国图书馆在下级目录和网站主页中对阅读困难群体提供专门的活动和服务，并且基本上均将阅读困难群体的服务列表列入"图书馆利用"（如汉普图书馆）或"休闲"（如曼彻斯特图书馆、肯特图书馆）栏目下，高校图书馆针对阅读困难群体的服务更多是资源上的提供。例如，牛津布鲁克斯大学图书馆在主页的"图书馆服务（About the Library）"导航栏里下设"服务残疾人的信息"（Disability Information），包含两部分内容：图书馆服务残疾学生；图书馆服务阅读障碍学生或特殊学习困难学生。在伦敦政治经济学院图书馆的主页上，为阅读障碍学生及运动障碍学生服务清楚地体现在图书馆为残疾学生服务的指南中。谢菲尔德大学图书馆在支援服务中单独列出阅读障碍学生服务。

（三）加拿大

关注残障用户是加拿大公共图书馆的职业传统，加拿大免费盲人图书馆（Canadian Free Library for the Blind）成立于1906年，是世界上较早的面向残疾人开设的图书馆。加拿大多伦多公共图书馆（Toronto Public Library, TPL）作为加拿大最大的公共图书馆系统，特别设立了残障用户中心（Centre for People with Disabilities），为残疾人提供专门馆员、特殊设备及馆藏资源，包括有声读物（audio books）、口述影像（descriptive video）、大字本（large print/large type）、盲文出版物（braille books，也称为布莱叶盲文点字书）、带隐藏式字幕的音像资料（closed and captioned videos and DVDs）等，以满足这部分群体对图书馆的需求。值得一提的是，TPL于2010年推出《TPL便利残障用户政策》（*Aeeessibilityfor People with Disabilities*），明确了图书馆为阅读困难群体服务的解决之道，包括如何制定政策、营造友好的服务环境、提供特殊资源和设备等各项事务，确立了"平等和公平"的服务价值观，旨在为残疾人提供平等的机会和途径，以方便他们使用图书馆的资源和服务。除日常服务外，TPL还为阅读困难群体提供移动图书馆、手语翻译、罚款豁免、听障用户专用电话等服务，并积极与加拿大全国盲人协会（Canadian National Institute for the Blind, CNIB)、多伦多地区多家医院进行合作，共同为阅读困难群体营造无障碍的阅读空间。

（四）德国

德国阅读困难群体的保护与服务做法体现在国家政策促进、行业组织合作和阅读基金会等方面。首先在政府层面，德国政府将每年 11 月中的一天定为全国朗读日。这天，数千名政要、社会名流、文娱明星、知名作家等公众人士会前往全国各地的幼儿园、学院、图书馆等地方为孩子们朗读和讲故事。德国政府积极发动社会群体广泛参与到支持阅读活动中。诸多的社会组织和非营利组织全面响应政府号召，有突出贡献。阅读俱乐部和朗读俱乐部主要就是为了培养和塑造儿童的阅读积极性、提升阅读技能、培养产生更加丰富的语言习惯而逐渐产生的一种非营利性组织；阅读童子军计划是对喜爱阅读的群体开展培训，创建童子军，其后依托同龄人对未成年人传递阅读和激发阅读的欲望和兴趣；德国在 2009 年的阅读基金会中创建了"搭建图书桥梁"的项目，主要是为了推动老年群体和青少年了解图书，14 岁到 16 岁的八年级到十年级的青年需要到老年人的家庭中进行文本朗读。在多方合作方面，联邦德国教育与研究部和德国促进阅读基金会联合发起"阅读起跑线"工程，地区州政府机构、儿童医院、图书馆、学校、出版商等社会力量参与推行，旨在为所有的儿童提供均等的教育机会。德国促进阅读基金会成立于 1988 年，其名誉主席由历届德国总统担任，宗旨是专注于阅读、阅读教育和儿童辅读等，有效填补了公共文化服务供给的缺位与空白。

（五）俄罗斯

俄罗斯儿童和妇女占据人口的较大比重，为全面提升国民阅读素养，图书馆高度关注在家庭中女性的地位和作用，且开展实施了诸多的家庭阅读指导活动。（1）针对妇女的阅读推广。俄罗斯大多数图书馆都设有"妇女读书咨询中心"，为女性阅读提供推荐书目和指导。每年的三八妇女节，俄罗斯的各大图书馆也会组织相关读书活动，如书展、文学作品讨论会等。许多图书馆通过调查了解家庭阅读需求，制定阅读指导大纲，为各年龄段、各类妇女提供阅读信息，包括关于妇女妊娠、产后恢复期的阅读计划。3～6 岁的亲子阅读大纲及面向各年龄段妇女的推荐书目。（2）针对儿童的阅读推广。俄罗斯的图书馆大多为新生婴儿提供阅读人礼包，其中有婴儿书籍、图书馆证等，在医院妇产科的大力支持下，俄罗斯的图书馆员在走访过程中教育父母将子女阅读作为一个重要且幸福的事情看待，促进了家长和图书馆之间的联系。对于低幼儿童，伊尔库茨地区图书馆则推出"与图书一起成长"项目、"多彩的童年"项目，针对低幼儿童实行多元化的阅读推广策略，通过阅读活动了解小朋友，促进儿童阅读。由彼得格勒市儿童图书馆推出的"我们家附近的图书馆"项目，旨在改善农村地区未成年人缺少文学阅读渠道问题，得到了区域文化委员会的大力支持并已持续开展了数年。

三、亚洲国家

（一）日本

日本对于阅读困难群体服务的主要做法是通过完善公共阅读制度、设立各类读书节日（如国民读书年、国民读书周、儿童读书年等）开展相应的阅读推广活动，而且尤其注重未成年人的阅读培养。为推动未成年人阅读，1999年日本国会参、众两院通过了《有关儿童读书年的决议》，将2000年设定为"儿童读书年"，2001年12月公布的《儿童读书活动推进法》又将每年的4月23日定为"儿童读书日"，将此后的一周（4月23日至5月2日）定为"儿童读书周"。全国各级公共图书馆会在读书日前后举行与未成年人阅读有关的活动，而且读书日当天，文部科学大臣会表彰举办读书活动的优秀实践团体。2002年12月，日本国会通过并实施《推动儿童读书活动基本计划》，具体制定了推动儿童阅读的各种措施，包括公共图书馆如何增加读书者的比例、增加儿童外借册数及如何推动学校图书馆建设等。此后，日本政府将2010年定为"国民读书年"，并于当年4月在东京举办了"儿童读书活动推进论坛"；将每年的10月27日至11月9日定为"国民读书周"，其间读书推进运动协议会举办各种阅读推广活动，包括儿童朗读会、旧书交换、阅读讨论等。

（二）韩国

在法律法规方面，韩国于1994年制定了《图书馆及读书振兴法》，2006年10月4日在此基础上修订并重制《图书馆法》，2006年修订了《振兴阅读文化法》，将图书馆发展提高到国家层面，实现了社会地位的不断提高，提升了群众认知图书馆的程度。除了制定了有效切实的政策改良环境，韩国体育文化观光部将9月当作为阅读月，推动全民阅读的开展。在社会合作方面，韩国采取以政府为主导、各机构参与的模式，将阅读推广提升到政府工程层面，给予强大的立法政策支持、资金支持和项目支持。例如，2003 年韩国的中央和地方政府联合图书馆、出版商、社区中心、慈善机构推行了"阅读起跑线"工程，以礼物袋的形式为 6 个月龄以上幼儿的家长提供图书和阅读书目，而且鼓励其参与图书馆的各项阅读活动。再如，韩国国家儿童青少年图书馆（NLCY）面向贫困家庭孩子，策划了"与图书馆一起读书"项目，由馆员指导阅读者每星期到该区域的托管中心、儿童福利院开展读书活动，提升儿童的阅读能力以及读写能力。

（三）新加坡

新加坡自 2005 年起启动全民阅读推广活动，"读吧！新加坡"（Read! Singapore）和"儿童启蒙阅读计划！"（kids READ!）是比较具有代表性的全国阅读推广活动。其中"读吧！新加坡"一般在每年的 5 月底至 8 月期间进行，旨在通过号召当地民众共读来推进全民阅读、促进文化交流。"儿童启蒙阅读计划"始于 2004 年 4 月 23 日，旨在培养和鼓励小孩，尤其是低收入家庭的孩子养成爱读书的习惯。此外，新加坡的公共图书馆尤其重视阅读对未成年人的积极影响，设计并开展了形式多样、内容丰富的阅读活动。例如，裕廊地区图书馆（Jurong Regional Library）定期组织读书会，活动中未成年人作为阅读指导员，与其他同龄人分享阅读心得，并通过与学校开展形式多样的合作项目，鼓励青少年踊跃写书评投稿或者推荐图书。

第六章　图书馆为阅读困难群体服务情况调研

第一节　调研背景与目的

一、调研背景

近年来，随着图书馆学理论研究的深入和图书馆事业的发展，图书馆界在重视向"大众"群体进行阅读推广的同时，也关注如何为"小众"群体服务，由此阅读困难群体进入学术界和业界的视野。我国图书情报界对阅读困难群体的研究主要包括：国外研究和实践现状的介绍，理论研究、对策研究及实证研究等，此外还有针对残疾人、儿童、农民等群体进行专门性研究的成果。通过对阅读困难群体进行整体性的阅读需求和行为实证研究，不仅可以了解这部分群体的阅读需求和行为的特点，同时也可以使图书馆为这部分群体进行有针对性的服务提供参考和依据。

对于阅读困难群体来说，它是典型的特殊群体，在社会的不同阶层中均存在，他们大多存在三个问题，一个是阅读行为障碍，一个是心理疾病，一个是实施难。这一群体不单将生理等因素导致的阅读困难群体包括在内（例如，阅读障碍群体大多是以神经系统问题为主），同时还将文化、资源等居于不利地位的群体包括在内（例如，老年人以及幼儿等）。国外学者奥克拉奥认为，我们一定要使全球所有地区的所有人均能够有书进行阅读。所以，对这一群体的阅读权有效保证，这对于知识需求得以满足，精神文化素质的提高是有积极作用的，同时还能够使社会竞争力强化，使和谐社会的发展深入推进。目前我国阅读困难群体的阅读需求状况如何？主要面临哪些阅读障碍？对图书馆的认知和利用程度如何？对图书馆服务改善有什么建议和意见？本书针对围绕阅读困难群体实际权益的根本问题，开展了针对不同类型阅读困难群体的阅读行为与阅读障碍，以及图书馆利用情况的调查研究。

二、调研目的

调研的目的是：①描述和揭示阅读困难群体的阅读需求、阅读方式、阅读目的、阅读成本、阅读障碍等状况；②深入挖掘阅读困难群体利用图书馆的障碍和规律；③了解阅读困难群体选择图书馆不同服务项目的原因，获得其对图书馆的认知情况及评价。据此得出结论，并提出改善图书馆阅读困难群体服务的对策与可行性建议。

第二节　调研对象、内容和方法

一、调研对象

"图书馆为阅读困难群体服务研究"课题组于 2015 年 4～9 月，针对残疾人、老年人、未成年人、农民、城市低收入者的阅读行为、阅读障碍、图书馆利用等情况进行问卷调查。调查范围选定为黑龙江省和苏州市，处于两方面原因考虑：其一，黑龙江省地域辽阔，农村人口较多，相对于国内经济发达省份而言，公众阅读状况与质量较差，有助于全面掌握各类阅读困难群体的概况；其二，苏州市作为华东地区的经济发达城市，图书馆服务网络覆盖较好，但仍存在阅读困难群体图书馆服务获取与利用困难问题，有助于深层次挖掘阅读行为障碍本质。本次调研共发放问卷 500 份，回收问卷 497 份，其中有效问卷 474 份，有效回收率为95.37%。

二、调研内容与方法

用判断抽样和偶遇抽样相结合的方法，以发放调查问卷为主，辅以现场访谈。调查问卷大体做到了当面发放、当面填写、当面回收。由于部分农民群体的调查问卷采取网络调查问卷发放的形式，略微影响了问卷的回收率。针对不同类型的阅读困难群体，调研共设计了 5 套调查问卷，包括未成年人（含 30 道题）、残疾人（含 35 道题）、老年人（含 36 道题）、农村人口（含 36 道题）、城市低收入者（含 23 道题）。由于国内现有医疗水平与研究水平有限，较难界定阅读困难群体，故本次调研群体没有包括阅读障碍症群体，但具体研究结果可参见束漫的国家社科基金项目"公共图书馆为阅读障碍人群服务的理论、方法与对策研究"。调研针对每类阅读困难群体设计了三个部分的调查内容，具体为：第一部分为基本情况调查，包括调查对象的性别、年龄、婚姻状况、教育背景、职业、收入等。第二部分为阅读需求和阅读行为调查，包括调查对象的阅读数量、获取方式、阅读地点、阅读目的、阅读成本、阅读时长、阅读氛围、阅读障碍、阅读对物质生活和精神生活的影响程度、自身对阅读情况的评价等。第三部分为图书馆利用情况调查和对图书馆的满意程度调查，图书馆利用情况调查包括住处离图书馆的距离，图书馆宣传范围，利用图书馆的频率、停留在图书馆的时间、使用的图书馆服务项目、不使用图书馆的原因等，对图书馆的满意程度调查包括了图书馆提供的阅读资源、举办的阅读活动、提供的阅读设备、阅读环境、工作人员服务态度、阅读宣传方式等。

三、调查问卷的处理和分析方法

按照"审核复查—编码录入—数据整理—统计分析"的流程，对调查问卷进行数据处理。在此过程中，采用了人工整理和统计软件相结合的方式，使用专业统计分析软件 Excel 和 SPSS19.0 对数据进行统计与分析。在审核复查环节，用分散实地审核与集中系统审核相结合的方式，要求调查人员在调研过程中进行实地审核，保证回收问卷的有效性；用集中审核方式整理部分集中填答而无法现场审核的问卷。根据一份问卷内部问题之间的关联、多份问卷在同一道题目上的选项，对部分错填、误填和漏填的答案进行修正，并直接将乱填、空白和严重缺答的调查问卷作为废卷处理。在问卷编码录入环节，将单选题和填空题编码为一个变量；多项和不定项选择题以选项数量为变量进行编码；对于选择题中涉及"其他"选项的题目，则单独设置字符串变量；开放式题目则直接设置一个字符串型变量。在数据处理环节，主要利用统计软件的频次分析、排序和交叉分类等功能，对数据录入中可能存在的错误及其他可能超出正常范围的变量进行筛选，并以此大致判断问卷质量。

第三节　调研结果分析

一、阅读困难群体基本数据统计

表 5-1 阅读困难群体基本情况统计

类目	人群分类 调查选项	残疾人 频次（个）	百分比（%）	老年人 频次（个）	未成年人 频次（个）	百分比（%）	农民 频次（个）	百分比（%）	城市低收入者 频次（个）	百分比（%）
年龄	0～5 岁	1	1.4	—	34	33.7	3	3.1	—	—
	6～10 岁			—	15	14.9			—	—
	11～15 岁	23	31.9	—	52	51.5	9	9.3	39	32
	16～19 岁			—						
	20～29 岁	16	22.2	—	—	—	16	16.5	48	39.3
	30～39 岁	6	8.3	—	—	—	25	25.8	10	8.2
	40～49 岁	4	5.6	—	—	—	17	17.5	10	8.2
	50～59 岁	11	15.3	50	—	—	16	16.5	7	5.7
	60～69 岁			24						
	70～79 岁	11	15.3	19			11	11.3	8	6.6
	80 岁以上			3						
教育背景	幼儿园或学前班	—	—	—	41	40.2	6	6.1	—	—
	小学	11	15.3	4	8	7.8			5	4
	初中	25	34.7	13	53	52.0	24	24.2	18	14.4
	高中	30	43.5	42	—	—	37	37.4	41	32.8
	大学	6	8.3	36	—	—	32	32.3	54	43.2
	研究生及以上	0	0	4	—	—			7	5.6
残疾类型	肢体残疾	11	15.3				—			
	盲人	33	45.8				—			

175

类目	人群分类 调查选项	残疾人 频次 （个）	残疾人 百分比 （%）	老年人 频次 （个）	未成年人 频次 （个）	未成年人 百分比 （%）	农民 频次 （个）	农民 百分比 （%）	城市 低收入者 频次 （个）	城市 低收入者 百分比 （%）
	聋哑人	20	27.8				—			
	脑部残疾	4	5.6				—			
残疾 类型	肢体残疾	11	15.3				—			
	盲人	33	45.8				—			
	聋哑人	20	27.8				—			
	脑部残疾	4	5.6				—			
	其他	4	5.6				—			
家庭 住址	城市郊区	—	—	—	—	—	13	13.3	—	—
	县城	—	—	—	—	—	64	65.3	—	—
	乡镇	—	—	—	—	—	15	15.3	—	—
	村屯	—	—	—	—	—	6	6.1	—	—
就业 状况	全职就业								18	15
	退休								14	11.7
	失业								8	6.7
	自己创业								3	2.5

类目	人群分类 调查选项	残疾人		老年人	未成年人		农民		城市 低收入者	
		频次 (个)	百分比 (%)	频次 (个)	频次 (个)	百分比 (%)	频次 (个)	百分比 (%)	频次 (个)	百分比 (%)
家庭人均月收入	打零工(兼职)								9	7.5
	学生				—				66	55
	全职太太或丈夫								2	1.7
	1000元以下	7	10.1	2	—	—	3	3.1	37	30.4
	1000—2000元	19	27.5	14	—	—	19	19.4	85	69.6
	2000—5000元	30	43.5	47	—	—	52	53.1	—	—
	5000—8000元	12	17.4	19	—	—	17	17.3	—	—
	8000元以上	1	1.4	14	—	—	7	7.1	—	—

在调查样本中，从年龄看，残疾人主要以青少年为主，11～19岁的占31.9%，20～29岁的占22.2%；老年人中，50～59岁的超过半数，为52.1%，60～69岁的为25%；未成年人中，11～15岁的少年超过半数，为51.5%，0～5岁的低幼儿童占三分之一，为33.7%；农民中，年龄分布比较均匀，30～39岁的壮年最多，占25.8%；城市低收入者中，20～29岁的占39.3%，11～19岁的为32%。从教育背景看，残疾人多数完成中学教育，具有高中学历的占43.5%，具有初中学历的占34.7%；老年人多数完成高中教育，具有高中学历的占42%，具有大学本科学历的占36%；未成年人中，学龄前儿童为40.2%，正上初中的为52%；农民中具有高中学历的为37.4%，具有大学本科及以上学历的为32.3%；城市低收入者中具有高中学历的为32.8%，具有大学本科学历的为43.2%。从家庭人均月收入来看，残疾人收入2000～5000元的

为 43.5%，1000 ~ 2000 元的为 27.5%；老年人收入 2000 ~ 5000 元的为 49%，5000 ~ 8000 元的为 19.8%；农民收入 2000 ~ 5000 元的为 53.1%，1000 ~ 2000 元的为 19.4%；城市低收入者收入 1000 ~ 2000 元的为 69.6%，1000 元以下的为 30.4%。从残疾人的残疾类型看，盲人占 45.8%，聋哑人占 27.8%，肢体残疾占 15.3%。在农民居住的地点中，在县城的为 65.3%，在乡镇的为 15.3%，在城郊的为 13.3%。城市低收入者的职业中，学生占 55%，全职就业的占 15%，退休的为 11.7%，打零工（兼职）的为 7.5%。

二、阅读困难群体的阅读需求状况

（一）阅读困难群体阅读概况

1. 每周阅读时间

对于农民来说，其与收入不高的人群一样，一周在阅读方面付出的时间要多一些，高于三小时的人群，前者占比百分之三十一，后者占比百分之三十四，阅读时间在两到三小时之间的，前者占比百分之四十，后者占比百分之十三；因为文化程度以及心理等方面的影响，残疾人等阅读时间不多，均不到一小时，其中残疾人占比百分之九，老年人占比百分之七，未成年人占比百分之十，阅读不到三十分钟的，残疾人占比百分之九，老年人占比百分之七，未成人占比百分之六，不阅读的老年人占比百分之五。

2. 平均阅读数量

对于未成年人来说，他们在学习最关键的时期，他们的课内、课外阅读要多一些，才能使打开思路，因此，与其他群体相比，其阅读量要大一些，超过百分之十五的未成人一个月阅读多于十本书，之后是老年人，阅读数量最少的是农民，未达到十本的，不到一本的超过百分之六十。

3. 关注的阅读资源类型

针对重点关注的资源类型，对于残疾人来说，对生活实用类给予重视，其占比超过百分之四十，在健康保健方面的重视度占比超过百分之四十，在时事政治方面的占比超过百分之四十；对于老年人来说，在时事政治方面的重视度占比百分之六十，在健康类上的关注度占比百分之五十七，在生活实用方面的占比百分之四十六；对于未成年人来说，在小说方面的占比百分之四十二，科普方面占比百分之三十九，实用方面占比百分之三十一；对于城市低收入人群来说，在文化娱乐方面的重视度超过百分之五十三，在健康方面的重视占比百分之三十五。

（二）阅读困难群体的阅读需求满足程度差异

1. 能否获得所需的阅读资源

对于未成年人来说，因为家长能够提供帮助，所以，他们得到资源很容易，阅读资源得到能力最显著，超过百分之七十七的未成年人，都可以得到相应的阅读资源；第二是农民。对于残疾人来说，因为生理因素的影响，在阅读资源获取方面的难度要大一些，超过百分之四十的残疾人能够得到需要的资源，然而很多人想要得到资源是很难的，超过百分之五的残疾人是不能得到相应资源的；百分之三十七的老年人可以得到相应的资源，还有百分之三的老年人是不能得到这一资源的。

2. 阅读对生活质量和收入水平（学习）的影响

对于未成年人来说，在阅读提升方面的认同度要高一些，超过百分之七十六。有近百分之五十的农民提出，阅读在生活质量提升方面的作用十分显著，这代表着由于农村思想越来越开放，农民在阅读方面的意识得到提升，农民认为，阅读可以使收入上涨，可以使生活质量改进。老年人在阅读能够使生活质量改善，使收入增长方面的认同度不高，百分之四十以上的老年人觉得不会有影响。

3. 阅读对精神需求和个人素养提高（放松身心）的影响

因为未成年人的学习压力很大，使得他们减压的主要方式就是阅读。超过百分之七十八的未成年人觉得，阅读能够使身心得到进一步的放松，超过百分之七十的农民觉得，阅读在精神需求发展方面的作用显著。与之进行比较，残疾人与老年人等觉得，阅读不会严重影响到个人能力发展。

4. 对个人阅读情况的评价

农民在阅读方面的认同度是最突出的，超过百分之四十八；老年人在阅读方面的认同度是最差的，仅百分之十九，这是因为农民需求满足不难，此外，老年人因为生理因素影响，较难获得所需的阅读资源及参与各类阅读活动。

三、阅读困难群体的阅读行为状况

（一）阅读困难群体的阅读行为现状

1. 阅读目的

对于残疾人来说，其阅读的主要目的就是使新知识、见闻等得以增长，使谈资增多。对于城市收入者来说，其阅读目的就是娱乐，使压力得以减轻。对于大多数群体来说，阅读的主要目的就是使视野更加开拓，因为生活中，城市低收入群体的生存压力要大一些，把阅读当成是精神放松渠道，其成本不高，获取性高。以阅读为主使身心更加愉快，所以，阅读最突出的目的就是娱乐休闲。同时，对于残疾人来说，阅读就是对时事全面了解，其占比超过百分之四十，对学习与工作有利，占比超过百分之三十四。对于老年人来说，以阅读为依托，对时事全面了解，其占比为百分之五十七，能够使压力得以减缓，占比百分之五十六，对于未成年人来说，以阅读为依托，从而达到娱乐的目的，占比百分之五十。因为残疾人等群体，其经济压力要大一些，他们想要以阅读为依托得到更多的信息，从而使自身生活质量得到提升。

2.阅读地点

不同类型群体，其阅读地点主要有两个，一个是图书馆，一个是家庭。同时，还有一些残疾人等认为，阅读的地点以学校为主。对于城市低收入群体来说，阅读场所中占比高的有两个，一个是工作场所，一个是公共场所。

3.阅读花费

因为家长越来越关注未成年人阅读，同时投入的力度越来越大，未成年人在阅读方面付出的费用与其他群体相比要高很多，近百分之三的未成年人一个月在阅读上的费用在五百到一千元之间，超过百分之十一的未成年人在阅读方面的费用一百到五百元之间。老年人等人阅读费用不高，近百分之九十的农民其阅读费用不足百元。

4.阅读形式

因为生理因素的影响，残疾人阅读的占比不高，仅百分之二十三，超过百分之六十的残疾以视频文件为主。未成年人阅读占比是最突出的，超过百分之六十，近百分之六的幼儿以诵读为主。老年人因为生理影响，以纸质阅读为主，近百分之十的老年人以在线阅读为主，手机阅读占比百分之三。

（二）阅读困难群体的阅读障碍现状

1.阅读困难群体的阅读障碍

对于残疾人来说，其阅读障碍主要是付出的金钱等多一些，超过百分之四十，未成年人因为学习压力大，使得课外阅读时间不多，超过百分之三十，还有百分之十八的未成年人觉得，他们能够阅读的书不多，认为篇幅过长的占比百分之八，认为生僻字太多的占比近百分之六，这是未成年人阅读最突出的障碍。对于农民来说，最突出的障碍就是成本过高，占比超过百分之三十。对于城市低收入群体来说，其阅读障碍有三个，一个是不能全面实施，一个是阅读设备限制，还有一个阅读能力缺失。

2.阅读困难群体的阅读障碍成因

由于生理因素的影响，不单会影响到残疾人就业，还会使他们在阅读成本方面十分担忧，因为他们的文化程度低，使得阅读能力不高。同时与残疾人适宜的阅读资源不多，导致他们的阅读障碍突出。对于老年人来说，他们以退休金为主，大多无法对阅读成本有效承担，同时他们的文化程度不高，视力不佳，身体机能开始减退，在接受新事物等方面的能力不强，阅读能力不佳，使得他们的阅读障碍也要多一些。对于农民来说，他们有一定的经济障碍，同时因为城乡差异，资源不平衡，他们还有严重的阅读资源障碍。对于低收入群体来说，他们为了生活奔走，想要有足够的时间来阅读是很难的，同时由于收入不高，想要承担阅读成本是很难的，致使阅读不能有效落实。对于未成年人来说，他们的学业压力大，阅读时间不多，与这一群体特点相适宜的资源不多，使得他们也存在相应的阅读障碍。

（三）阅读困难群体的图书馆利用行为现状

1.阅读困难群体的图书馆利用行为

（1）利用图书馆的频率。

残疾人出于有生理缺陷的问题，难以出门，只有1.4%的残疾人会每日均到图书馆阅读书籍。而未成年群体普遍要上学，无法每日使用图书馆，均是在周末或课外到图书馆，25.5%的未成年人每个星期去一次图书馆，有8.8%的未成年人每个星期去两到三次图书馆。出于农民、老年人、低收入群体有自由和充裕的时间，有9.1%的农民、9.8%的老年人、8%的低收入群体每日均会使用图书馆。

（2）在图书馆停留的时间。

在图书馆中，城市低收入者有较长的停留时间，有36.8%的低收入成员停留在图书馆的时间高于2小时，12.8%的群体停留的时间不足0.5小时；34%的老年群体停留在图书馆的时间高于2小时；老年人在图书馆中有34%的群体有2

小时以上的停留时间，22% 不足 0.5 小时；农民在图书馆的停留时间，有 16.2% 的高于 2 小时，有 15.2% 的不足 0.5 小时；残疾人在图书馆的停留时间，有 34.7% 的高于 2 小时，有 13.9% 的不足 0.5 小时；未成年人在图书馆的停留时间，有 19.6% 的高于 2 小时，有 12.7% 的不足 0.5 小时，有 44.1% 的为 1 ~ 2 小时。

（3）到图书馆获取的信息。

在图书馆中残疾人获得的信息中有 40.3% 为学习资料、54.2% 为日常生活信息、40.3% 为医疗和健康信息；老年人有 51% 是获得医疗和健康信息、43% 是获得日常生活信息；农民有 30.3% 获得医疗和健康信息、有 37.4% 获得学习资料；低收入群体中有 26.4% 获得医疗和健康信息、有 46.4% 获得学习资料。

（四）阅读困难群体对图书馆的满意程度

（1）关于阅读资源和活动。

在图书馆阅读资源中，农民和未成年人有较高的满意度，分别为 81.7% 和 85.9%。城市低收入者对图书馆阅读资源的满意度较低，仅有 74.2%。农民对阅读活动有较高的满意度，实现了 87.9%，而残疾人在满意度方面比较低，只实现了 40.3%。

（2）关于阅读设备设施。

未成年人和农民对阅读设施有较高的满意度，分别是 82.4%、84.9%。低收入群体和残疾人对阅读设施有较低的满意度，其占比是 56.8%、58.3%。在阅读环境中农民有较高的满意度，实现了 88.5%。低收入群体在阅读环境方面没有较高的满意度，只有 63.2%。

（3）关于阅读服务。

对于工作者提供的阅读服务，农民有较高的满意度，实现了 86.9% 的占比；低收入群体有较低的满意度，只有 64.8%。对阅读宣传效果和方式，残疾人的满意度最低，只有 55.6%，农民有最高的满意度，实现了 88.9%。

第四节　调研结论

由于篇幅有限，大多数数据表格与图形无法在本书中充分呈现。综合分析上述研究数据和现象，从微观层面可以梳理和总结出以下几方面的规律和问题。此部分的重点在于分析上述调查数据的表现和内在原因，为从宏观角度保障阅读困难群体的阅读权利、改进图书馆阅读困难群体服务提供数据支撑。

一、阅读困难群体普遍呈现阅读需求较低、阅读效率较差等特点

年龄、性别、家庭收入、受教育情况等不同要素均对阅读行为、阅读需求、阅读效率、阅读地点有较大的影响。出于阅读困难群众在教育背景、年龄、收入、性别、就业等层面是劣势的存在，相应地，其阅读行为受到极大的限制，特别是获得阅读资源，受制于诸多要素的制约和影响。调查表示，残疾人出于难以出行，普遍在家庭内阅读，有的残疾人由于缺乏较高的文化程度或者是不认识字，难以开展阅读活动。特别是聋哑人，其普遍通过手语进行交流，出于书面语言和手语有很大的区别，普遍不开展文字阅读，更乐于运用诸多的图书馆活动汇集在一起，感受生活。老年群体的年龄较大地影响了阅读品质和数量，出于其和社会没有广泛的接触，受制了行为能力，信息获取渠道狭窄、单一，很多的老年人是在家庭内展开阅读，养生健康信息为老年人运用阅读获得的资源。学生可以深刻感受到阅读是特别重要的存在，尽管有强烈和确定的阅读需求，但出于繁重的课业压力，导致在阅读中没有花费较多的时间。居住在乡镇的农村人口比居住在村屯的农村人口对于阅读的认知程度高，最注重教育科技层面的信息，更善于使用公共场所开展阅读活动。低收入群体（家庭人均月收入低于 100 元）出于有较大的生活压力，要将诸多的精力和时间使用在维持生计方面，普遍没有较高的阅读率（手机阅读、书籍纸本、网络阅读），且出于在金钱成本支付方面，有较低的支付能力，不想为了获得阅读资源而消耗诸多的费用，进而导致均有缺乏阅读资源的情况。有更高家庭收入和受教育情况的阅读困难群体，有更好的阅读认知，更明确的阅读需求，更注重阅读品质以及数量。

二、阅读困难群体所面临的阅读障碍具有异质性

伴随着群众阅读观念的提高，阅读困难群体开始渐渐认知到缺乏知识对自身的社会地位、经济收入、身体健康、人际关系等方面均有消极影响，且运用诸多的方式努力降低由于阅读困难导致的获取知识障碍。但阅读障碍有异质性以及复杂性，阅读困难群体面对的阅读障碍目前主要有知识、年龄、经济、城乡4方面的差异。残疾人的阅读障碍重点涵盖了心理、生理、行为三方面的障碍。学历、年龄、健康为对老年人阅读产生影响的要素，过少的资源、过高的成本是其当下面对的重要阅读障碍。老年人一般会由于自身的文化能力、心理生理、信息技能、信息素养等诸多层面的问题，无法良好地运用网络等新媒体获得知识和信息。按照有关的数据调查，当下仅有13.6%的老年群体可运用网络获得知识以及信息。未成年人阅读障碍不只源于理解文字以及语言，由于缺乏充足的阅读数量和时间直接限制了阅读能力的提高和发展。对农村人来说过高的时间金钱精力成本，以及缺乏阅读资源是导致产生阅读障碍的重要原因，在县城居住的农村人更可能获得需要的阅读资源。低收入群体在阅读支出方面的能力不高，阅读的主要目的是为了改善自身生活，由此更注重求职就业等相关信息，阅读杂志、报纸、书籍的效率不高，并且当下重要的阅读障碍也包含了阅读设施问题。

三、阅读困难群体对于阅读的认知程度和对图书馆利用程度较低

图书馆数字服务的使用和业务的持续拓展对图书馆服务的全面覆盖以及延伸构建了较多发展机遇。但阅读困难群众出于自身经济、生理、观念、技能等层面的影响，导致在日常生活中直接忽略了阅读的重要性。例如，有诸多的低收入群体以及残疾人不开展阅读活动，尽管调查了解到诸多的阅读困难群体均表示阅读对提高精神和物质生活有良好的推动效果，但其基本对图书馆没有较高的认知度，应用图书馆业务依旧局限在自习阅览、借还图书等传统业务方面，不能有效使用图书馆创建的诸多阅读方式和渠道，很难运用阅读全面提高自身生活品质，实现物质生活的全面提高，限制了自身个人素养和精神的延伸。根据相关调查显示，年龄在40岁以上的残疾人更可以认识到阅读的重要性，更乐于积极参与图书馆活动，有较高的图书馆服务效率。青年残疾人并没有较多地了解图书馆服务，在利用率方面最少；有良好收入、受教育程度高、健康的老年人更希望使用图书馆的服务和资源，主动参与图书馆开展的诸多培训活动，更乐于通过网络和电脑

的方式开展阅读。未成年人基本对阅读有较高的认知程度，但其对图书馆的设施和服务没有较高满意度，图书馆落实未成年人分级阅读为当下迫切需要解决的问题。居住在城镇的农村人口比居住在村屯的农村人口利用图书馆的比例高，更为肯定阅读对改善物质生活和精神需求的作用，这与目前基层图书馆的服务能力与水平有直接关系。家庭人均月收入 500 元以下的低收入群体基本不能应用图书馆建设的特色数据库，无法良好使用图书馆降低工作和生活的压力，对图书馆的社会教育没有较高的认知度，不能良好使用图书馆深入开展社会学习，在应用图书馆环境中遭遇诸多难题。

四、阅读困难群体对图书馆提供的阅读服务具有较多良好期许

图书馆的特性是公益性，该特性直接决定了图书馆是群众（尤其是阅读困难用户）获得公共文化服务、落实知识平等的主要或唯一途径，图书馆服务质量会对阅读困难群众落实阅读权利和获得阅读资源效率均有很大的影响。由此，图书馆需要在满足群众、服务大众的同时多关注阅读困难群体的特殊需求与行为能力限度，改进服务模式，提升服务水平，提供更具有针对性的图书馆服务。调查结果显示，男性残疾人对图书馆各项服务的满意度较高，残疾人的年龄、受教育程度与对图书馆服务的满意度呈正相关关系，由于国内出版的盲文图书和残疾人教育发展类图书较少，残疾人普遍认为图书馆存在的不足包括资源少、更新慢，但对于图书馆的各类特殊群体活动都表示出极大的认可。利用图书馆的老年读者中，男性明显多于女性，但具有较高受教育程度的老年人对图书馆服务的满意度最低，"图书馆数量少、离家太远"是老年人提出的最多问题，这说明图书馆服务尚有较大的改进空间。未成年人群体中，正在上幼儿园或学前班的未成年人对图书馆服务的满意度最高，正在上初中的未成年人的满意度最低，低幼儿童非常愿意参加图书馆组织的阅读活动。家住城镇的农村人口对图书馆服务的满意度最高，家住村屯的农村人口满意度最低，认为"图书馆数量少、离家太远"是图书馆存在的主要不足。家庭人均月收入 500 元以下的低收入群体在图书馆时较关注环境（采光、噪声、空间等）感受以及工作成员的服务态度，并且在该层面有最低的满意度，表示图书馆目前的问题是服务观念不强、缺乏充足的馆员。

运用问卷分析的模式调查阅读困难群众的阅读行为及阅读需求，和运用有关信息和数据对该群体的行为和需求精准研究和掌控，为图书馆全面落实阅读推

广活动，结合阅读困难群众精准提供服务创建相关凭证。但出于作者精力、时间、能力等层面的原因，调查对象的数量和范围还有一定的局限性，在较大场面直接对调查结果的精准性产生较大影响。对诸多弱势群众的阅读行为以及阅读需求的分析可在其后研究中持续深入和开展。

五、阅读困难群体难以良好使用数字资源服务

中国公共图书馆的阅读困难群体的数字资源服务当下正处于发展的关键阶段，其主要就是注重服务建设，该规范需要确保服务内容、资源、设施等层面越发完善，唯有全面积极地发现问题、解决问题，才能使公共图书馆更好地为阅读困难群众服务。对比而言，加拿大的盲人图书馆协会，对阅读困难群众构建了30万种DAISY不同种类的读物，在省图书馆中并没有很多的和阅读困难群体相关的文献资料，综合使用率不高。韩国盲人图书馆在该方面获得了良好的成效，共对外刊发了四十万种的盲人书籍，并且还有专门对阅读困难服务构建的盲文印刷、盲文翻译等诸多的部门。中国当下对阅读困难群体出版书籍的组织只有：上海盲童盲文印刷、中国盲文出版社。中国盲文出版社也是中国盲人文化中心，一年可专门出版提供给盲人阅读的书籍共1500多种，总量为30万册，印刷2000万张。在诸多品种的图书内，盲文出版物有较高的占比，医学、生活、时政、文学、盲文期刊等诸多书籍只有很少的内容，出于书籍重点是被使用在实际使用方面，已有较高的成本、消耗较长的时间，并且制作盲人书籍也有很多的限制，由此造成有趣味性和功能性的书籍特别少。上海图书馆以及南京图书馆均收藏盲文书籍3000多套，有诸多的有声资料，例如，光盘磁带等，数量位于全国前列，剩余省份只有1000多册；另一层面由于资金方面的限制，导致严重匮乏盲文资源，我国图书馆资金来源普遍是政府拨款，基本没有专项资金渠道，也没有社会规范捐献和馈赠，并且缺乏创新性的科技支持公共图书馆阅读困难群众的事业发展．加拿大和美国就通过先进技术或数据库创建有声读物，而中国普遍创新技术汇集在医疗保健面，拥有较高的费用，并非所有阅读困难群众均可以承担的。最主要的问题是诸多省级图书馆普遍没有创新观念和意识，在使用网络开展电子信息或其他服务中，只提供外借部分书籍，并且服务种类比较单一，注重书籍典藏而忽略书籍使用的理念深入人心，类似于磁带、光盘、电子信息等资源没有较快的更新速度，导致综合发展比较落后。对比国外而言，中国阅读困难群众的服务

种类比较单一，主要是有声读物和盲文书籍，只有很少的省份提供了录音带、光盘等资源。综合而言普遍缺乏资源导致阅读困难群众只有很少的选择，直接限制了其学习兴趣。阅读困难群众为一种特殊群体，公共图书馆需要对其提供更细致更完善的服务。我国很多公共图书馆并没有普及远程传播文献的服务，还有的图书馆并没有开展上门服务业务，全心全意对阅读困难群众提供服务的图书馆不足40%。在信息时代中，英国当下已经落实了全网通，通过网络等传统媒介开展上网浏览信息、发放邮件、传输文件、借还书籍和下载上传信息等相关活动。我国公共图书馆并没有创建完善的数据库，当下的有声读物缺乏先进性，无法良好解决阅读困难群众的需求。对比国外而言，我国在对阅读困难群众提供的设施建设和服务方面有较大的差距。根据相关的调查显示：美国公共图书馆有充足的硬件设施，可以让阅读困难群众开展自主学习；加拿大和英国也运用政府的有效支持和诸多项目全面开展基建建设，为阅读困难群众提供服务。在中国，公共图书馆建设完善了无障碍设施，但在使用过程中并没有落到实处，只提供盲人电脑、助视器等，设施并没有真实运用。英国和美国图书馆在建设阅读弱势群体的基建设施中有较高的要求，创建了专门的通道，并且该通道直接关联电梯，直接和浏览室连接，还创建了光学字符阅读器以及语音提醒等，让阅读困难群体在更好的阅读环境内开展阅读活动。通过调查了解到在省级图书馆中无障碍电梯、盲道等几乎为摆设，还有的并没有设置无障碍通道，图书馆内提供给阅读弱势群体识别的诸多指标并不明确，尽管诸多图书馆创建了无障碍设施，但设施品质和日常维护工作比较落后。

数字资源服务提供方管理方面的问题。图书馆的性质决定了图书馆需要对全部群众提供均等的服务，也涵盖了对阅读弱势群体，由此图书馆需要对弱势阅读群体提供优良的阅读环境以及完备的数字图书馆设施资源。对阅读弱势群体而言，图书馆是其获得知识的主要途径和载体，图书馆服务能力和水准直接对用户的学习兴趣产生较大影响。第一，缺乏充足的广告宣传力度。中国诸多省市图书馆均创建了提供给视障用户的数字资源服务，但用户普遍没有较大的参与度。其最主要的原因是图书馆并没有充分宣传，很多阅读弱势群体获得的信息重要来源为广播和电视，倘若图书馆尚未运用媒体扩大宣传，阅读困难群体就很难了解该信息。另一层面馆内设置了过于单一的活动，省图书馆每年均会举办较多数量的读者讲座，吸引群众到图书馆开展阅读活动，但诸多的宣传活动很少有与阅读弱势群体服务相关的内容，该活动普遍将阅读困难群体排除在图书馆的主流服务以及常规服务之外，只有较少的图书馆会对阅读困难群体开展相关的主题活动，但活动均是当天开展当天结束，有作秀的嫌疑，对阅读困难群体点燃希望的灯火之后又迅速将其吹灭。第二，员工素质不高。通过分析国外公共图书馆的现实情况可了解到，国外图书馆特别注重工作者的引导作用，并且对工作者的素质和数量有较高的要求，所有工作者都是历经专业培训之后对群众开展服务的，以便能对阅读困难群体提供实质性帮助。梳理我国的公共图书馆可以了解到，只有很少的图书馆创建了专门对阅读困难群众提供帮助的工作者，并且该工作者的数量普遍少，图书馆在该岗位工作者中也没有过多的要求，尚未经系统专业的培训，尚未掌握专业服务技能，还有的工作者不能应用盲人电脑，就更难以对阅读困难群众提供服务，由此工作者的问题是导致对阅读困难群众难以良好服务的重要原因。第三，缺乏社会组织结构。对比英国和美国，中国公共图书馆开展的阅读困难群众服务和社会不同组织中缺乏紧密合作。加拿大、美国等诸多国家的公共图书馆制定了完善的阅读困难群众的图书馆服务系统，尤其注重公共图书馆的资源共享以及不同图书馆的资源合作，运用诸多方面的协作，彼此努力，可以迅速了解到目前图书馆现存的问题和缺陷，对阅读困难群众提供更多的辅助阅读设施以及馆藏资源，尤其是合理补充特殊资源，是种互利合作的模式。但中国诸多公共图书馆只和残联、盲校等组织开展合作，且尚未和合作单位签订协议，缺乏连带责任，制约了图书馆的阅读困难群众服务工作的开展。图书馆作为一种公益服务组织，政府注重阅读困难群众的情况决定了图书馆发展阅读困难群众服务的发展进程，并且政府在该方面投入多少资金也决定了图书馆在该方面的未来发展前景。与此同时，通过制定强制性法规以及法律体系，可以推动在获取知识方面阅读困难群众平等获得知识的基本权利。第一，缺乏充足的政策体系，图书馆缺乏充足的制度保障是直接制约发展阅读困难群众服务的要素。中国在对图书馆立法中历经较多环节，当下产生了一套系统体系，该法律制定是在《宪法》基础上实施的，《残疾人保障法》是保障阅读困难群众的基本法，《图书馆法》是中国最早的关于图书馆的专门法，《残疾人权利公约》以及《著作权法》等有关法规均在合理维护中国的图书馆发展秩序。对比而言，加拿大、美国等国家在保障阅读困难群众的法律方面更加成熟和细致，中国关于阅读困难群众有关的政策和法律法规依旧处于空白时期，在保障阅读困难群众的阅读中，缺乏充足的保障范围，难以协调各方开展工作。中国并没有对阅读障碍群体颁布强制性的专门法律，只颁布了一定的辅助政策，缺乏较高的实施力度，并且当下的地方图书馆中普遍是关于该内容的描述性论述，并没有制定具体服务条例。第二，配置经费过少，中国公共图书馆作为一种公益组织，在图书馆运营发展环节中所需要使用的资金主要依托政府拨款，倘若政府缺乏充足的关注度，就会造成图书馆缺乏资金，图书馆获得资金的多少取决于政府的预算，拨款资金对图书馆未来发展有较大影响。可以说：经济基础直接决定上层建筑，中国经济落后区域普遍发展速度比较慢，政府资金有限，对图书馆划拨的资金就少，造成图书馆发展对比其他区域更加落后。与此同时，图书馆的支出资金还包括工作人员的薪资，在薪资发放之后，无法有效保障购买经费，也就更不能确保对阅读困难群众提供完善和专业的服务。使用数字资源服务方的问题。阅读困难群众作为一种特殊群体，出于心理、生理的影响，自小就比正常人没有更多的接受知识的机会，导致其缺乏自信心，感觉难以从头学习，与此同时也有诸多的阅读困难群体不想给家人增添负担，不想花费资金购买价格较贵的盲文书籍，导致在学习中形成了畏惧心理。对阅读困难群众而言，其并没有经常参与日常活动，出于自身身体方面的缺陷，并没有广泛参与到社交活动中，其生活重心主要放置在怎样自理和自立方面，尚未将学习当作必备内容，对学习缺乏积极性和主动性，这也是制约中国图书馆对阅读困难群众提供服务的一大要素。一直以来，阅读困难群体有一自卑感、孤独感，出于自身身体方面的问题，普遍很多阅读困难群众在日常生活中均待在家中不出门，不参与正常社交活动，长此以往就降低了自身的交友能力以及行动能力。伴随年龄的逐渐增长，就会有更多的孤独感，并且出于生理方面的问题和缺陷，在生活学习和就业中可能会遭遇歧视和不公平待遇的问题，该心理和生理问题导致其产生强烈的自卑感。在中国，阅读困难群众为弱势群体，由此不管是在什么环境中都可以获得特殊关心和帮助，事事包办、过分疼爱，直接阻碍了对阅读困难群体提供服务，阅读困难群体习惯了有他人的帮助，尽管制定了完善的无障碍设施，也不想自身去亲自体验和感受，这种过分依赖的情况造成阅读困难群众直接放松对自身的要求，尚未形成主动获得知识和信息的观念。阅读困难群体普遍特别脆弱和敏感，成功就特别欢喜，失败就特别悲伤，情绪很可能会遭受很小事情的影响。

六、公共图书馆缺乏对阅读困难群体的认知和科学识别

在对我国 31 所省级公共图书馆进行访谈调研的过程中，存在一个值得深思的现象：当笔者询问贵图书馆是否有面向阅读困难群体的阅读推广服务时，只有 2 所图书馆工作人员随即反问了问题中"阅读困难"人群的具体界定，其余图书馆工作人员均给出了有面向这一群体阅读推广服务的肯定回答。可是随着进一步的访谈发现，各馆阅读推广的对象均为生理及心智上的残障人士，如盲人、聋哑人等。这一现象说明，当今我国图书馆界对于这一群体的认知还不够，阅读困难这个名词对大部分图书馆的工作人员来讲普遍等同于"阅读中的弱势群体"，其概念是含混不清甚至完全陌生的。图书馆要想开展针对阅读困难群体的阅读推广服务，势必要对这一群体的特征及定义有清晰明确的概念。在我国图书馆界普及对阅读困难的认知是做好阅读推广工作的前提，也是当务之急。

虽然目前我国省级公共图书馆还没有针对阅读困难群体的阅读服务，对于这一群体的相关知识也亟待普及，但通过在访谈中对该群体的定义及症状进行简要的介绍后，所有省级公共图书馆馆员都强烈地表示图书馆绝对有责任也有意愿为这类群体提供无门槛的、专业的阅读服务，阅读困难的读者群体也被包括在图书馆各项服务的对象范围之中本是无可厚非的事实。在访谈中，当被问及是何种原因暂时没有面向阅读困难群体的阅读推广服务这一问题时，几乎所有的被访者都提到了以下两方面：

（1）图书馆应该如何寻找这类人群。这一点主要包含两层含义：首先，由于阅读困难读者在生理上、智力上并无明显的缺陷，其症状十分隐蔽不易被发现，所以可能导致这类人群本身及其家人、老师等都意识不到，并将其面临的困扰误认为是由散漫、不专注的行为或智力能力低下等原因所导致的。其次，无论国家层面还是图书馆业界，似乎当前还并没有一套统一的、权威的标准用于鉴别阅读困难读者和正常读者。这无形中在起步阶段就为公共图书馆向阅读障碍症群体提供服务平添了阻碍。

（2）如何让阅读困难群体主动走进图书馆。随着图书馆事业在理论研究和实践服务方面的日益发展，公共图书馆有信心也具备为阅读困难群体提供专业、个性化的阅读及阅读推广服务的相应能力。但当阅读困难群体在面临阅读上的困

难时，能否有向图书馆这一公共服务机构主动寻求帮助的想法与诉求，简言之就是如何使这类群体主动地走进图书馆，也是当前图书馆开展此项服务的阻碍之一。

欧美国家以及亚洲部分发达国家和地区对于阅读困难群体的关注较早，并且都有较为完整的一套法律体系旨在与保护阅读困难群体。正是在相关法律和政策的督促和保障下，使得这些国家及地区的公共图书馆能够探索出成型的服务体系，从而更好地为阅读困难人群提供无障碍的阅读服务以及学习上的帮助。我国对于阅读困难研究仍然处于起步阶段，与其相关的纲领性文件有 2008 年的《中国图书馆服务宣言》、2013 年政协十二届一次会议上的《关于全国加强关爱读写困难学生，切实落实教育公平的议案》，可以说屈指可数。在国家层面上相关法律法规的缺失，也导致了图书馆界到目前为止还没有面向阅读障碍群体的相关政策和指南出台。

七、公共图书馆对阅读困难群体硬件设施和服务不完善

我国诸多的公共图书馆很多馆都是为了设而设，而不是为了用而设；省级图书馆不存在这个问题，但也存在着盲道铺设不完整的问题；很多市级县级图书馆问题较严重。经过实地考察发现，有些馆的视障阅览室设在不起眼的角落里，甚至设在二楼，最基本的设施都不具备，无盲道、无标识指引，有些盲道也残破不堪，违背了便利、以人为本的原则，这是完全不符合国家标准的。近年来国家越来越重视残障群体，要求必须设有盲文阅览室；加之每年公共图书馆需要进行评比，视障阅览室是评比的一项内容，各地图书馆纷纷开设了视障阅览室。但是很多馆在建馆之初并没有设计视障阅览室用地，只能从馆内已经建好的地方挤一块出来以参加评比，并不是为了方便视障读者使用而设立。无障碍各种物理资源及设施利用率极低；每年国家都会投入大笔资金帮扶残障人士，图书馆也会购进盲文书籍，各种机器设备以供视障读者使用，经过和省、市、县各级图书馆员交谈发现，实际到馆使用的视障读者极少，导致这些资源闲置，并没有真正发挥其用途。

其中有几个原因：

第一，年纪小的盲人有专门的学校（盲童学校），校内已配备各种学习资源及其完善的设施；青年人也有专门的学校管理（长春大学——特殊教育学院）；23 岁 ~ 50 岁年龄段的盲人需要赚钱养家，闲暇时间会很少；退休年纪的盲人闲

暇时间相对较多，但是学习新知识的积极性相对较低。

第二，很多视障读者是后天导致的失明，没有从一开始接受相关教育，并不会使用盲文图书，也不会使用各种机器设备；而且技术更新速度快，学习难度大。

第三，视障人士出门极其不方便，城市的盲道系统并不完备，家人需要工作不可能时时陪同，出行存在安全隐患，出行不能随心所欲。

第四，有些条件好的家庭已经为其购置所需设备，无须花费精力专程跑到图书馆获取所需信息。

第五，大多数视障阅览室没有专业人士指导视障读者使用阅读设备。这就导致了物理设备的极大闲置，造成了资源的极大浪费，让知识都"落了灰"。宣传力度不够，实际到馆的视障读者极少，很多必要的服务并未真正开展。省级图书馆为视障读者提供了无障碍的物理环境：将视障阅览室设在一楼离正门较近的位置，并在馆内铺有盲道，各个楼层都设置了无障碍洗手间，有明显的标识，并且会有工作人员专门服务；在电梯的按钮上标有盲文，以便视障读者能够到达想去的楼层；拥有充足的盲文资源以及设备；资金充足，视障阅览室的一切问题都会优先解决。但实际到馆的视障人士并不多，造成了资源的闲置，也无法开展更多的活动。很多市级、县级的视障阅览室不被当地人知晓。大多县级图书馆几年之内都未曾接待一个新的视障读者，甚至从开馆至今累计接待视障读者未达10人，各种服务也未曾开展。只有部分市级图书馆的视障阅览室接待的视障读者相对较多，并且会定期组织一些相关活动，提供一些基础的服务，比如，上门送书、电话预订等。市级、县级图书馆极其缺少流动资金。政府虽然每年会拨款支持图书馆去购买盲文图书以及相关设备，这些资金只能支持购买盲文图书、设备等，其余的活动没有专项资金还是无法正常开展，无法调动视障读者到馆的积极性。

服务方面，第一，专业人才极其短缺以及人手严重不足。省级图书馆的视障阅览室没有专人负责，由于图书馆人手紧缺，负责人兼顾着其他阅览室的工作，工作量很大。市级县级也同样存在这样的情况。大部分的图书馆盲文阅览室没有固定的管理人员，有些是儿童阅览室馆员兼职，有些是中文阅览室馆员兼职，服务特殊群体这种方式过于敷衍；通过交谈了解到，图书馆员由于编制问题，人手极其紧缺，导致很多事务没办法保质保量地展开，人手严重不足，但由于编制的限制每年招收的人数1～2名，甚至几年才引进1～2名；其次，盲人所需的服务并不只限于获得所需信息，更需要心理辅导，长期生活在黑暗环境中的人和身体健全的正常人所感知的环境是完全不同的，正常人无法做到完全的感同身受，所以只让健全的人去负责此项事务是欠缺考虑的，无专人负责甚至有些馆一个馆员兼任多项事务、多个馆员负责该事务就会造成秩序混乱，责任交叉、责任空缺的问题。还有一个就是观念问题：提到图书馆大家第一想法都认为是养老的地方，觉得图书馆无事可做，一直不引进专业人才，这就让图书情报专业的学生学无用武之地，陷入一种尴尬的境地。和图书管理员交谈过了解到，虽然人员极其紧缺，但由于编制的限制，很长时间内不能引进人才。第二，图书馆不具备专门为视障读者建立无障碍网站的条件；经过与 10 名来自省、市、县级的管理员交谈得知，目前各馆均不具备为视障读者创建无障碍网页的条件，国内现有中国盲人图书馆和深圳市图书馆建设了无障碍网站。建设无障碍网站需要投入大量的资金，其次，还需后续的维护，以及专业的技术人员，急需构建无障碍网站的专业人士。吉林省目前没有图书馆专门为视障读者创建信息无障碍网站。第三，联系难度极大；省级图书馆在官方网站上公开了负责人的联系方式以及邮箱，并开设了官方微博及微信公众号，方便沟通。市级图书馆也大多有自己的官网及公众号，但有些馆公开的联系方式在变更后不会及时更新，增加了沟通的难度。县级图书馆情况相对严重，很多馆没有建设自己的网站，没有开设官方微博，只开通了微信公众号，多次向其公众号发送消息，不会及时回复，甚至不回复。官方留下的电话无法在工作时间拨通，给读者带来了极大的不便。

宣传力度不够。没有充分利用互联网、使用多种媒介、联合社会其他机构对视障阅览室的服务进行宣传，很多视障人士迫切地需要一个学习、休闲、诉说心事的地方，但他并不知晓视障阅览室的存在。相应的规章制度不完善。国家颁布了各种保障残障人士权利的法律。但是图书馆相应的规章制度并不具体。参考图书馆评级文件上只写明了参加评比需要各馆设有盲文阅览室，但具体的细则评分标准丝毫没有展开说明，这就给各馆应付评比增加了操作的可能性，形同虚设。

第七章　图书馆为阅读困难群体服务的优化策略

图书馆为阅读困难群体提供完善、优质的服务，一方面需要国家的鼎力支持和社会的普遍关注，另一方面离不开图书馆自身的改进与努力。针对我国现有阅读权利缺位、阅读文化缺失、阅读资源匮乏、阅读活动盲目等问题，本书提出了包括制度保障体系、服务保障机制、组织保障平台在内的对策框架，通过法律保障、政策支持、多方合作、社会关注及图书馆事业发展共同改善阅读困难群体的服务范围与效能。

第一节　构建制度保障体系

一、构建阅读权益保障机制

图书馆尤其是基层公共图书馆主要为阅读困难群体提供服务，开展阅读推广活动，普遍面临资金短缺、空间受限、阅读资源匮乏、馆员素质不高等困难。对于这些问题，需要明确、高效、规范的顶层法律制度设计来解决，即应从国家层面积极制定促进阅读、规范阅读的系列法律法规，使全民阅读活动逐渐走向规范化、科学化、常态化。阅读立法，就是以法律法规的形式将推动全民阅读工作纳入法制化轨道。立法过程中需要将各级政府确定为保障公民阅读权利、促进全民阅读的责任主体，将图书馆确定为推动全民阅读的实施主体，广泛发动社会力量参与阅读推广，并形成制度性文件规范参与者行为。2013 年 3 月全国"两会"期间，115 位政协委员联名签署并提交了《关于制定实施国家全民阅读战略的提案》，该提案中明确提出"应由全国人大制定《全民阅读法》、国务院制定《全民阅读条例》"。2014 年 6 月 23 日，深圳市在全国率先公布了《深圳经济特区全民阅读促进条例（征求意见稿）》，征询公众意见。2014 年 11 月 24 日，湖北省政府常务会议审议并通过了《湖北省全民阅读促进办法》。2014年11月27日，江苏省第十二届人民代表大会常务委员会第十三次会议通过并公布了全国首部促进全民阅读的地方性法规《江苏省人大常委会关于促进全民阅读的决定》。以上这些为推动全民阅读而建立的长效制度保障机制，不仅能够充分保障公民的基本阅读权利，而且能够通过内外部环境共同作用构建完善的公共图书馆阅读推广活动保障体系与阅读资源配置机制，促使公共图书馆阅读推广活动逐渐丰富与完善起来。需要强调的是，阅读困难群体作为参与全民阅读的特殊群体，需要法律法规的制度倾斜，如果不能单独设立面向阅读困难群体的阅读法律法规，那么也一定要将保障阅读困难群体的权益纳入全民阅读立法的条款，并给予特别强调与特殊保护。

（一）加强与多方合作，构建阅读困难群体权益保障机制

缓解阅读困难群体文化信息资源匮乏、提升其阅读能力是图书馆的神圣使命，图书馆应以推动社会阅读、加强社会教育为己任，充分发挥公共空间的作用，加强与多方的合作协调，构建完善的阅读困难群体阅读权益保障机制。

其一，构建以制度保障为基础、行政保障为主体、社会保障为辅助的阅读困难群体公共活动参与机制。这要求政府层面完善相关法律法规、加强政策引导、强化制度顶层设计，同时由政府积极推动，图书馆等公共文化服务机构积极实施，社会机构、企业和其他社会方面广泛参与。在国家全民阅读领导小组办公室的领导下，近年来部分省市不仅出台了本地区阅读促进条例，而且纷纷成立阅读联盟组织，组建本地区阅读志愿者队伍，广泛发动一切社会力量参与，推动全民阅读活动的开展和实施。深圳市的阅读推广工作走在全国前列，首先于2012年由深圳市委宣传部、深圳市文体旅游局倡导成立了致力于推进阅读文化发展的单位和个人自愿结成的行业性的地方性非营利社会组织——深圳阅读联合会，然后于2014年6月23日在全国率先公布了《深圳经济特区全民阅读促进条例（征求意见稿）》。深圳阅读联合会一方面着眼于团结阅读推广机构和个人，宣扬阅读价值，通过研究阅读过程以及教学、推广方法提升市民阅读能力，培养阅读习惯，推动阅读资源整合与共享；同时，非常重视对阅读困难群体的关注，分别推出针对老年人、青年务工人员的阅读推广人培养计划，由阅读推广人深入特定阅读困难群体开展阅读引导与辅导，并设计了"恋恋妈妈心""亲爱的爸爸和我""社

区亲子读书会"等丰富多彩的未成年人阅读活动。

其二，在现有图书馆丰富的文献资源基础上，构建政府管理主体淡出、服务网点扩散并下延、阅读资源共享范围广泛、业务管理规范统一、服务效益提升改善的阅读资源配置机制。随着全国范围内图书馆总分馆制的逐步建设与实施，国内涌现出一批特色鲜明的总分馆制模式（如苏州模式、嘉兴模式等），改变了原有图书馆阅读资源利用率低、阅读推广活动范围受限、阅读服务普及率差、阅读服务效果不佳等问题。尤其是公共文化服务体系的全覆盖，推动优质的阅读资源流向偏远农村、基层社区，推广到农村人口、城市低收入者、老弱病残等阅读困难群体身边。例如，浙江省嘉兴市图书馆为从根本上解决农民读书难问题，积极建设乡镇分馆和村流通站，向城乡居民提供优质、免费、全覆盖的公共图书馆服务，让阅读改变了农民的生活，让更多的图书资源"活"起来。可见，图书馆对阅读困难群众进行服务的环节需要社会组织、政府和机构的全面协助和参与，图书馆需要和法律、教育、医疗、经济等诸多救援组织开展合作，在互利互惠的基本原则中强化在图书馆中融入社会要素，运用外环境和内环境的共同作用，改良图书馆对阅读困难群众服务的服务能效和水平。

（二）以权利保障为要义的服务制度建设机制

建设图书馆服务制度的体系为配置阅读资源的重点所在。《公共图书馆十二五事业发展规划》中表示，"图书馆为公共文化服务系统的主要构成，承担着人类文化遗产保存、传播文化、提供知识信息、落实社会教育的主要职能，对建设我国特色社会主义事业构建智力支撑以及信息资源支撑"。为规避图书馆的社会职能的改变，图书馆需要在发展阅读资源的政策、供给阅读资源、社会包容等层面，运用制度、政策的调整，提供相同的配置阅读资源结构，落实普遍供给阅读资源以及确保公平的阅读权利。

建设阅读服务体系制度是将确保信息权利和公众文化、社会职能当作重要凭证，来安排制度供给、服务政策、有关制度，其重点涉及到制度实践、设计制度、完善制度等内容。以权利保障作为基本的建设服务制度体系为涵盖了信息弱势群体、阅读困难群众的有效配置阅读资源和良好发展的主要凭证。第一，在设计阅读服务体系中，重点涵盖了如下的三个基本原则：一是制度文本和设计理念中的歧视消除，也就是去差别化的服务对象；二是秉持以人为本的基本理念，按照服务至上、需求主导的基本原则；三是公平使用、普遍获得，有效呈现出人文关怀。在实践制度环节中，图书馆需要有效考量阅读困难群众权利的制度规章、缺乏人文关怀的制度、人为区别的服务、扩大的有偿服务、过度保护版权、忽略用户信息教育权等问题，持续深化制度创新、服务理念，落实服务体系和制度，提高服务水准。最终，在完善制度层面，图书馆需要在创新制度中注重阅读困难群众，针对该群体落实独特的推广阅读、建设基础阅读能力和信息保障以及援助，进而产生以维护阅读权利为目标的"有效配置、需求主导、有力保障、建设能力"的图书馆资源和服务建设制度系统。

二、构建阅读资源配置机制

配置阅读资源体系为图书馆服务系统正常运转的主要构成，是对阅读困难群众图书馆提供平等服务的基本条件。有研究表明，在一定程度上，良好的阅读资源配置和馆藏分布，其各类阅读资源的百分比同资源供给数据的百分比有高度的相关性和较小的差异性。因而，公平配置阅读资源以及科学管理不但需要考量诸多类型的阅读资源品质以及数量，还需要考量在空间、时间中资源的人性化设计以及布局规划，让资源维持在开放获得、有效合理的情况内。因此，针对阅读困难群体的阅读障碍，按照图书馆的基本定位和信息公平理论，图书馆阅读资源配置机制划分为以信息需求为导向的阅读资源采选机制和以普遍获取为目的的阅读资源建设机制。

（一）以信息需求为导向的阅读资源采选机制

采选阅读资源体系为配置阅读资源的基础和前提，主要涵盖了阅读资源经费分配以及预算、采选阅读资源原则、采选阅读资源的评价以及反馈等方面。针对阅读困难群众来说，有效的采选阅读资源制度重点呈现在：（1）在发展馆藏资源政策以及制订的发展本馆规划内需要有效考量阅读困难群众的行为特征以及信息需求，在阅读资源经费的分配和预算中除去考量外文和中文的报刊费用的比重、现代电子阅读和传统阅读资源经费的比重之外，还涵盖了特殊的阅读资源经费的比重。（2）采选阅读资源原则需要以用户需求为基本导向，为管理者和采选资源人员等确定建设阅读资源的思路、重要指标、有关职责，进而确保建设阅读资源的有效性以及科学性，和对阅读困难群众服务的适应性。其重点涵盖了目的性基本原则（按照服务地区的综合需求明确采选重点、服务目标、读者比例、文献资源等要素）、平衡资源原则（考量到重点性和覆盖学科性的均衡、个性化和基础性需求的协调、建设特色馆藏以及普通馆藏的协调）、教育性基本原则（需要有效考量信息弱势群体和阅读困难群体在知识方面的需求）、多元载体的基本原则（有效配置不同载体模式的阅读资源，开展好建设综合资源的问题）。（3）采选阅读资源的评价以及用户反馈，为评价采选阅读资源重点是将用户利用现状所呈现的信息当作重要的参照标准。该区域论述的"读者"普遍考量某比重的阅读困难群众以及很多读者。结合用户需求来说，用户需求、个体需求的差异性以及多样性，在客观上导致图书馆不能满足所有用户的个性需求，只可以挑选满足诸多群体的基本需求。在建设阅读资源方面，有限的预算经费直接决定了建设阅读资源的有限性，其就需要资源分配的稀缺性以及采选资源的繁杂性，并且在该层面需要有效考量特殊群体在阅读资源方面的可获得性。在现实层面而言，公平是建立在资源稀缺方面的公平中，并不是可以落实所有个体的需求，由此，公平为让诸多人获得资源。

（二）以普遍获取为目的的阅读资源建设机制

阅读资源建设机制是图书馆阅读资源配置机制的核心组成。根据印度图书馆学家阮冈纳赞（Ranganathan）《图书馆学五定律》（*The Five Laws of Library Science*）中"书是为了用的"（Books are for use）和"每位读者有其书"（Every reader his book）两基本原则，建设图书馆的阅读资源需要将"用户的普遍利用和获得"当作宗旨。主要涉及建设文化环境资源和信息基础设施建设、获得以及利用馆藏阅读资源、调整和评价阅读资源、共享共建阅读资源等诸多层面。针对阅读困难群众的建设阅读资源体系重点呈现在：

（1）建设公共文化环境以及信息基础设施，涵盖了设计图书馆的空间资源以及资源的额配置（例如，盲人阅览室、儿童服务区等）、网络设施条件（存储设施、上网设施的运行速度以及容量、免费服务、宽带接口等）、无障碍信息工程（例如，保障残障人员的阅读资源、引导特色阅读资源的标识、口述影像、盲人读物、远程教育、有声书籍等）、阅读文化氛围等诸多的基建设施建设。

（2）在利用以及获得阅读资源方面需要对种类不同、层次不同的阅读困难群体对网络资源和纸质资源的利用获得情况进行定时分析和调研，融合用户的满意度和阅读需求，全面细致研究图书馆阅读资源的便捷性、开放性、有效性等，对建设阅读资源和配置科学构建了综合参照。

（3）调整以及评价馆藏阅读资源，在对阅读资源的信息反馈和利用信息中，结合建设图书馆资源的综合目标，综合评价馆藏资源，落实合理、科学调整，且迅速对阅读困难群众汇报调整阅读资源的动态。

（4）共享和共建阅读资源，为消除建设阅读资源的有限性，直接拓展文化平台，实现多元共同参与、深化阅读推广，图书馆需要秉持"走出去、引进来"的开放的基本原则，推进共享共建阅读资源，确保阅读资源的普及性以及全面性，扩大对阅读困难群众推送服务的覆盖性。共享共建阅读资源体系重点牵连到馆际共享合作原则、一般操作环节（例如，对用户共享阅读资源系统获得资源的类别、范畴、模式等）、组织模式（集中式、分布式）、评估共享共建项目等。在社会方面而言，建设阅读资源是将普遍获得当作基本目标，是图书馆有效使用文化资源和阅读资源以及惠及群众，进而弥合信息分化、数字鸿沟而导致的信息不公平等问题构建信息资源的保障。

另外，阅读资源是图书馆为各类用户提供服务的基础与保障，从阅读资源的采购、开发及满足用户需求等方面来看，阅读资源具有稀缺性。从信息生态系统角度出发，其开放性本质及其价值交换的内生性功能决定了只要不同的阅读行为主体存在，竞争无法消除。这就需要在建设阅读资源环节中图书馆有效考量不同类别用户的基本需求，不但需要全面照顾有阅读能力的用户，还需要注重阅读困难群众。例如，在偏远山区农民利用和获得资源比较难，图书馆可运用送书下乡、流动图书站等模式，实现阅读资源的合理优化和配置。出于阅读资源有一定的非排他性以及非消耗性，由此图书馆可运用共享共建阅读资源的模式落实优化配置，合理提升利用阅读资源的效率，在图书馆生态信息体系层面而言，图书馆可采用和系统外组织共享共建阅读资源的模式来满足阅读困难群众的基本需求，进而合理规避重复建设资源的问题，也能提高阅读资源的利用率。

三、构建阅读活动推广机制

开展阅读活动是图书馆提升服务和对外宣传的一种形式，虽然各级各类图书馆一直都在做阅读活动，而且活动的形式与内容丰富多样，但是如何打造品牌阅读活动、发挥阅读活动的最大效应有赖于完善的阅读活动推广机制。阅读活动推广机制包括了创新的顶层设计方案、良好的示范引领和具有可操作性的实施内容，涉及制度建设和实践运行的各方面。构建阅读推广活动机制一方面有助于保障阅读活动具有持续、稳定的经费支持；另一方面有助于更加明确活动目的与实现方式，保证活动的顺利、良好运行。尤其是针对阅读困难群体而言，完善的阅读活动推广机制能够广开思路，策划和实施更多有利于阅读困难群体的阅读活动，将阅读困难群体纳入图书馆服务范畴，有效保障阅读困难群体的阅读权利实现。例如，黑龙江省图书馆在引领全省阅读推广工作方面具有较为创新的经验与做法：在全省活动设计上，策划并协调全省各级图书馆从"4.23 世界读书日"起在整个读书月的活动，罗列活动清单，布置活动任务；在引领示范方面，创新真人图书借阅模式并将其发展为常态化服务，经过两年的发展，将真人图书在全省范围内推广并实现真人图书资源的跨地区共享；在读者沙龙的组织与管理上，出台《读者沙龙活动管理办法》，面向社会公开招募沙龙团队，形成沙龙团队的自我管理与沙龙活动的有序开展；在倡导经典阅读方面，以龙图公开课的形式组织国学诵读班，帮助未成年人更多地接触传统文化，倡导经典阅读从吟诵《诗经》开始。

打造图书馆品牌阅读活动是构建阅读活动推广机制的重要内容之一。阅读活动推广机制的实施需要严谨完善的阅读活动策划、充分的前期准备、有效的活动实施与长期的活动支持。同时，图书馆要通过多种媒体形式进行全方位的宣传报道。除了运用印刷媒介、电视、广播等传统媒体进行宣传，图书馆还应注重数字媒介形式的宣传推广，尤其是充分利用微博、微信等网络平台对活动进行提前预告、实时报道、事后追踪，与广大读者进行互动，及时获得社会反馈。

四、构建图书馆社会支持机制

阅读是满足全社会学习需要、提升全民文化素养的主要途径。图书馆开展阅读推广活动需要政府、社会等的多方支持与参与。由于阅读困难群体具有特殊性，往往需要通过制度援助的方式实现阅读权利的维护。这里可以运用信息协同的思想，与多种社会资源相结合，使阅读资源有明确的传递方向，并使社会各界产生协同力，实现阅读资源在系统内的加工、合理使用，合理安排图书馆的结构布局，使各类用户的阅读需求得到满足，图书馆社会服务效益达到最大化。图书馆要鼓励社会力量参与全民阅读，积极与社会各界组织广泛开展合作。合作的内容包括：鼓励企业投资或捐资建设面向全民开放的公益阅读设施，从事公益阅读资源生产与供给，独立举办或捐助、赞助公益阅读活动；鼓励各类社会组织开展全民阅读活动，承接政府部门转移的职能或政府部门委托的全民阅读项目；鼓励各类新闻媒体参与阅读活动的组织与宣传，既能够增加社会推广力度，也成为媒体展现阅读魅力的素材。

在组织层面，图书馆应广泛发动阅读困难群体服务的组织者与参与者，如成立阅读联盟或阅读协会，加强组织领导；培养阅读推广人，使其深入社区、学校、养老院等阅读困难群体身边，推广阅读、指导阅读、引领阅读，使阅读困难群体服务具有针对性和专业性；招募阅读志愿者，引入社会力量支持图书馆阅读困难群体服务，并不断壮大阅读推广队伍与服务队伍，在更广的范围内争取优质社会资源融入图书馆服务体系。

从服务实施主体来说，图书馆可以联合社会各界参与阅读活动的组织和开展，形成广泛的社会效应。例如，近年来伊春市图书馆与市妇儿工委、市委宣传部、市文广新局、市妇联等部门联合开展了三届"林都情韵"少年儿童诗文朗诵比赛，活动注重激发儿童阅读热情，提高儿童语言表达能力和文化修养，成为政府积极主导、社会多方协作、全民广泛参与的阅读推广活动典范。再如，黑龙江省图书馆与上海知名阅读推广人、教育家黄欣雯"故事妈妈"团队合作，为少年儿童开展分级阅读生命教育绘本课，同时开办家长课堂，创新的阅读形式更符合未成年人的需求，使阅读活动走进家庭。

在经费支持层面，图书馆还可以通过设立全民阅读基金的方式，加大对阅读困难群体的社会关怀与扶持。例如，《深圳经济特区全民阅读促进条例》单独用一个章节强调设立全民阅读基金，以保障全民阅读的有效稳步推进。全民阅读基金可以由当地财政提供启动基金，依法吸纳、接受自然人、法人或其他组织的捐赠，主要用于资助开展全民阅读活动，扶持民间阅读组织，实施社区阅读、未成年人阅读及特殊群体阅读服务计划，组织阅读能力测评、阅读状况调查等。

从知识援助视角，图书馆可以通过建设信息协同的知识援助制度来保障阅读困难群体的阅读权利。具体做法包括与社会各界（如教育机构、医疗机构、法律机构等）积极合作，共同设计开展针对阅读困难群体的知识服务；与其他图书馆签订互助协议，促进阅读资源的共建共享，加大知识援助的合力；建立知识援助的考评制度，使图书馆为阅读困难群体服务的效果得到反馈，进而提高其服务水平。

五、构建监督评价机制

图书馆阅读困难群体服务应考虑到阅读服务与阅读活动的连续性和延展性，设计完善、健全的监督机制，能够有效保障阅读困难群体服务的实施效率和效果。虽然目前文化部全国公共图书馆定级评估标准中已严格将未成年人、老年人、残疾人的服务内容纳入评估要求，但是多数图书馆并不重视阅读困难群体服务，甚至认为这是"小众"群体、服务效益不显著而无须单独设立部门或专职人员。然而，实际上这部分社会群体对图书馆服务有特殊的要求，更需要社会的关注与关爱。例如，视障读者由于接受知识的方式有限，可利用的阅读资源与阅读方式较为稀少和单一；聋哑读者平时使用的手语语序与书面用语语序不同，进行纸本阅读时需要手语翻译。这些群体有阅读需求，但是其阅读行为的实施需要图书馆具备懂得中国手语、富有爱心和奉献精神的专职图书馆员加以辅助与引导。因此，构建图书馆阅读困难群体服务的监督评价机制尤为重要，而且要具备下列三方面的内容：从顶层设计层面，要对于阅读群体的不同阅读行为与需求设计具有群体针对性的图书馆服务，监督评价阅读困难群体服务的差异性与可操作性；在监督基层图书馆阅读困难群体服务的实施与开展情况方面，可通过要求基层图书馆提交开展服务或活动的视频材料、文案、宣传报道等内容；具体到阅读困难群体的活动实施环节，还可以设立监事或监审组等临时性机构，对阅读活动过程进行全程监督，对提出异议的地方进行权威解答，保证阅读活动的公平性、公正性。

构建图书馆阅读困难群体服务的监督评价机制还需要注意：首先，其实施主体要明确，应该由社会第三方机构来担任，排除图书馆自评图书馆这样的监察漏洞，以保证监督评价结果的真实、有效。其次，监督评价方式要多样，渠道要畅通，使阅读困难群体能够及时反映其文化诉求，并能尽快得以解决和反馈，由此避免部分阅读困难群体的行为偏激与心理阴暗。最后，要对监督评价结果进行研究。监督评价是为了改善图书馆的服务，图书馆要针对监督评价结果认真研究、反思，积极做出相应的服务调整与改进。

第二节 提供完善的服务保障措施

一、提供具有针对性、差别性、高效性和可操作性的图书馆服务

第一，图书馆需要对群众提供有特殊性和针对性的服务，并且注重行为措施的可实施性以及差异性，进而实现服务落实效果和效率的全面提升。例如，结合阅读困难群众的代际传播属性和特征，图书馆在对农民工子女和文盲妇女开展阅读服务和提供阅读资源环节中，需要注重改善阅读习惯、限定阅读内容，进而逐渐改变由于长时间被社会排斥所产生的思维定式、落后的文化观念以及落后的价值取向的问题，消除该阅读困难群众和其他群众的知识鸿沟，合理维护社会公平的代际传播。再如，通过实践调研发现，大部分聋哑人虽然识字，但是由于他们惯用的手语语序与书面文字书写语序和语言习惯的不同，无法进行文本阅读。只有少部分接受过特殊教育的年轻聋哑读者，能够看懂简单的信息。针对这部分阅读困难群体，图书馆服务则不应仅限于阅读资源的提供，而应在深切了解其需求后，开展其他形式的读者服务与活动。近年来，黑龙江省图书馆持续为聋哑读者开办中国手语培训班，培训的目的不仅是让聋哑读者用规范的手语参与社会，而且让社会上更多关爱聋哑读者的人参与志愿服务；同时，黑龙江省图书馆还定期为聋哑读者播放配有手语的无声电影，使他们能够接触到更多优质的文化资源。

第二，图书馆服务还应注重为阅读困难群体提供服务的高效性，深入社区、残障儿童学校等基层机构为阅读困难群体提供延伸服务和开展阅读活动，提高图书馆服务的成效与反响，体现图书馆的人文关怀。从本次调研不难看出，阅读困难群体的读者构成类型较为复杂，群体呈分散分布状态，而且阅读困难群体的阅读能力缺陷致因较多，图书馆很难对其开展整齐划一的阅读服务与活动。这就需要图书馆以社会包容理念为指导，设计切实可行的特殊群体服务项目，并长期、持续开展下去。例如，黑龙江省图书馆为了提高盲人读者服务效能，充分发动社会志愿力量，组织策划了"我是你的眼"全民阅读公益助盲活动。活动缘起于黑龙江省新闻出版广电局为黑龙江省图书馆捐建的盲人听书室。盲人听书室有听书

机 30 台，每台装有 20 多册图书，其中 20 台用来外借，10 台用在馆内听书。盲人朋友只要拿着身份证和残疾证在黑龙江省图书馆办一张读者卡就可以借阅听书机，期限是 3 个月，可以循环借阅。当盲人读者有需求时，可以打电话或通过网络告诉图书馆的工作人员，黑龙江省图书馆将电子资源（主要是音频文件）下载安装到存储卡上，由社会招募来的爱心志愿者将存储卡和听书机送到盲人读者家中。整个服务过程是由黑龙江省新闻出版局、黑龙江省图书馆、志愿者共同努力协作完成。这样的服务项目可以最大程度减小盲人出行障碍，让视障读者能够享受到阅读带来的乐趣，更好地融入社会，深受盲人读者的欢迎。

第三，图书馆在对阅读困难群众开展服务环节中，需要高度关注用户和阅读资源、不同阅读资源之间、用户和工作者、用户和用户、信息环境和用户、阅读环境和阅读资源彼此之间的关系，在信息生态体系层面而言，唯有合理处置如上关系，才可以确保信息生态体系的全面健康发展，才可以有效确保阅读困难群众自身的阅读权利，图书馆工作者需要树立积极对阅读困难群众提供服务的观念和意识，信息消费者和生产者彼此之间的关系为信息消费者和生产者彼此作用的基础，在信息生态体系内，联系用户和图书馆工作者关系的纽带即为阅读资源。针对阅读困难群众来说，图书馆工作者需要首先关注到对阅读困难群众注重是其最基本的职业操守，是自我完善的基本环节。工作者在对阅读困难群众开展服务环节中，需要以人人平等的理念提供服务，努力对阅读困难群众创建有较强人文关怀的良好环境，让阅读困难群众可以获得平等的阅读权，由此在持续不间断的阅读环节中提高阅读困难群众的阅读能力。

第四，根据中国盲文图书馆发布的《视障阅览室建设与多元化服务》规定，省级图书馆阅览室面积不得小于 100 平方米，座席不得少于 15 个；地级阅览室面积不得小于 50 平方米，座席不得少于 8 个；县级阅览室面积不得小于 20 平方米，座席不得少于 4 个。从实际调查的情况来看，大多数馆由于经费等原因未能达到要求。由于公共图书馆把盲文阅览室这一项作为评选标准，但在视障阅览室这一部分并未做出详细的说明，很多地方图书馆并不具备开设条件，导致视障读者没有在馆学习的空间。所以需要政府的支持为视障读者提供阅读学习休闲的空间。可根据当地实际情况，改造盲文阅览室。建议对视障阅览室的开设进行严格审核，不具备开设盲文阅览室资格的图书馆关闭盲文阅览室，或者与其他附近的盲文阅览室联合，整合视障阅览室的使用空间。根据《视障阅览室建设与多元化服务》要求，视障阅览室应配备配套的阅览设备，例如，安装有读屏软件的计算机、盲文设备（盲文计算机、盲文显示器、盲文刻印机等）、听书设备、助视设备，文件中并未规定具体的标准细则，所以可根据各地的实际情况，来购买相应的设备，如经费不足，可考虑求助设备充足的省图书馆、省残联，甚至可向社会机构寻求帮助。应为视障读者购进符合视障读者阅读使用习惯的盲文读物、大字读物、无障碍影视作品等类型的资源，如能满足其基本需求，还可增加数字资源的购进。根据《视障人士服务规范》规定的标准。由于各地情况不一，有一部分阅览室无法达到此标准，但是由于视障读者很少，也能满足当地的基本需求。所以可以根据当地的实际情况购进盲文书籍。如紧缺盲文书籍，可向省残联、上级图书馆借阅，或是向资源充足的图书馆借阅，也可向社会机构寻求帮助。或是开展一些盈利性服务来支撑视障阅览室非营利性的服务，比如，做一些文创产品，而不是只等着政府拨款。政府应加大财政拨款力度，图书馆是政府出资设立的社会性服务机构，是一项事关每个人的公益性事业，特殊群体也不能被排除在外，其运营的所有资金绝大部分来自政府，可见图书馆对政府的依赖程度。图书馆各项事务的运营与政府息息相关，所以政府的重视对盲文阅览室的正常运转有着至关重要的作用。政府应该为盲文阅览室设立专项活动资金，视障阅览室并不是只是提供盲文图书，为视障读者提供知识的场所，还要负责为特殊群体组织一些别出心裁的室内室外活动，填补当地特殊群体生活的空缺。单纯地为盲文阅览室购进盲文图书、新的设备是远远不够的，在正常的运营中需要很多活动经费，政府要为视障阅览室设立专项的活动资金，以保障其室内室外活动均能正常展开，视障阅览室能够正常且良性地运转起来。

二、提供丰富的阅读推广活动

图书馆可运用对不同种类的阅读困难群体落实推广阅读活动，让其可以了解运用图书馆可获得什么资源和怎样获得，实现阅读能力的持续提升。例如，英国"阅读起跑线计划"是国际上首个专门对婴幼儿指导服务的计划，这一计划由教育、图书馆、健康等诸多组织共同对婴幼儿发放的免费包，该阅读包可帮助家庭参与和了解到阅读起跑线计划，与此同时，其准备了诸多的阅读活动，例如，蓝熊俱乐部、故事时间等诸多方面。

美国生理学家玛丽安·沃安夫（MaryanneWolf）在《普鲁斯和鱿鱼：阅读头脑的故事和科学》（Proust and the Squid–.The Story and Science of the Reading Brain）一书中指出："一个人渴望知识和对事物有好奇心，普遍为在儿童期间产生的。"所以，公共图书馆应充分重视针对未成年人的阅读推广活动，并将其作为一项日常工作，让读者通过活动充分了解阅读的重要意义。为阅读困难群体开展阅读活动已经成为社会的共识，图书馆需要积极参与，发挥传播文化、公益教育、推动学习的作用，成为推动全民阅读的促进者，对社会阅读贡献微博力量。实践证明，依托总分馆系统的载体，阅读推广工作能够取得一定成效，可以使更多的亲子家庭、社会成员便于参与到活动中，对建设阅读品牌构建了色彩以及活力。

案例1：开心阅读放飞思想——苏州图书馆"开心果"亲子阅读活动

教育的核心为文化启蒙，启蒙的渠道为亲子阅读。阅读教育需要在小时候开展，由此对所有家庭来说，亲子阅读不但可以提高孩子语言能力，了解更多的信息和知识、提升独立思考和写作能力之外，还可以实现传承经验、推动情感交流、增加阅读效果的作用。亲子阅读是塑造快乐学习环境、构建和谐家庭的主要方式。

1. 活动相关背景

相城区作为苏州最新规划和设计的城区，是国务院在 2001 年批准设置的，为一种城乡结合式的典型城区。根据苏州图书馆少儿部获得的相关数据，自设立城区至今，并没有开展亲子阅读活动。苏州图书馆已经拥有 2500 多年的发展历史，并且是城市文化的重要窗口，阅读推广是图书馆的基本责任。相城分馆为相城区的第一个分馆，也是苏州图书馆的第十五分馆，其承担了更多的责任，由此其需要将阅读逐渐拓展到相城区的方方面面，让亲子阅读、社会阅读走入所有的家庭中，由此构建亲子品牌是当下迫切需要解决的问题。

2. 活动过程

（1）活动理念

相城分馆试图将 3 ~ 12 岁的亲子阅读活动转化为相城区有公益性和长效性特征的品牌亲子阅读活动，将"快乐成长、开心阅读、放飞观念、激发兴趣"当作亲子阅读的基本理念，一直以来图书馆希望在图书馆浏览学习的小读者可运用亲子活动培养阅读兴趣，并且也乐于陪伴小读者共同快乐成长。图书馆希望小读者浏览诸多书籍，激发自身的研究兴趣以及好奇心，放飞身心。

（2）活动名称由来

相城分馆将创建寓教于乐、属于孩子独立空间的乐园，所有的服务和活动均是在孩子角度切入的，由此在活动开展之前就高度关注活动中学生的自主性，活动的名称也是在读者中通过征集活动获得的，图书馆在小读者中广泛征集阅读主题以及活动名称，在正式开展活动之前使用小读者最多认可数量的名称，将其确定为此次活动的名称，所有的活动都是在小读者的爱好、兴趣方面切入，且运用该活动合理弥补亲子阅读的缺失。

（3）活动初期面临的困难

"开心果"阅读活动多种多样，涵盖了绘画、绘本故事、舞蹈、手工制作、游戏等诸多方面，进而对组织者的能力有较高要求，不但需要有阅读活动的组织、策划、协调能力，还需要掌握早教理念和方法，有一定幼儿心理学方面的知识和能力。由于组织者的操作能力和数量的限制，无法良好地满足预期设想，进而对活动的全面开展产生一定的影响。

（4）解决资源匮乏的方法

让小读者享受阅读童书的快乐，并非在很短的时间中就可以实现的，稳定、长期的亲子活动需要所有人员的共同参与，图书馆为全面推动活动开展，求助多方力量，不但对文体局递交了书面陈述，还当面探讨本次活动的可行性，并在教育局、文体局、少儿部、文明办的全面支持和帮助下，在社会中广泛招募公益力量。出于相城区位于偏远的区域，很难在全市范围内获得公益力量，由此在全区范围内图书馆寻找志愿者，起草志愿者管理制度以及征集令，但凡拥有如下条件均可以成为志愿者：喜爱儿童文学，想持续了解儿童文学；乐于义务开展幼儿教育和讲故事；可按照图书馆的活动安排或要求开展活动和参与活动；有信心、有爱心且拥有一定的责任心。通过多方面的全面推动，志愿者是来自小学、幼儿园的老师以及故事姐姐的志愿者团队，她们牺牲自身的业余休息时间对公益活动奉献自我。当下图书馆已经培养了六十多名志愿者，这些志愿者均可以对小读者分享阅读快乐和带来知识享受，正是建立在志愿者的付出之上，对图书馆开展少儿的活动创建了良好基础，打开局面。

（5）活动的具体要求

"开心果"活动的策划是由 2～4 名志愿者共同实施的，按照时间节点合理确定活动主题。对 3 到 12 岁的用户而言，其普遍活泼好动，难以像成年人一样可以长时间将注意力集中在某一活动范围内，由此每期的活动的活动内容均是由几方面组合产生的，时间维持在 1.5 到 1 小时之间。其中让小读者使用图书馆和认识图书馆、讲绘本故事、感恩教育等和上级单位以及阅读需要有关的主题活动均是必要内容，舞蹈、手工制作、绘画、游戏等可按照志愿者的自身特长开展不同的活动模式。志愿者需要在开展活动之前的一个月递交详细的策划书，所有的策划书均需要包括活动目的、前言、主要内容、操作办法、时间、基本材料和活动地点等相关内容，图书馆按照活动的可操作性、主旨对所有志愿者递交的活动策划书提出建议，且提供有关的活动工具和设施，两者彼此合作共同开展亲子阅读活动。

为确保在现场中小读者的安全和强化亲子沟通、交流以及互动，活动中家长需要在小读者身边一起完成全部的活动内容，现场还会设置图书馆工作者，帮助志愿者维护秩序，且向有经验的志愿者学习讲故事的技巧和手工制作以及绘画方法等。所有的志愿者在活动结束之后都会融合活动主题对参与活动的家庭推荐和该主题有关的三到五本拼音读本或者是绘本，感兴趣的家庭可在阅览室办理相关的借阅服务。活动结束之后，图书馆会按照现场的真实现状积极和志愿者展开沟通和交流，合理维护活动秩序，持续提升活动品质，对其后活动的开展做好准备工作，让所有的家庭均可以在此次活动中有所收获。

在全部的志愿者完成活动中给大家留下最深刻印象的为某幼儿园的张老师，在当天其对诸多家庭讲述了《猜猜我有多爱你》的绘本，在老师的讲述中该绘本内容栩栩如生，讲述该绘本之后，张老师对现场所有的家庭呈现了山川照片，让所有的小朋友在这里有树木、河流、阳光、鲜花、山峰的图片中挑选一种，并使用一个形容词呈现孩子对父母的爱。例如，鲜花多美就表示我有多爱你；水多清就表示我有多爱你；阳光多明媚就表示我有多爱你……运用该场景的论述，不但可以获得同龄儿童在词汇方面的差距，还可以提高儿童的词汇量，提升儿童的表达能力，拉近父母和子女的距离，运用此次活动张老师展示了阅读活动的作用，在讲述故事的环节中也需要注重对儿童的引导，推动培养儿童的独立思考以及发散性思维。

3. 成效与影响

"开心果"活动在诸多领导的全面支持和引导中以及不同志愿者和工作者的配合下获得了显著成绩，开心果活动自 2010 年开办至今已在相城区开办了 60 多期，参加人数达 4000 多人，诸多媒体纷纷报道了开心果活动。

该活动获得 11 项奖项，其中 3 项为论文类奖项（一项为省级奖，两项为国家级奖）、8 项为活动类奖项（一项为省级奖、三项为国家奖、四项为市级奖）。包括中图学会社区乡镇推广阅读活动最佳案例奖、中图学会儿童阅读活动经典子最佳案例策划奖、江苏省第五届图书馆优秀服务成果三等奖、全民推广阅读活动创新经典案例三等奖、江苏未成年建设思想道德工作创新三等奖、苏州市优秀阅读节活动奖、中图学会获奖论文等。如上成绩的获得均让相城分馆演变为苏州所有图书馆分馆中首个获奖对象，并且是获奖数量最多的一个分馆，在分馆建设中发挥带头引导作用。

在活动中相城分馆注重深挖在亲子阅读的志愿者，提倡志愿者对小读者讲述更多故事，创办更多特色活动；推荐志愿者撰写亲子阅读和绘本相关的文献以及文章，文章被《今日阅读》收录；在亲子阅读方面表现优异的志愿者可以被推荐到苏州大讲坛讲师团中任职；在总分馆系统中，非定时开展有特色的家长沙龙以及亲子讲座。相城分馆当下承办的开心果阅读活动已经演变为连接其他分馆和苏州图书馆的亲子阅读的沟通桥梁，并且对其他分馆开展少儿活动进行指导，演变为其他图书馆学习的榜样。该活动的开展，在相城区诸多小用户内心中均留下了深刻的印象，因为在该"开心果"活动中，不但获得了活动的快乐，并且获得了对亲情、家庭的深刻理解，培养了自身的自信心，在寓教于乐的教育氛围内，让家庭更好地享受图书馆对其带来的诸多乐趣。这也是独立思考和阅读的一种独特魅力。

案例 2：品牌阅读活动推进无障碍阅读的实践与启示

1. 活动缘起与组织

近段时间，黑龙江图书馆为示范全民阅读的示范基地认真、积极地开展和组织了诸多阅读活动，受到了社会各界、群众认可的关注。黑龙江图书馆在 2014 年年初融合省情的真实现状，制定了完善细致的全民阅读活动，进而指导省级阅读工作的落实和组织。

2014 年 4 月，将 EJ 世界读书暨省第七届全民阅读活动当作机遇，省军区和黑龙江图书馆进行合作，在黑龙江省内开展和实施了大型"阅读助力人生"的朗诵演讲比赛活动。该阅读活动将建设数字文化边疆万里长廊当作依托，对省边防部队士兵和省群众征集优秀的作品，历经挑选和初步评估，最终挑选了 29 个作品参与了在 5 月 29 举办的"阅读助力人生"的演讲诵读决赛。此次参与比赛的作品和群众的生活比较吻合，不但呈现了边防战士独特的军旅文化生活，提高了省群众热爱家乡，并且在社会体系内掀起了全民阅读的热潮，直接引领了新风尚。

黑龙江图书馆在 2014 年 6 月，按照图书馆学会青少年推广阅读委员会的需求，通过展演的模式举办了"阅读助力人生"的第二场演讲诵读活动。此次活动对象重点是省内的儿童，大赛将获得的所有节目均在现场中予以展示，其后获奖的五个优秀作品被上传到中国图书馆学会，并参与了中华少儿经典诵读比赛，获得了两个优秀奖，一个团体银奖和最佳组织荣誉。该次儿童诵读活动不但提高了儿童对中国优秀文化的自信以及认同感，实现了视野开阔、内涵丰富、智慧启迪、灵魂精华、素质提高的目标，让诸多的儿童步入图书馆内，进行阅读，了解图书馆，热爱阅读。

黑龙江图书馆在 2014 年 8 月延续了"阅读助力人生"的主题，在馆内组织工作者实施和开展了"阅读助力人生"的书友座谈会。馆方融合目前优秀的本土作品、热门作品、专业实用参考书制定了工作者的阅读书目，并从中精选了《蛙》《自由在高处》《共享阅读》《额尔古纳河右岸》4 本书籍当作重要的阅读内容。所有的工作者，随意挑选自身感兴趣并且阅读后的书籍，按照自身意愿分组举办书友座谈会，开展读书交流。书友会有融洽的氛围，工作者记录心得体会，且分享读后感，短时间的交流激发了对文学热爱的共鸣，并且引发了对业务的思考，良好地提升了工作者的职业热情以及业务素养，呈现了工作者积极向上的风貌。

2014 年 9 月，"阅读助力人生"的朗诵比赛被当作是首届黑龙江农民文化节的重要活动板块，并对黑龙江省农垦总局和不同县、市图书馆征集朗诵和农民演讲的节目。初评时期获得了不同单位报送和推选的 121 个优秀作品，最后挑选了 9 个展演节目、56 个比赛节目参与 2014 年 9 月 26、9 月 25 在图书馆报告厅举办的农民演讲朗诵"阅读助力人生"决赛。该比赛历经了两个月的时间，参赛作品重点是将吟诵黑土、歌颂家乡、励志读书当作主题，推动了在全省范围内开展农民阅读工作，获得了诸多农村群众的广泛认可以及积极参与，激发了群众在阅读方面的热情，呈现出建设城镇和新阶段农民的精神面貌。参赛节目和群众生活比较贴近，该活动举办得精彩呈现、有声有色，群众将其叫作"农村大联欢"。

2014年12月，在第二十三个国际残疾人到来的时期，省文化厅和省残联会举办了全省首届的"阅读助力人生"的残疾人演讲朗诵比赛。黑龙江图书馆依托品牌推广阅读策略和大量的阅读活动经验，再一次具体承办了此次面向残疾人的诵读演讲比赛活动。活动在最初比赛到决赛分别历经了一个多月的时间，并且确定了20多个节目进入决赛。活动中，残疾人融合自身的读书体会、经历、个人思考，使用感人情怀、生动言语呈现了残疾人热爱生活、自强不息的优良精神面貌，让健康积极的文化生活演变为残疾人生活的内容，为推动建设边疆文化大省、学习型社会，持续构建书香龙江、推动残疾人文化发展、对全民阅读构建优良氛围助力。

2. 活动形式灵活多样

将"阅读助力人生"为核心的阅读推广活动使用演讲、诵读、书友会等模式彼此交叉、经典和原创结合的模式实施，参赛者可按照阅读现状随意挑选参赛模式。确定活动内容的主旨是激发用户赞美家乡和热爱阅读，传播积极的社会能量。演讲作品的种类注重数字阅读、纸质阅读，对坚定信念、提升人文理念、推动边疆文化的发展、推动建设城镇化、丰富文化生活有显著作用；诵读作品的类型涵盖了诵读经典文章，对黑龙江的文物古迹、自然景观、社会发展、历史文明、地区文学、民俗风情等予以歌颂和赞美。例如，在举办的五场演讲和诵读比赛内，有的将《知识改变生活》《阅读点亮生命》《墨香溢农家院》当作题目，论述了成长致富和阅读经历等；还有的将《美丽兴安，我的家》《大美龙江恋歌》《达江颂歌》为题目，赞美家乡风景、人文、物产等，歌颂美好的生活；还有的将《为生命喝彩》《有爱有希望》当作题目，传达出积极的态度，激发自身斗志；还有的将弘扬优秀文化、诵读经典当作宗旨，涵盖了《赤壁赋》《岳阳楼记》等古体诗，还涵盖了《雨巷》《书籍》《白杨礼赞》《再别康桥》等经典作品的阅读。

演讲和诵读交叉的模式的优势是：用户可按照自我情况随意挑选阅读的表达形式和内容，可诵读经典作品，演讲原创作品等；组织者可以按照参赛节目的参演数量、内容、参演模式等予以节目排序，例如，将诵读和演讲节目予以穿插，单人和多人节目彼此交叉，让活动现场有极强的观赏性。

3. 活动实施高效有序

"阅读助力人生"的演讲诵读比赛活动是黑龙江省图书馆、文化厅承办和主办的，不同省市的图书馆、文化机构、残联、农垦分局、学校、边防部队等高度关注且积极参与。需要关注的是，举办的推广阅读活动紧紧抓住了首届农民文化节、第七届全民读书月、第二十三届国家残疾人日为发展机遇，由省图书馆学会、省文化厅、省农垦总局、省军区、省残联共同发文，大量发动，产生了全民广泛参与、面对基层的活动发展态势，持续构建了全民阅读、书香龙江的氛围。并且，不同基层组织积极、认真地筹备了该地区的初赛活动，且积极推选优秀作品参与到决赛中，不但呈现了在推广阅读层面基层图书馆的主要作用，并且还显著地调动了基层群众的参与性。

亮点一：活动的高效有序组织，将省大型比赛活动划分时期开展，下发进度表，进而推动不同时期工作任务的实施。组织者将全省推广阅读活动划分为4个时期。第一时期：由不同基层图书馆机构组织该地区中的演讲诵读初赛，且将比赛有关情况、结果、比赛推荐节目上报到不同区域的地市内，汇总到不同区域的图书馆。第二时期：不同地市图书馆将汇总的结果上传到组委会办公室，也就是省图书馆，其非定时的督导和抽查比赛的发展情况；第三时期：组织专家对不同区域推荐的决赛参与节目予以评估，挑选出参与决赛的节目，筹集决赛的有关活动；第四时期：决赛。第一时期为在不同基层单位开展，第2、3、4时期全部是在省图书馆实施的。

亮点二：组织活动考量到对群众的针对性，逐级挑选、分级选拔、分组实施。阅读助力人生的演讲诵读活动设定了农民组、少儿组、残疾人组、馆员组，且融合不同群体的特性使用各不相同的活动模式。例如，少儿组使用展演模式，按照小用户的兴趣爱好、身心特性将活动中心投放在诵读经典中，运用组织诸多的儿童诵读和阅读优秀的我国传统文学经典，弘扬优秀的传统文化，让少儿用户学习经典，深刻感受到语言的魅力；馆员组的阅读重点放在读书座谈交流中，运用交流会实现读书感悟的分享，探讨发展图书馆业务工作和改良服务能力；农民组的活动主要是阅读科普方面，推动农民参与到阅读活动中，激发群众参与的热情，让健康、积极的活动渐渐深入农村；残疾人活动主要是励志文章的阅读，运用组织开展文化活动，让残疾人可以深刻感受到源于社会的温暖以及关爱，提倡残疾人运用阅读的方式提高生活能力、丰富生活，满足精神需求。

亮点三：活动全面细致的展开，对不同基层组织上报的材料进行明确要求，进而活动可以顺利实施和开展。组委会下发的时期需要不同基层组织申报材料涵盖如下内容：第一为不同区域的初赛方案、开展活动现状、宣传报道和评比结果的佐证，督促即将开展和组织阅读活动；二是该区域内不同县区推荐参与省节目的视频、汇总表和文案，需要呈现出是不是原创作品，介绍参赛作品，介绍参赛人等有关信息，进而宣传参赛节目和活动。组委会办公室组织评委对不同区域推选的节目予以细致评价，且对不同区域开展的活动予以全环节的督导。

三、提供专业的阅读引导与辅导

当下，阅读困难群众有较大的规模，需要社会的普遍关注。在图书馆的生态信息体系内，阅读困难群体普遍是以特殊消费者的身份产生，有自身的需求。首先，图书馆工作者需要采购图书馆需要的资源和设施，或者是运用信息技术将当下已有的资源演变为可使用的方式；其次，图书馆工作者是传播知识的成员，将历经加工和整理的信息对阅读困难群体予以推送；最终，运用信息反馈明确满足阅读困难群众的情况，且按照调整循环环节，可了解到，在信息生态体系内，无法忽略生产知识者和传播知识者对消费者在挑选阅读资源中的引导和指导作用。

图书馆理论知识体系博大精深，又与多个学科有着交叉和联系，加上图书馆工作与阅读行为联系密切，具有专业性与职业性，因此，图书馆能够为阅读困难群体提供最为专业的阅读引导与辅导。图书馆为阅读困难群体提供专业化阅读引导与辅导的方式包括：其一，为阅读困难群体推荐优质的书目信息；其二，为阅读困难群体提供形式多样的阅读方法指导培训；其三，为阅读困难群体提供心理辅导；其四，为阅读困难群体的家人或亲友提供引导阅读困难群体进行阅读的方法。同样，公共图书馆是阅读指导的服务阵地，可以为阅读困难群体提供丰富的图书资源，营造积极的心理环境，通过各种方法和途径向阅读困难群体和有引导能力的成人推介优秀的阅读素材、阅读指导方法和阅读理念。图书馆对于家庭的阅读指导工作具有专业性和不可替代性等特点。近几年俄罗斯的公共图书馆和少儿图书馆开展的家庭阅读服务具有代表性，其中贝尔米地区部分儿童图书馆为此进行了"图书馆与家庭"的研究项目，从社会教育学角度指出两者之间相连的重要性以及图书馆应对的措施并制定了阅读大纲等。俄罗斯图书馆的这种"图书馆＋家庭"服务模式将发展家庭阅读与建立社会目标联系在一起，使社会的每个人参与家庭阅读。

然而，就目前的理论研究与实践操作来看，在众多阅读困难群体中，对于未成年人进行早期的阅读引导与辅导能够取得较大的改善效果。因此，在图书馆服务中引入心理学领域的"最近发展区"理论，有助于拓展图书馆为阅读困难群体提供的阅读引导与辅导服务研究思路。

案例：基于"最近发展区"理论的公共图书馆儿童阅读服务研究

1."最近发展区"理论概述

苏联社会文化历史学派创始人维果茨基于20世纪30年代在认知发展心理学领域提出"最近发展区"理论，该理论表示儿童发展目前涵盖了2个水准：第一为儿童当下的发展水准，也就是在儿童独立活动的时期其可以实现的问题理解水准；第二为潜在水准，也就是运用干预和指导儿童的潜力。该发展水平就被叫作"最近发展区"。按照这一理论，为了让儿童拥有更良好的发展水平，指导者需要在最近发展区中对其提供指导和干预，对儿童创建有一定难度的内容，直接调动在学习方面的积极性，提高和激发潜在能力，进而直接超越上限，步入下一发展时期，并在此后继续进行下一个发展区的发展（见图6-1）。

"最近发展区"在心理学层面论述了发展、干预和学习彼此之间的关系，突破了传统分析只注重研究儿童当下发展智力水准的局限性，注重发展儿童的第二种水平。维果茨基将"最近发展区"界定为某一段距离，也就是儿童在单独解决问题环节中呈现的真实能力和通过其他人指导以及和其他人合作的方式对问题解决中呈现的潜在能力两者之间的一种距离。对位于"最近发展区"进行干预可以全面支撑儿童的持续创造新能力构建自身。

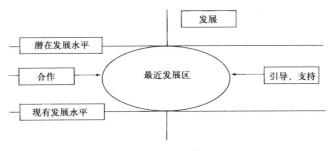

图 6-1 "最近发展区"理论图解

2. 基于"最近发展区"理论的儿童阅读困难干预

"最近发展区"对群众构建了理解儿童阅读困难发展的全新渠道，可以帮助成人使用发展眼光精准看待儿童能力、深挖潜在的儿童发展水准。可以说，在幼儿园的儿童游戏、课堂教学、教师和儿童、家长的交往环节，在儿童社会教育活动环节内，在儿童心里成长活动环节内，在评估儿童能力中，均有最近发展区。并且所有的儿童均有"最近发展区"。倘若在"最近发展区"内让儿童接受干预学习，对其个人发展会呈现出更显著的成效。并且，在"最近发展区"中也饱含主要思想，也就是在"最近发展区"中，倘若其可以获得成人帮助，则可以轻易地理解只依托自身很难掌控全部的信息和知识，儿童可运用和更有经验的同伴或成人的社会交往直接跨越"最近发展区"，进而实现了更好的发展水准。该理论高度认可了教育干预和发展主体性的主导性，且确定了干预需要位于发展前列。针对阅读困难儿童来说，也有阅读能力的"最近发展区"。尽管阅读困难群体的阅读水准明显落后其生理年龄或者智力水准，但可运用干预阅读能力发展，让其阅读水准渐渐靠近同年龄、同智力水准的发展水准，让儿童的阅读水准和生理年龄、智力水准吻合。该环节为在激发儿童内在阅读兴趣的时期，试图获得主动阅读，且实现原有知识结构和阅读成果完善整合的环节，为在均衡－不均衡－均衡、同化－顺应－同化的循环环节。传统阅读活动内，一般为老师单层面的灌输知识，儿童缺乏顺应以及同化的环节，缺乏倾听、探究、合作。尤其是对阅读困难群体，一般都没有伴读进行干预，长此以往，就难以满足该儿童的阅读需求，直接减弱阅读动机，难以合理发展阅读潜能。

当下，在阅读方面"最近发展区"理念的使用可以被应用在指导设计阅读材料和指导早期阅读方面，并且有的研究使用这一理论分析老师作为促进和帮助儿童阅读的作用，分析阅读内容的难度设计对儿童阅读产生的影响，分析阅读困难群众开展情绪性管理的方式和策略。结合当下已有的研究结果，只有很少的研究工作者在图书馆阅读指导方面分析使用"最近发展区"理论解决阅读困难的有关问题。

3. 公共图书馆儿童阅读活动对阅读困难儿童干预的策略

结合上述研究，下文将对阅读困难群体的阅读发展特性，分析阅读的最近发展区，分析图书馆运用诸多方式推动少儿阅读活动，更好的帮助儿童规避阅读障碍问题，获得最好的语言模式，进而在开展阅读活动中推动提升阅读困难群体的个性、社交能力的发展和演变。

（1）利用绘本资源创设阅读情境，培养阅读兴趣

绘本，英文称PictureBook，也就是"绘画的书"，以绘画为核心，且搭载了一定文字的书籍。当下在市场中流通的绘本重点将低幼阅读当作核心，内容涉及文学、教育、科普等领域。公共图书馆可有效深挖绘本资源，拓展教育价值，将绘本内容制作为和儿童理解能力比较符合的互动场景以及阅读情境。在活动中让儿童体验故事内容，在情境中投入情感，可以良好激发学生的学习兴趣，进而规避无法集中注意力开展图书阅读的问题。图书馆还可以积极展开DIY绘本活动，有效调动积极性，充分发挥想象力，实现儿童自主设计和创作、绘制完成一本图画书；也可利用破旧图书将不同的人物背景剪切下来，充分发挥儿童自身想象力，运用添画粘贴的方式制作图画书。儿童普遍有特别简单的故事逻辑，拥有抽象性以及独特性，该阅读模式可运用眼、手、脑的配合，可以良好激发儿童在绘本阅读和创作方面的兴趣、积极性，完成制作之后儿童将自身的作品和创意与大家进行分享，可以良好锻炼儿童的思维连贯性以及表达能力，在图书馆中可以收藏诸多的优秀作品，并定时举办绘本展等相关活动。

（2）提供支架式指导，开展启发式的主题阅读活动

阅读困难群体开展深入阅读，就需要指导者提供支持和帮助。在最近发展区中图书馆搭建梯子，让儿童运用爬梯子的模式将阅读真实能力迈进为潜在能力，图书馆人员作为指导阅读的工作者，需要学习怎样更好地创建梯子，对提高儿童阅读能力奠定基础，该梯子就需要全面围绕阅读主题实施活动，逐渐分解繁杂的阅读任务，让儿童在持续完成阶梯任务环节中提高自身能力，图书馆可运用少儿阅读年、国际儿童图书日、寒暑假、少儿阅读月等开展讲故事、听故事、主题征文、数字阅读体验、经典读书会等诸多阅读活动，策划的阅读活动需要和主题紧密相关，提出可帮助提升知识技能的基本目标，其主要目的是帮助儿童培养学习的积极态度，逐渐提升儿童的阅读和听写能力，自开展阅读活动至今，可使用个别辅导和集中活动的模式，不但需要让儿童主动探索，还需要在活动中对需要帮助的儿童提供关心和提示。与此同时还需要在活动结束之后对阅读困难群体创建培养阅读能力的档案，直接记录阅读训练环节，实现量化阅读成果，对阅读进步

的群众进行表扬，并且梳理、汇总活动方式内容以及流程。

（3）提高家长阅读指导能力，倡导交互式的亲子共读

亲子共读，也被叫作亲子阅读，就是在家庭中孩子和家长共同开展阅读活动。在活动内容方面而言，除去开展的核心活动之外，亲子阅读还可以在书籍选择方面切入，到书籍阅读之后的体验交流，形成一个"选书—读书—聊书—再选书—再读书……"循环立体的过程。在该环节中，孩子和家长在所有的流程和环节中，一起学习和阅读，不但实现了自身知识体系的扩展，还增添了情感交流，在潜移默化中让儿童热爱阅读、享受阅读，图书馆作为组织全民阅读的活动者以及指导者，不但可以对家长发放调查儿童阅读能力的问卷，深入了解在指导阅读层面家长的指导方法和亲子阅读中现存的相关问题，且对其提供有关的阅读辅导服务；与此同时，在亲子阅读中，还可以提供更符合阅读困难群体的资源，例如，文字艳丽、鲜明的绘本，有声朗读的读物，开展辅助阅读活动的软件等，对阅读困难群体制定了亲子互动空间。图书馆还可以联合诸多的家长和公益组织分享亲子阅读的经验，探讨亲子阅读的活动技巧以及互动课程，例如，定时开展妈妈讲故事等互动活动，家长参与到游戏活动中，可以让儿童深刻体验到家庭游戏的乐趣。

四、提供无障碍的阅读环境

图书馆作为公众的精神家园，努力通过各种方式满足公众的精神文化需求，同样应该让阅读困难群体有家园归属感、有置身"天堂"的真实体验。以往图书馆在人们心目中留下的印象无非是呆板的书架和整齐陈放的图书。然而，从促进阅读、以人为本的图书馆环境布置角度出发，图书馆应该是光明、整洁、安静、舒适的阅读空间和良好的文化休闲和娱乐场所。因此，打造无障碍的阅读空间与阅读环境应从人文空间、绿色空间、数字空间谈起。

（一）人文阅读环境营造

现代公共图书馆的环境营造强调空间设计的人文性、设备设施的便利性、阅读资源的可获性。从这个角度出发，良好的人文阅读环境营造有赖于专门布置的、适宜的建筑空间，无障碍设施与设备的随时提供，图书的摆放陈列。读者尤其是未成年人的阅读非常容易受到环境的影响，所以为了阅读困难群体能够热爱阅读、专心于阅读，图书馆的建筑设计与装修要最大限度地利用现有空间和墙体结构，在有限的空间里陈放最多图书的同时，营造舒适、适宜的阅读环境。以人

的需要为出发点，打造美与和谐共存的阅读环境，全面展现了图书馆保证阅读困难群体阅读权利、关注其精神发展所做出的努力。人文阅读环境强调人与自然的和谐共处，图书馆在充分利用空间的同时要考虑自然采光与通风的设计。好的图书陈列方式不仅是图书馆内的最佳装饰品，还可以影响到读者的阅读兴趣和阅读情绪。所以，图书馆的阅读环境设计还要从环境心理学视角出发，根据阅读困难群体的心理需求进行空间的设计与分割，根据阅读困难群体的阅读行为习惯确定框架和布局，以减少其心理不适应性。例如，法国富热尔图书馆就十分注重营造舒适的阅读空间，给人置身于大自然的感觉，使阅读环境得以有效的延伸；大庆市大同区图书馆设置了迷你读书区与少儿城堡，青少年可以找个舒适的角落沉醉于阅读，有效隔离外界的干扰。另外，图书馆人文阅读环境的营造还应注重无障碍设备、设施的提供与改造，从细微之处做起，充分考虑阅读困难群体对图书馆服务空间的使用需求。

（二）绿色阅读环境营造

党的十八大报告中明确提出"经济建设、政治建设、文化建设、社会建设、生态文明建设五位一体总体布局"，按照此要求，构建绿色阅读环境应是图书馆界努力的方向。绿色阅读环境要求建筑、环境、设施符合人类健康的生理标准，包括适宜的采光、照明和温度等。有实验表明，当室内照明度控制在 $150 \sim 2001x$ 之间时，光线较为适宜，而且有助于稳定阅读情绪、增强记忆力；当室温应保持在 $20 \sim 28$ 摄氏度，既能够节约能源，又可以提高大脑处理信息和解决问题的能力。例如，美国纽约的南牙买加公共图书馆重视绿色阅读环境打造，更多地借助自然光以减少能源消耗，使用可循环利用的材料，采用被动式供暖与制冷系统改善馆内空气质量。同时，良好的阅读效果有赖于轻松、愉悦的心态和绿化、美化的室内外环境。为实现自然与人文环境的和谐统一、满足读者对身体健康的需求，图书馆应多摆放绿色植物，从而净化空气、吸收噪声，美化环境。

（三）数字阅读环境营造

数字阅读通常是指人们以手机、MP4、PSP 等移动设备为通信终端，通过无线／移动通信网络进行的口袋化、移动化、个人化的电子阅读行为，阅读的内容包括图书、杂志、动漫及各类互动资讯等。数字阅读具有阅读工具的便携性和可移动性、阅读内容的可检索性和及时获取性、阅读行为的持久性和连续性、阅读效果的低碳性和绿色性、阅读影响的广泛性和社会性等特征。根据《2014年第十一次全国国民阅读调查报告》显示，2013年有44.4%的成年国民进行过网络在线阅读，41.9%的国民进行过手机阅读，5.8%的国民在电子阅读器上阅读，0.9%的国民用光盘阅读，2.2%的国民使用PDA/MP4/MP5等进行数字阅读；在电子书报刊阅读方面，2013年我国成年国民电子书阅读率为19.2%，电子报的阅读率为8.5%，电子期刊的阅读率为5.0%。数字阅读已悄然走进人们的生活。图书馆应充分发挥数字阅读的优势，丰富阅读困难群体可获得和可接受的阅读资源品种，通过数字化技术平台、数字化资源存储以及数字化管理方式强化数字资源的利用；同时，向阅读困难群体推介数字资源服务优势，将数字资源推送到阅读困难群体身边。例如，黑龙江省图书馆开展的"我是你的眼"全民阅读公益助盲活动就是充分发挥数字阅读的延伸力量，为盲人读者提供下载有电子书的阅读设备，由志愿者将电子书送书上门，待盲人读者听读完后取回，并按照盲人读者的阅读需求重新下载数字阅读资源。

五、提升阅读困难群体信息素养

在信息化的图书馆系统中，信息环境对规范消费者的信息行为有一定的作用，其重点呈现为：运用购买信息设施便于用户可以更好地获得信息资源；运用信息制度直接引导和规范用户的消费行为，让其在满足消费需求的环节中不会对其他人获得信息产生影响；运用技术改革直接更改用户获得资源的模式和途径。信息消费者对信息环境也有一定的改造功效，针对阅读困难群体而言唯有拥有了基本阅读能力（例如，残障者可以运用特殊工具开展阅读，也就拥有了阅读能力），才可以更好地规避自身被边缘化。信息素养教育机制是图书馆阅读资源配置效率的必要支撑。一般而言，信息素养教育包括学校教育、社会教育和家庭教育，在内容上主要涉及公众和图书馆工作人员的信息意识培养、信息知识普及、信息能力培训以及信息伦理宣教等。从服务主体的角度，图书馆员是提升图书馆服务质量的关键因素，面对阅读困难群体，图书馆应注重加强馆员的信息素养和服务能力，使服务特殊群体的馆员能够以适宜服务对象方式，与之沟通交流、推介阅读资源，提供充满人文关怀的优质服务。同时具有一定信息能力的馆员还可通过送书上门、绘本阅读等阅读推广服务，及时准确掌握阅读困难群体的阅读需求和信息行为特点，有针对性地为图书馆阅读资源配置提供建设性意见。从用户角度讲，一定的信息素养是他们发现和获取阅读资源、利用信息知识、进行阅读文娱消遣等活动的先决条件。图书馆作为社会公共文化信息和教育机构，应责无旁贷地担负起提高公民信息素养的责任。

同样，在图书馆信息生态系统中，竞争现象普遍存在于知识消费者之间，其主要表现为不同信息群体对有限的阅读资源的争夺。这种竞争如果保持在合理体系内，且在恰当程度内维持竞争强度，其竞争可以便于提高消费者使用阅读资源的效率和频率。倘若超出合理的强度和范围，那么会导致位于有利地位的群众可以获得更多资源，而对于不利地位的群众就难以满足基本的阅读需求，由此直接导致信息生态体系产生不均衡的局面和问题。

在信息生态体系中遇到困难群众就是位于不利地位的存在。行为自律是运用信息人的文化自身和道德自律对信息行为开展的一种自我保护、自我约束以及承担净化环境责任的一种环节和过程。信息消费者的自律行为涵盖了三方面的内容：首先是自我约束，也就是消费者运用对欲望的约束，直接限制自身的信息行为；其次是自我保护，也就是消费者运用诸多方式工具和途径维护确保自身权益不会遭受其他人的损害和侵害；最后为帮助其他消费者改正信息不当行为，呈现出消费者的自律观念和意识已经逐步提升到公益方面。发挥消费者行为自律的重点是群众普遍接受伦理道德的信息规范，图书馆可运用其他消费者和阅读困难群众一起阅读、运用展板宣传、开展志愿者活动等创建更好的舆论氛围和环境，逐渐提升自律行为的等级和层次。

为了更充分地保障阅读困难群体的阅读权益，图书馆要大力发展自身的信息知识传播和社会教育职能。以阅读能力为基础的信息素养教育机制关键在于通过阅读知识的科普宣传、基本阅读能力培训、免费信息咨询和定题服务等项目，使部分阅读困难人群（如文盲、半文盲、功能性文盲等）跨越阅读能力上的障碍，学会阅读，享受阅读。总体而言，信息素养教育机制在图书馆服务阅读困难群体中主要有三个功能：一是通过加强阅读主体能力建设，以提高阅读资源配置的科学性和有效性；二是从服务角度看，提高了图书馆对服务对象的认知深度和保障力度，以及用户对图书馆配置的信息反馈效度；三是从社会教育角度讲，加强公民的素质教育和阅读文化建设，为图书馆阅读资源配置和发展争取更为广泛的社会支持。由此，图书馆可和社会组织展开合作，对阅读困难群众构建培训技能班级；还可以聘任有关的专家，对阅读困难群众构建专题讲座等。例如，在2006年北京市正式启动了互助信息化行动，对弱势群体构建无偿的网络培训和信息化普及，获得了良好的社会成效。

六、提倡阅读疗法的介入与应用

美国阅读疗法研究权威罗宾（Rhea Joyce Rubin）在其所著的《阅读疗法应用》（Using Bibliotherapy）一书中，将阅读疗法定义为："以媒体和读者之间的交互作用的过程为基础的一种活动计划。不论利用虚构的或非正式的印刷或非印刷资料，皆需要有指导者给予讨论与协助。"另一位美国学者韦伯斯特（Webster, 1981）则认为阅读治疗是："通过针对性的阅读，为解决个人问题提供指导。"韦伯斯特将阅读治疗的对象和范围扩展为一切有需要的人，极大丰富了阅读治疗的内涵。随着阅读疗法理论研究的不断深入发展，国际阅读协会在《读写词典》中的定义更为容易接受，即"阅读疗法是指有选择地利用作品来帮助读者提高自我认识或解决个人问题"。这种阐述方式将阅读治疗从医学领域扩展到心理学、教育学等其他领域，使阅读治疗具有了更加广阔的发展空间，即从传统上用于帮助精神病人或住院病人解脱转向对一般人生理和心理问题的关注。

从阅读疗法的实施过程不难看出，传统生物医学演变为"心理－生物－社会"的当代医学方式的改变。对于同时存在身体疾病和精神痛苦的阅读困难群体来说，图书馆应用阅读疗法不仅可以解除其身体上的痛苦，同时也能缓解其精神上的折磨。倘若图书馆可适度、适时地对病人亲属或病人提供消遣书籍、医学书籍，不但可缓解心理方面的压力，满足主动阅读知识的自身愿望，且可帮助病人康复。阅读疗法在图书馆领域的应用不具有普遍应用价值，图书馆应针对阅读困难群体的个体特征适时地引用，包括提供推荐阅读书单、有声读物及相应的设备设施，提供阅读资源使用方法指导，提供心理咨询和阅读方法指导等，从而实现疏导阅读困难群体的心理问题，有益于阅读困难群体的身体健康，帮助其融入社会。

第三节　搭建多元的组织保障平台

一、完善公共图书馆服务体系

为实现公共文化服务普遍化、均等化的良好目标，阅读困难群体服务的顺利实施与广泛开展需要延伸的公共图书馆服务触角与健全的公共图书馆服务体系。虽然目前我国公共图书馆服务体系的一期工程——基层图书馆的设备设施建设已按照国家文化部公共图书馆评估定级的要求，以农家书屋、社区文化服务点、基层文化驿站等方式，建立起覆盖省、市、县、乡、村的五级全覆盖网络，然而阅读资源的合理流动与配置、资源的有效利用、服务的标准化与均等化对图书馆服务体系的完善提出更高要求。图书馆当作提供知识援助和阅读资源的公共基建设施，是落实对老年人、残障人士、长期病人、农民工等阅读困难群体提供平等阅读资源与知识服务的有效保障。为有效普及阅读推广活动以及阅读服务和渐渐拓展到达阅读困难群体，建立网群的图书馆服务系统是特别急切的。图书馆服务系统不但便于协调阅读资源的有效配置和流动、落实有效利用资源，还可以落实网群中不同图书馆实现一体化、专业化管理，而且能够延伸图书馆的服务触角、为阅读困难群体提供无所不在的图书馆服务。对此，公共图书馆服务网络体系的建设与完善一方面要在顶端设计方面切入，构建透明化、公开化运行的保障体系，调查阅读困难群众的知识能力和阅读现状，积极与国家重点文化工程建设相结合，联合社会各类组织机构合作共建阅读资源共享平台。调查研究阅读困难群体的阅读需求与阅读行为特点，有助于图书馆为其提供具有针对性的阅读服务，有助于图书馆开展有益于其身心健康的阅读活动；联合建设阅读资源共享平台，则能够使图书馆的阅读资源丰富起来并实现更高效的开发与利用。另一方面，要加大对基层图书馆服务站（点）的经费投入与工作人员培训力度，设计具有群体针对性的阅读推广活动，创建"无障碍"的阅读空间与活动场所，建立知识援助的长效与实施机制。知识援助不同于以往的图书馆服务，具有较高的普及性、主动性与延伸性。公共图书馆服务体系应以知识援助为主要形式服务于阅读困难群体，缩小阅读困难群体与其他群体之间的阅读能力差距。目前国内各种援助、救助事业与活动的开展，有助于拓宽阅读困难群体知识援助服务的思路，如妇女救助（救助未成年意外怀孕）、慈善救助中心（帮助困难群体以及不幸个体）、救助旅游游客中心、救助家庭暴力、救助流浪儿童、青年心理问诊室等。

案例：以发展公共图书馆服务体系带动图书馆阅读困难群体服务

苏州图书馆于 2004 年开始对苏州市公共图书馆服务体系建设进行调研，2005 年年初产生的《苏州市建设图书馆服务网络方案》，且将其上报到市政府。该年度的 10 月，沧浪区政府和苏州图书馆展开合作，创建了首个直接委托管理的图书馆分馆，也就是沧浪少儿图书馆。至 2013 年 6 月底，苏州图书馆在政府的有效支撑和引导下，运用基层政府的管理委托和合作模式，当下创建了 1 个总馆、55 个分馆，2 辆未成年人流动图书车以及于 2013 年动工 2014 年竣工 2015 年正式投入应用的苏州图书馆二期工程——集散存储中心，初步构建了覆盖全苏州的图书馆文化服务系统。苏州图书馆当下已经有了两千五百年的历史，作为城市文化窗口，其承担更大的责任，出于其要将亲子阅读、社会阅读引领到苏州所有家庭内。

《欧洲阅读宣言》提出，"阅读的先决条件是高质量的阅读环境：图书本身应该具有吸引力；一个全面覆盖的图书馆网络是特别重要的；所有学院均需要有精良装备的图书馆，且和该区域的图书馆、书店紧密合作。"构建全面遍布在苏州不同区域的图书馆服务组织和系统，有效发挥图书馆的教育、社会职能，对均等、普遍的全民阅读、图书馆服务构建了条件。苏州图书馆目前创建了统一管理五十五个分馆、通还通借。建设图书馆分馆，对社区群众构建便利的条件，和迅速满足群众的阅读需求。所有的分馆均以不定时的模式构建诸多的儿童阅读活动，进而运用完善的图书馆服务，引导儿童精准的认知图书馆和使用图书馆，培养阅读的习惯。

图书馆二期工程，构建文化圈。按照财政部、文化部制定的《公共文化服务示范区创建指标》和住建部、文化部、发改委制定和颁发的《建设图书馆标准》的相关要求，图书馆可在苏北的聚集居民区域构建二期图书馆工程。当下已经选择了相城区新城高铁和地铁（2 号线经过的区域）。要构建汇集文献保存、采编、周转、调配、公共文化数据中心、普借图书服务、数字图书馆等诸多功能在一身的集散存储中心，有效满足城北区域群众在图书馆服务方面的需求。苏州二期图书馆工程会构建单独的少儿阅读室，有 750 平方米的面积，苏北的社区群众可享受和市区中一样的公共文化服务，在家门口就可以应用图书馆，阅读和浏览图书馆中的诸多文献资料，参与诸多的读书活动。

协同总分馆发展，统筹全部的资源。在图书馆服务系统中建设总分馆，不但可实现最优化的资源利用率，并且在信息资源借阅的方面实现最佳成效。苏州图书馆的所有分馆均是合作伙伴和苏州图书馆共同选址创建的，分馆选建的第一基础要素就是均等性、普遍性、惠民性、公益性，由此苏州图书馆在分馆建设环节中，需要合作方确定居民社区组织结构，图书馆按照不同分馆的不同阅读需求和读者特性，挑选不同的书籍内容，通过普世性、实用性的特点，和社区群众的社会文化吻合、贴近。所有的图书馆在建设过程中均设立了单独的少儿阅读区、成人阅读区、报刊阅读区、电子阅览区等，按照接待用户群的不同特性满足不同用户群的阅读需求，例如，在 2010 年建设完成的沧浪区图书馆，坐落于古城区的边缘，周边社区主要是现代化建设风格，居住在该区域的家庭普遍是年轻家庭，家长拥有新式的教育理念和观念，高度关注培养孩子的阅读习惯，由此在选配书籍中会对沧浪区图书搭配更多儿童书籍和读物。

公共图书馆的总分馆系统，促进儿童阅读向多元化发展。苏州图书馆阅读推广为日常的图书馆工作，贯穿于全年的读书活动中。每年从大年初一的"新年新书缘，相约图书馆"迎接新年第一批读者开始直至年底，全年的读书活动从不间断。苏州图书馆有特别丰富的少儿活动，例如，红领巾征文、故事姐姐、童话剧、评选阅读大王、课本剧比赛、读书表演会等。需要关注的为建设了未成年人流动书籍大篷车，直接解决了有的区域未成年人难以借阅书籍的问题，更多的儿童可以获得公共文化服务成果，推动儿童有效发展和全面发展，大篷车依托图书馆的诸多馆藏信息和资源，全面深入偏远校区，将书籍送到儿童身边，定时定点开展循环阅读服务，当下在苏州市已经设置了三十多个固定流动图书车服务点，对该区域的儿童送去读书服务。

二、倡导数字阅读方式

第十五次全国国民阅读调查结果显示，2017 年我国数字化阅读方式（网络在线阅读、手机阅读、电子阅读器阅读、iPad 阅读等）的接触率为 73.0%，较 2016 年的 68.2% 上升了 4.8 个百分点；数字化阅读模式越发普及，群众对数字媒介接触的时间在渐渐延长，在中国国民中，2017 年人均接触手机的时间是 80.43min，人均接触网络的时间是 60.7min，人均浏览微信的时间是 27.02min，人均浏览电子阅读器的时间是 8.12min，对比 2016 年提高了 2.61min；在数字阅读中其使用的终端为平板、手机、电子阅读器等。手机可以实时连接网络，并且屏幕不大，可以开展碎片化信息阅读以及浏览信息，电子书阅读器就可以落实专业阅读和实现知识的系统化学习；平板端不但有娱乐功能，并且还有阅读作用，有的人使用平板读书，有的人使用平板娱乐和观看视频，实现放松等。上述数据表明，数字阅读方式已悄然走进人们的生活。数字阅读时代，随着人类生活方式与思维方式的改变，对于数字阅读的需求日益增加，凭借新媒介技术的创新应用和网络平台的互动传播，数字阅读推动的空间无障碍性、时间无限制性、利用无障碍性等特点深受阅读困难群体的喜爱。一方面，数字阅读能够为阅读困难群体提供更为多样的阅读方式，改变了以往"看读"的阅读方式，将"听读""体验"等其他感官的阅读方式引入阅读困难群体生活，帮助残障人士、老年人、阅读困难群体等阅读能力欠缺的人开辟了新的阅读空间。图书馆通过为视障读者提供音频资料、为聋哑读者提供无声电影、为未成年人提供游戏阅读体验空间等形式，以数字阅读打破传统阅读方式的限制。另一方面，数字阅读为阅读困难群体挖掘广泛多元的阅读内容。数字资源是数字阅读的核心内容。图书馆通过计算机技术、通信技术和多媒体技术将海量数字资源（包括数据库、电子图书、音视频资源等）提供至阅读困难群体的服务终端，以数字形式发布、存取阅读资源并提供有效利用，拓展了阅读资源的获取范围，加深了阅读资源的利用程度，加快了阅读资源的传播速度。可见，数字阅读方式应是图书馆极力倡导的新型阅读环境与阅读内容。

新媒体环境下，图书馆应如何将数字阅读应用于阅读困难群体服务呢？第一，将传统的信息资源管理优势应用于数字阅读资源的整合与共享领域，及时开发、更新适合于阅读困难群体获取与利用的数字资源，确保每个阅读困难群体有内容可读。第二，创新数字阅读技术应用，提升阅读困难群体的图书馆服务质量。例如，借助云平台解决数字资源存储瓶颈，实现数字资源的海量存储与共享；通过 VPN 专网形式，解决阅读困难群体的获取途径，将阅读资源无障碍地推送至阅读困难群体的移动终端；利用公共文化一体机等，实现阅读资源的个性化定制；利用互联网络与传播技术，组织网上展览、网上讲坛等多种读者阅读推广活动。可以说，数字环境下的阅读服务与阅读活动大有可为，基于数字阅读方式的阅读困难群体服务创新空间无限。

三、共建联盟发展模式

通过对阅读困难群体的调查研究可知，阅读困难群体的群体数量较多、分布较为分散，较难聚集并组织相应的活动。为了充分保障阅读困难群体的阅读权利，使图书馆阅读服务延伸至阅读困难群体的身边，图书馆应广泛联合社会力量，使其参与阅读资源与服务提供以及阅读活动的组织实施。与学校、机关、媒体、民间组织联合，共建阅读联盟的模式，有助于提升阅读人才联合培养能力，有助于打造阅读研究的学术交流平台，有助于实现阅读资源的合理流动与共享，有助于保障阅读困难群体活动的组织与实施。国际上致力于全民阅读推广的组织当属国际阅读学会（International Reading Association, IRA），IRA 创始于1956 年，是世界性的专业非营利阅读组织，由教师、阅读专家、顾问、行政人员、大专老师、研究员、心理学家、图书馆员、媒体专家、学生及家长所组成，至今成员将近 10 万人，遍布国际的 99 个国家中，并且分会总量为 1250 个。成立的主要目的是提供阅读服务以及资源，由此通过分析教学方法以及阅读环节，全面提高阅读品质，且提倡终身学习和阅读。国际阅读学定时每年均会举办年会，两年可以举办一个国际大会，且年会有一定的区域性，提供出版商、会员、发表论文人参与到学术交流和探讨中来。每年国际阅读学会均会出版 20 多部录影带以及书籍，当下有 100 多本和阅读有关的书籍，还有 5 个专门的期刊，即 The Reading Teacher、Journal of Adolescent & Adult Literacy、 Reading Research Quarterly、Lectura y vida、Reading Online。国际阅读学会为阅读界提供学术交流机会，老师和研究员历经书籍、期刊、研讨会、电子媒体等交换建议和看法。教育专家、学者、家长可全面积极参与到阅读分析中，进而提高阅读品质。国际阅读学会的核心为通过分析教学办法和阅读环节全面开展全民阅读，提高阅读品质，且提倡所有个体开展终身学习和阅读。中国台湾阅读协会带动了台湾民间团体读书会的蓬勃发展，旨在引领有关阅读的学术研究、推广阅读活动成果与经验，通过知识传递、意见交流、推广活动、国际交流等方式，倡导阅读之重要性，以全面营造阅读风气，并提升公众阅读素养。

近年来，随着各地阅读促进条例的颁布与实施，各类型阅读联盟组织以民间组织的形式纷纷成立，并策划实施了内容丰富、形式多样的阅读推广活动，实现了书香活动"惠及全民、走进生活"的阅读推广理念。从表6-1不难看出国内同行的几种阅读联盟建设模式。其一，由新闻出版部门倡导，联合图书馆、出版社、媒体、民间组织等多方机构的大联盟模式，如全民数字阅读联盟、深圳市阅读联合会等；其二，由公共图书馆牵头，联合本地区基层图书馆、政府职能部门的小区域联盟模式，如吉林省全民阅读协会等；其三，由知名企业或媒体发起，形成的行业联盟模式，如全国全民阅读媒体联盟、上海阅读文化推广新媒体联盟等；其四，由民间阅读组织发起，服务于本地区或某微信网络平台的微联盟模式，如亲子阅读推广新媒体联盟、湖南阅读联盟等。尽管各地区、各类型阅读联盟的建设方式各具特色、不尽相同，但其建立初衷、发展动向、活动设计均围绕阅读活动而组织开展起来，促进了全民阅读的推广和图书馆阅读困难群体服务的整体发展。

表 7-1 国内主要阅读联盟组织建设情况

序号	阅读联盟组织	成立日期	成员	主要活动
1	吉林省全民阅读协会 http://www.shuxiangjl.com/	2013 年 9 月 24 日	吉林市、四平市、松原市、延边朝鲜族自治州、白山市、辽源市东丰县、白山市抚松县、长春市朝阳区和九台区等地相继注册成立了全民阅读协会，中国人民政治协商会议吉林省委员会、吉林省残疾人联合会、吉林省人力资源和社会保障厅、吉林工商学院、长春汽车经济开发区、天景食品公司、吉林科技投资基金公司等相继成立分会，长春市、白城市、白山市、辽源市、通化市、梅河口市、榆树市等地开始筹建地方全民阅读协会，吉电股份公司、吉林省农业委员会、吉林省审计厅、吉林省水利厅、吉林省文化厅、欧亚集团等正在筹建分会	创办了《天下书香》杂志和"天下书香读书会"；谋划了"吉林省全民阅读宣传周"和"吉林省全民阅读月"

序号	阅读联盟组织	成立日期	成员	主要活动
2	安徽省公共图书馆阅读推广联盟 http://lm.ahlib.com/ahlibs/index.html	2014年6月18日	全省107家公共图书馆	组织专家进行联盟年度"十佳图书馆"评审;举办安徽省公共图书馆阅读推广联盟成员馆馆长培训班
3	上海阅读文化推广新媒体联盟	2015年4月10日	上海发布、乐游上海、上海黄浦、上海静安,上海人民出版社、上海文艺出版社,魔法童书会等27家机构或自媒体公众账号	汇聚所有做书人、读书人、爱书人的智慧和力量,用阅读充实上海微生活,借新媒体传递书香
4	亲子阅读推广新媒体联盟	2014年11月21日	国内13家关注亲子阅读的知名新媒体和自媒体,包括:魔法童书会、工程师爸爸、童年制造、袋鼠跳跳、腾讯儿童、百度上海频道、小荷的下午茶、信谊图画书、外滩教育、宝贝惠读书、童书出版妈妈三川玲、蒲蒲兰绘本馆和上海手机报	借助新媒体的技术、渠道、平台、内容以及传播方式,推广阅读
5	全民数字阅读联盟	2015年1月16日	中国新闻出版研究院国民阅读促进研究中心、中国期刊协会、北京出版发行协会、中国联通沃阅读基地、中央电视台读书栏目、首都图书馆、龙源数字传媒集团等300多家成员	举办研讨会和交流会、发布全民数字阅读的城市排行榜;举办"全民数字阅读人文大讲堂"系列活动
6	湖南阅读联盟	2014年9月28日	株洲优可亲子阅读中心、长沙宝贝书屋绘本馆、长沙迪克兔绘本馆、长沙森林城堡英文馆、长沙阅乐书苑英文馆	绘本阅读推广联盟聚会

序号	阅读联盟组织	成立日期	成员	主要活动
7	北京大学生阅读联盟 http://edu.qq.com/a/20150526/028734.htm	2015 年 5 月 23 日	清华大学国学社、中国人民大学乡村中国读书会、北京师范大学南山诗社、北京航空航天大学复兴学社、中央民族大学十月文学社、国际关系学院先河文学社、外交学院知行学会等 133 个高校阅读类社团	"书香宿舍"校园评选、高校领读者训练营、北京高校阅读社团生存调查、北京高校阅读现状调查、城市青年阅读峰会等
8	全国全民阅读媒体联盟	2013 年 4 月 11 日	由人民日报、光明日报、经济日报、工人日报、长江日报以及搜狐网、腾讯网等 78 家媒体共同发起，200 家媒体共同参与，秘书处设在中国新闻出版报社	共同发布"武汉宣言"
9	深圳市阅读联合会 http://www.szreading.org/	2012 年 11 月 1 日	涵盖了学校、公共图书馆、机关企事业单位、民间读书组织及宣传媒体、出版、印刷、发行、网络阅读等行业；有报业、广电、出版发行等市属三大集团，也有三叶草、小书房、后院读书会等知名民间阅读组织，有深圳新闻网、中国移动深圳分公司、腾讯读书频道等一批新媒体阅读单位，发展会员 87 家	开展"全民阅读典范城市推广计划"；阅读推广人培训；形成深圳阅读指数研究结果报告；组织亲子阅读活动
10	湖北省全民阅读媒体联盟	2015 年 1 月 13 日	湖北日报、湖北广播电视台等 66 家单位	推介优质阅读内容，引领阅读风尚；发掘阅读先进典型，传递阅读经验；促进阅读健康发展，加强舆论监督；营造浓厚阅读氛围，开展阅读活动
11	重庆全民阅读媒体联盟	2016 年 5 月 23 日	33 家媒体单位	以"聚合媒体力量，倡导全民阅读，建设书香重庆，共享书香生活"为服务宗旨，通过统筹、协调督促各成员单位，开展全民阅读宣传工作

序号	阅读联盟组织	成立日期	成员	主要活动
12	全民阅读联盟	2017年4月27日	海信集团、美的集团等全国116家知名企业负责人、21家知名媒体	启动"书香中国万里行"活动,动员社会力量参与基层综合性文化服务中心建设和壹知书屋建设,完善基层公共文化体系建设,为基层群众提供舒适、便捷的阅读服务,深入开展全民阅读,促进书香社会建设
13	广州阅读联盟	2017年7月11日	"爱读书会""四味书圈读书会"等24家阅读组织	扩大广州阅读联盟的影响力和覆盖范围;有4个阅读组织是面向特殊群体;专注青少年阅读及亲子阅读

第四节　制定完善的阅读推广服务机制

一、图书馆阅读推广机制的创新

机制是指有机体的构造、功能及其相互关系,泛指工作部门彼此作用或系统组织的作用方式和环节。机制对内涵盖了反馈和信息,对外涵盖了输出和输入。其重点作用为限制和约束,进而确保宿主体系一直维持在崩溃和损毁的临界中运转。

（一）创新阅读推广制度建设

1.推动阅读推广法制化、制度化

（1）政府。在政府层面,运用法制化推广全民阅读工作,将市民阅读权利逐渐提高为法律方面,确定在全民阅读活动内政府的行为,良好确保市民阅读权利，并且呈现出不同级别政府在法制化建设阅读推广方面的注重度。

（2）图书馆。不同图书馆均需要高度关注建设阅读推广制度，需要最快速度地落实从无到有，逐渐优化的体系制度，制定完备的阅读推广体系和制度。可以说，就是需要在图书馆规章体系和制度中添加阅读推广，并将其细化到规范内，按照开展全民阅读的真实情况和阅读的资源现状，真实地制订推广本图书馆阅读的规划和计划，构建长效的工作制度和要求。建设推广阅读体系和制度，不但可以强化图书馆阅读推广工作的统筹性以及科学性，并且还便于呈现出对该图书馆阅读活动的指导性以及组织性。

2. 创立阅读推广机构

（1）图书馆需要将阅读推广当作图书馆的主要业务和核心业务，制定更清晰的定位就拥有更明确的工作目标，更便于转换工作思路，可持续性地开展阅读推广工作。

（2）组建独立存在的阅读推广常设组织部门，进而将其当作推广图书馆阅读活动的管理责任组织和部门，承担全面管理和推进阅读推广活动的工作，有效发挥对阅读推广的组织、服务、协调、指导等相关工作，确保诸多阅读推广活动的顺利、高效实施和开展，落实常态推广阅读活动。

（二）创新阅读推广合作机制

合作机制是比较宽泛的概念，图书馆要创新阅读推广机制，就要结合其他的社会力量，创新合作机制，共同推进阅读推广工作的展开。

1. 图书馆和社会组织

社会组织作为特定理念和定义，其为在公司和政府外，对社会某层面提供社会服务，且有非政府性、非营利性、互益性、公益性的组织。社会组织和图书馆有双向推动的合作意愿，可以获得双赢互补的合作成效。社会组织运用项目合作、资源支持等模式参与公共服务，不但便于提高公共服务品质，创新推广阅读的工作制度，并且还可以合理弥补政府在公共文化供给层面的缺陷，呈现出社会组织价值方面的追求。

2. 图书馆和家庭

家庭不但是服务对象，并且是参与服务的成员。一般来说，图书馆运用完备的前期调研，构建完善的阅读指导大纲，合理引导开展家庭阅读活动，不但组织对孩子引导，并且还对家长予以培训。

3. 图书馆和学校

图书馆应该加强与学校合作，共同向家长、学生强调阅读的重要性，并借助图书馆的丰富资源，培养学生和家长在阅读方面的兴趣，或和学校构建文献互通体系和制度，联合开展指导家庭阅读活动，全面推动家庭阅读活动的实施。

4. 图书馆和社区

对于群众周边的图书馆而言，社区图书馆和家庭离得比较近，书籍的借阅、查看均特别方便服务灵活，原本应该获得群众的喜爱，但长此以往，我国不同区域的诸多社区图书馆一直位于管理薄弱，建设薄弱的困境中，缺乏完善的阅读环境，利用率基本都不高。为全面改变该问题的产生，诸多级别的图书馆均需要强化和社区的合作，并且在财力、人力、服务、资源等层面对社区图书馆提供强有力的指导以及实际支撑。

二、图书馆阅读推广机制

（一）图书馆阅读推广机制

图书馆阅读推广机制是在阅读推广服务内，推动图书馆诸多文献信息资源的高效有效使用，以为读者制定优良的阅读平台为目的，且使用某运作模式联系推广阅读的诸多构成要素，让其可以更好地发挥协调运行的作用。阅读推广体系可以有效调动且有效使用校外、校内的诸多资源，确认不同组织和部门的工作任务，直接激发在工作方面的积极性，细致的筹备、策划、落实、组织有关的阅读活动。阅读推广体系作为阅读推广工作的规范化、制度化的主要保障，对创新、创建阅读推广品牌发挥显著的积极功效。

（二）图书馆阅读推广机制的构成要素

1. 决策保障机制

建立图书馆阅读推广机制，即以计划、行政的方式实现各个层面的有效统一，真正实现制定完善的制度体系，确定经费的应用来源，协调共进不同组织，有效调配组织工作者，推广人才的选拔和培养体系，确定推广的任务和目标等。此外，还要做到统筹安排、合理规划，以先进理念和科学理论引导不间断地开展阅读推广工作，持续提高在图书馆业务工作中阅读推广服务的独立性以及地位。顺应社会和时代可长期发展的基本要求，规避目前在中国落实阅读推广环节中现存的以来路径的问题，不断创新，探求推广阅读全新的变革和突破点。

2．沟通互动机制

沟通指的是信息传与受的行为，发送者依托某方式和渠道，将信息传播给信息接收者，进而获得反馈且实现彼此理解的环节。沟通为在阅读推广服务内主要的构成内容，图书馆创建沟通互动体系的目的是了解用户在阅读方面的需求，精准的掌握用户的阅读心理以及特点，并让用户反馈建议。迅速掌握在组织策划和开展阅读推广活动内现存的缺陷和问题，实现工作方案的不断整改，主动提升服务效果和品质，实现主动服务，消除存在的信息不对称问题和现象。

3．推广阅读机制

推广阅读机制作为阅读推广活动的策划、组织和落实的主要构成内容，其涵盖了活动特色、内容、管理、方式、品牌等诸多的行为。阅读推广体系要实现综合规划阅读推广活动的规范、类型和综合目标，其将数字网络技术当作支持，以制度当作基本保障，将用户当作核心，将服务当作本位，不断对外传播阅读观念和理念，实现阅读价值的传播，推动深入发展阅读推广工作。

4．联合协作机制

阅读推广的协作和联合制度的目的是整合、盘活馆藏、人才、技术，上下联动，合作落实阅读推广活动。逐步拓展受众范畴，让诸多的群众在活动中参与到来，让阅读推广活动可以获得最佳的活动成效。当下图书馆阅读推广联盟涵盖了地区联盟、社区联盟，社区联盟涵盖了宣传部、教务处、社团等诸多联盟。地区联盟为将地区为核心黄建了联合协作机构，其主要目的是推动图书馆事业的合理发展，联合共享共建信息资源和区域之间的图书馆的交流合作。阅读推广活动要获得良好的成效，需要不断依托地区中的联盟，并且还需要依托社区联盟。

5．绩效评估机制

创建绩效评估体系，第一，可以考核阅读主题的绩效，激发推广阅读工作者的工作积极性，彰显服务品质的持续提升；第二，可运用衡量行为性指标系统，直接追踪和评价活动效果，且按照效果指标的反馈现状更改其后活动的具体方案。创建推广阅读的绩效体系，这也是推广阅读活动越发完善和成熟的主要标志。使用科学的标准、办法、程序，对评定任务、行为主题的绩效信息（成就、业绩和实际作为等）予以观察、收集、整合、提取，最大可能性地实现标准评价。

三、新时期图书馆阅读推广机制构建

（一）健全阅读推广组织机制

诸多图书馆的推广阅读工作不能够长久有效地开展，是由于尚未构建有关的组织机构来统筹指导、协调安排不同层面的工作。构建完善的推广阅读体系，有助于各地区图书馆在阅读推广工作中协调地方各部门的工作、统筹安排阅读推广活动、合理利用各级各类资源，使阅读推广活动能够得到专业的指导、得到真正落实，从而提高阅读推广活动的效率，真正达到促进读者阅读、丰富社会阅读文化建设的目的。地方的阅读推广工作要由图书馆牵头，设立以图书馆为主体的阅读推广工作委员会，致力于研究各年龄段读者的阅读状况、阅读特点、阅读需求等，制订出符合不同年龄段读者特点的阅读推广方案，组织有针对性的指导阅读工作，协助各群体成立读者协会、读书学会等阅读组织，充实和丰富推广阅读活动的主要参与对象，让读者不但演变为推广阅读的受益成员，也成为阅读推广活动的积极参与者。因此，建立健全阅读推广的组织机制，是新时期各地图书馆阅读推广工作有效开展的重要保障。

（二）建立阅读推广长效机制

阅读推广为运用开展诸多群众喜爱的推广活动，激发群众的阅读理念、培养群众的阅读习惯的活动。行为心理学分析证明，习惯为行为的不断重复的形成。阅读一样也是持续重复，使之成为一种潜在的需要，进而成为一种稳定的习惯。因此，图书馆阅读推广工作要想取得成效，不是一两次阅读推广活动就能实现的，一定要建立阅读推广工作的长效机制。各地公共图书馆要将推广阅读工作当作常规工作实施，让其可以长效化、常态化发展，构建长效发展观念、制定长期发展规划，构建反馈体系，产生推广阅读的长效体系，通过开展图书交流、微书评等活动，使阅读推广活动无时无处不在，演变为建设书香社会的主要力量，其为解决推广阅读活动在表层存在的主要举措。

（三）完善阅读推广合作机制

阅读推广合作体系为不同区域的图书馆在新发展阶段突破各自为政的发展格局，运用强化和周边其他区域的图书馆的合作和协作，创建馆际联盟，制定该区域范围内推广阅读有关的制度体系，渐渐完善地区中的阅读推广合作体系和机制，产生推广阅读活动的规模效应，最大可能性地扩充推广阅读活动的影响力。

具体来说，以微阅读为例，各地公共图书馆联盟可运用构建联盟馆中的微平台，转发和分享微平台发布的微阅读、微推荐、微讲座、微书评等读者（尤其是年轻读者）乐于接纳推广内容，不但可实现活动成本的借阅，并且还可以提高活动推广效果。

（四）建立创建阅读推广品牌机制

推广为对外扩大事物的影响范围以及使用范围，阅读推广为直接将阅读推广延伸到更广阔的体系范围内，让其有更多的参与数量，有更广泛的影响范围。在全新的阶段，倘若将阅读推广当作某一图书馆品牌来看，全面提高推广的品牌观念和理念，让阅读推广演变为特色社会品牌，就会形成品牌效应，引发诸多用户的关注，进而实现了推广的最终目标。但打造品牌环节需要消耗诸多的时间，并且要积累诸多的服务，其对图书馆而言，为一次发展机遇，同样为发展挑战。不同区域的图书馆需要实现自我加压，在构建阅读推广品牌的基础中，完备推广模式和方式，逐步提高推广阅读的能力和水准，扩大推广阅读的影响范围。

（五）加强阅读推广评价机制建设

构建阅读推广的评价体系为在全新时期有效落实阅读推广活动的基本保障。图书馆需要构建一整套在用户视角方面的阅读推广活动的反馈和评价体系，运用追踪用户的参与度、知名度、认可度、满意度等有关要素，了解在参与和感知推广阅读活动中的具体情况，进而更好地引导在新时期的推广阅读活动的实施和开展，更快地调整推广阅读活动的模式和方案。

四、阅读推广活动机制创新

图书馆有特别重要的作用，并且也有诸多的问题，倘若需要完善推广阅读活动和实现完善发展，就需要不同区域的图书馆强化创新，强化机制分析。要实现创新，第一，需要创新观念，管理工作者要将推广阅读当作自身的职业使命。图书馆作为汇集中国文化的集散地，更需要有效认识到推广阅读活动是非常重要的存在。唯有在思想中提高自身认识，方可提高用户的阅读能力以及兴趣。第二，创新阅读活动推广体系，在一个层面而言，需要全面建设阅读推广服务组织和平台，并且还需要引导诸多的社会力量一起参与到阅读推广体系的运作环节中。

（一）推广服务平台建设

图书馆是社会文化建设的内容，是有最强包容性的文化空间。同时，它也是阅读推广最主要的机构，其在设施、馆藏资源、服务等层面均确保展开阅读推广活动。不管是社会群众组织还是图书馆自身举办图书推广活动，图书馆都可以借助自身丰富的馆藏资源提供大量的文献资源保障，构建活动推广平台，制定完备的活动推广功能。

（二）建立各种力量共同参与的运作机制

加强图书馆与各级地方政府部门、群众组织、诸多类型的网站、媒体合作。推广阅读不但需要图书馆全面推进和开展，还需要图书馆展开宣传。例如，通过文化大讲堂的模式推广图书阅读，权威老师和资深教授可参与到推广阅读环节中，网站、社会组织、其他媒体等全面合作开展宣传，让诸多的用户参与其中，了解该活动，提升文化讲堂的影响力以及知名度。迅速补齐需要书籍，便于阅读，满足不同群体的阅读需求，为图书推广活动构建良好的基础。该工作的实现，就需要管理工作者全身心地努力工作，细致开展好本职工作。

积极引入推广策划工作者参与到图书馆工作中。当下中国图书馆管理工作者普遍有老化的思想理念，单一的专业背景，缺乏开阔的视野，在推广图书活动中缺乏经验以及专业技能，需要积极引进推广活动的策划工作者，有效发挥其专业性，落实高参与性、成本低、影响高的活动效果，并且逐渐激发用户在阅读方面的兴趣。与此同时，当下中国图书馆在推广阅读中使用招标的模式，运用在社会中招标的方式安排项目推广和策划项目，可实现最大可能性的获得优势社会资源的成效。

第五节　创新的阅读推广服务内容

一、图书馆阅读推广服务内容

（一）阅读推广服务的变革

1. 社会阅读危机的产生

当前，我国阅读人群分布不均、城乡图书馆藏书量差距较大，人均读书量与阅读时间明显降低，信息时代下多元化的信息内容反而引起了"阅读危机"这一发展现状。为应对阅读危机，提高国民文化素质，发挥图书馆传播先进文化的职能，图书馆开始转变阅读推广服务理念，按照现代人的生活方式，加大对电子文献、数字图书馆和线上数据资源库的建设，借助移动终端力量提高图书馆的服务范围。同时，针对不同用户群体对文献的多元化需求，图书馆应加强与其他图书馆、公共文化服务单位之间的文献交流，构建多元信息共享平台，从阅读危机出现的根本原因入手，转变理念、革新技术、创新内容，实现图书馆的良性发展。

2.公众阅读意识的提高

自"全民阅读"的概念提出以来，图书馆、博物馆、文化馆等成为承载公共文化服务的公益性单位。通过开展多样化的阅读推广服务不断提高社会公众的阅读量，强化公众的阅读意识。同时，图书馆也要注重"互联网＋"时代下用户的碎片化信息阅读量，通过开通官方微信、微博公众号的方式，及时推送各种图书馆阅读服务，让用户积极主动地参与到图书馆的各项阅读活动中，加快图书馆阅读推广服务的转型升级。

3.阅读推广服务的发展趋势

从传统纸媒时代到多媒体时代，信息文献的获取方式发生了翻天覆地的变化，社会公众的阅读方式也从纸质阅读、文字阅读、深入阅读逐渐发展为网络阅读、图像阅读、浅显阅读。为迎合社会公众的阅读方式，图书馆在进行阅读推广服务的过程中，开始注重网络推广、多媒体合作推广等，致力于运用新兴网络技术加强构建图书馆线上阅读推广服务平台，通过提高用户网上阅读率的方式化解单纯以纸质文献为主的阅读危机，并定期邀请各个领域的专家学者进行网络视频讲座与在线互动直播。图书馆应将传统纸质文献与网络技术相结合，大力发展"线上＋线下"的智慧型阅读推广服务，不断满足多媒体信息时代人们的多元化需求。

（二）图书馆阅读推广活动的类型

这里以图书馆为例，介绍图书馆阅读推广活动的类型。图书馆阅读推广活动类型丰富，按照不同的划分标准可以分成不同类型。

1.按照开展频率划分

按照阅读推广活动的开展频率，分为定期活动、不定期活动、临时活动等。

（1）定期活动。定期活动是指图书馆以周或月为周期定期开展的活动。此类活动有固定的举办时间和活动名称，对大学生阅读习惯有持续深远的意义。比如，每月图书借阅排行榜，可以为大学生阅读图书提供有价值的信息；每周数字资源培训课，让大学生学习如何获取利用资源。此外，还有每周好书推荐、每周影视欣赏等，定期开展这一类型活动。

（2）不定期活动。不定期活动是指为丰富大学生阅读生活而策划的一系列活动。此类活动新颖丰富，注重创新，活动主题与图书馆或阅读紧密贴合，对培养大学生阅读兴趣有重要意义，如演讲比赛、征文比赛等。

（3）临时活动。临时活动是指未经策划临时举办的活动，但对指导大学生阅读也有重要作用的一系列活动。如转发的名人或名校的书目推荐、热门话题的书展与画展等。

2. 按照媒介形式划分

按照阅读推广活动的媒介形式分为：人媒式活动、物媒式活动、纸媒式活动、视媒式活动、数媒式活动、多媒式活动。

（1）人媒式活动。人媒式活动是以人作为阅读推广活动的传播媒介，如真人图书、读书沙龙，人媒式推广交流更便捷。

（2）物媒式活动。物媒式活动是以某种事物作为阅读推广的传播媒介，使阅读更具体。

（3）纸媒式活动。纸媒式活动是以传统纸张作为阅读推广的传播媒介，在各个图书馆阅读推广活动中应用较多。

（4）视媒式活动。视媒式活动如现场购荐、书展，是一种看得见的阅读推广形式。

（5）数媒式活动。数媒式活动如数字资源培训，是数字化的阅读推广形式。

（6）多媒式活动。多媒式活动是采用多媒体技术来进行阅读推广的。

（三）图书馆阅读推广活动的构成要素

图书馆阅读推广的主要活动要素，大致包括五种，阅读推广活动的对象、阅读推广活动的内容、阅读推广活动的开展时间、阅读推广活动的传播渠道以及阅读推广活动开展的意义。

1. 图书馆阅读推广活动的对象

图书馆阅读推广活动的服务对象主要为高校的师生，了解阅读推广服务对象的需求，可以有针对性地开展阅读推广活动。首先，高校师生接受高等教育，有较强的自学能力，知识水平认知度高，是信息获取的高端人群。其次，高校师生作为课题的学习研究人员，需要大量专业知识体系。因此，阅读推广应提供高校师生最新、最前沿的信息，帮助读者掌握能快速、全面、准确地获取信息的技能。

2．图书馆阅读推广活动的内容

高校阅读推广活动的内容是阅读推广的核心部分，开展适合高校的阅读推广活动，才能真正达到阅读推广的目的。高校阅读推广活动内容为以下四个部分。

（1）馆藏文献的推广。高校图书馆拥有大量的馆藏文献，是读者获取信息的优选场所，图书馆以专题书展、专业书展的方式推广馆藏文献，在采购图书时和书商合作开展"你荐我购"等活动。

（2）数字文献的推广。如今高校师生利用数字资源的比重越来越大，海量的数字资源让读者在获取利用信息时费时又费力，高校图书馆合作数据库开发商开展数字资源培训和丰富有趣的检索大赛，提高师生检索信息检索的技能。

（3）检索工具的推广。无论是纸质资源还是数字资源，读者更希望图书馆可以指引阅读，使高校师生获取更新、更有价值的资源，高校图书馆开展书目推荐、借阅排行榜、好书排行榜等活动。

（4）阅读理念的推广。无论图书馆多么重视并积极开展阅读推广活动，都不如读者对阅读的高度重视，传播阅读推广的理念，提高阅读在读者心中的重要程度十分重要。图书馆阅读推广活动的开展时间的选择是相当自由的，根据不同时间段开展不同的阅读推广活动，才能达到更好的阅读推广效果。

2．图书馆阅读推广活动的传播渠道

图书馆阅读推广活动的传播渠道可以扩大阅读推广的影响力，让更多的读者参与其中。高校师生接受新事物快，目前可以采用的传播渠道有两种：一是传统的传播渠道，也称线下传播，以海报粘贴、校广播站、通知等方式；二是新媒体的传播渠道，也称线上传播，以微博、微信公众号、图书馆主页、高校主页等方式。许多图书馆阅读推广活动的前期宣传、开展过程、活动评选等都选用网络平台。在活动的前期宣传，通过微博、微信等新媒体平台发布图书馆阅读推广活动信息，以点赞、投票等丰富的形式选出参与活动的获奖者，活动结果的展出供读者在线交流。网络能及时了解读者需求，拉近了图书馆与读者之间、读者与读者之间的距离。

3．图书馆阅读推广活动开展的意义

（1）培养阅读兴趣。阅读兴趣是一切阅读活动的前提，只有让学生对阅读产生兴趣，发现阅读中的美，才能从阅读中获得真正的利益。因此，图书馆在举办阅读推广活动中，要从阅读兴趣出发，引领大学生走进知识的海洋。

（2）养成阅读习惯。良好的阅读习惯是一种健康的阅读方式，是一种精神食粮，如果没有良好的阅读习惯，长此以往，个人的文化底蕴不会有所提升，思维见解变得狭隘空洞。因此，图书馆在举办阅读推广活动中，应长期持久，多宣传阅读习惯的重要性。

（3）指引读者阅读。大部分大学生知道阅读的重要性，也对书籍有着浓厚的兴趣，但是面对海量的图书，不知道如何挑选图书。这时，图书馆可以根据不同专题进行分类、筛选、排序，为大学生提供高质量的阅读。

（4）形成阅读素养。阅读素养也称信息素养，我们读的不仅仅是书，而是一种感悟，将书中的信息转化成自己的素养，应用到未来的生活实践中，是一种获取知识更是一种利用知识的能力。因此，高校图书馆在举办阅读推广活动中，应该培养大学生阅读素养的能力，如写作、书评、读书沙龙，都可以将阅读的知识潜移默化形成个人的素养。

二、图书馆阅读推广工作中的问题

（一）阅读推广活动重视度不够

随着信息化的发展，电子阅读对图书馆阅读的冲击越来越明显，在这样的背景之下，各地的图书馆也开始重视图书馆阅读推广工作，但是总体来看，对阅读推广活动的重视度普遍不高。具体表现为以下三方面。

（1）没有明确制定活动目标的要求，并且其是按照地区、国家的方针和政策开展推广阅读活动。

（2）推广工作者的活动实施和工作环节中，会受制于上级领导的干扰导致活动目标和初衷的改变，导致推广活动过于形式化发展，没有较好的效果。

（3）尚未构建完备的阅读推广体系的组织结构，没有长效的工作制度，很难确保活动获得的真实成效。

（二）阅读推广的主体性不够明确

确定活动主体对活动效果有较大影响，从当下诸多区域图书馆阅读推广的活动来看，推广的主体缺乏明确性，进而直接制约了活动效果的全面提升。在很多地区，图书馆作为文献汇集的中心，却很少作为活动的主办方去组织开展阅读活动。阅读活动主要由其他部门或者社会人士来负责，图书馆在这个过程中，更多的是作为一个联合组织的角色。阅读活动推广的主体性不明确，严重影响了阅读推广活动的效果。

（三）阅读推广活动效果持续性差

一般而言，在图书馆中推广阅读活动缺乏持续性为普遍存在的问题，研究该问题的主要原因是由于在互动中没有设立合理的目标，通常只是为了提高活动效果而展开设置的，并没有良好的考量效果的持续性，造成诸多用户只是为了参与活动而进行阅读，缺乏正确的阅读观念和目标，有极强的功利性，这和阅读推广活动的目的有很大的差别。

（四）阅读推广活动与全民阅读缺乏衔接

在当下不同区域的图书馆推广阅读活动范围层面而言，通常在小范围群体内开展，活动对象局限在某年龄段，较少在活动参与模式和活动内容中和全民阅读实现良好衔接。在少儿图书馆的外服务对象层面而言，尽管有的图书馆开放了社会服务，但通常局限在和图书馆有关系的单位或个人，幼儿图书馆只是在阅读活动时间中对外开放，结束活动后服务社会开放也就结束。总体来看，图书馆阅读推广活动和全民阅读没有有效衔接，难以在高层次中提高阅读推广活动。

三、图书馆阅读推广服务创新

图书馆行业一直关注阅读，而阅读推广属于阅读的管理与服务，图书馆阅读推广在根本上来说是创新服务。步入信息时代之后，传播模式和信息生产的改变造成国际范围中全民阅读行为产生改变，图书馆渐渐边缘化，其公共信息中心、知识门户的地位开始被动摇。为了更好地迎接挑战，图书馆人将推广理念和服务营销理念运用到图书馆服务内，持续探索全新的服务模式。，在这样的情况下，图书馆需要进一步创新阅读推广服务。

（一）建立基本的组织结构

公共图书馆在建立基础的阅读管理机制时，要强化建立基本的组织结构，安排相应的读书活动，以促进读者的整体发展，相关管理人员要对学生进行正确的阅读引导，不仅要定期安排相应的阅读任务，还要以读书心得的形式促进读者进行优化的阅读方式。各地公共图书馆的相关管理人员，可以根据地区的发展状况建立相应的阅读推广委员会，保证对当地群众的阅读体验进行优化辅助，并且要集中力度利用好当地的基础环境，积极推广相应的阅读活动。对于图书馆的发展来说，基本的阅读推广委员会应该融合当地各行业的专业人员，组成具有一定专业素质的领导机构，集中安排相应的阅读推广活动以及创新服务形式，将整体的阅读项目作为地区和图书馆发展的基本动力和物质资源。对于各公共图书馆来说，建立阅读推广委员会能有效提升读者的基础阅读素质。

（二）创建基本的服务模式

一个人对于阅读的需求，最开始是取决于其年少时的教育程度，在人们年少时所受到的教育会对其未来的阅读习惯、阅读频率带来很大的影响。图书馆一方面要建立基础的阅读辅导机构，优化基本的服务模式，对读者进行正向的心理疏导，尤其是年龄较小的读者，辅助他们进一步优化基本的阅读习惯养成。

图书馆工作人员要针对读者的阅读感受进行指导，引导他们参与阅读、享受阅读，保证读者可以利用良好的阅读体验进行自我能力优化提升。图书馆的相关管理人员，要秉持以人为本的理念建立更加优化的基础服务模式。

（三）创新发展图书漂流角

最早开展图书漂流活动的是德国，倡导人们将自己读过的书放置在统一的位置，别人可以自助阅读，读完之后再进行下一轮的漂流，这样做不仅能增加人们的阅读经历，还能有效建立人与人之间的信任。

社会上的图书漂流，以图书馆为主体，具有充沛的环境资源。各地图书馆可以按照相应的种类对图书进行集中分类，将相应的图书安排在相应的图书漂流角。利用创新型的服务结构和服务手段提升社会大众的阅读兴趣，将图书漂流角作为系列活动，吸引读者参与其中。只有建立良好的带头作用，才能逐渐影响其他的读者，将图书漂流角做得更加系统和规范，从根本上提升整体阅读推广和服务创新项目的开展。

（四）强化基本的推广活动

在公共图书馆内进行基本的阅读推广和服务创新，首先，要提升相关管理人员的素质。图书馆管理人员要优化对于图书推广重要意义的认知，参加相应的图书推广培训，通过基本的思想意识升级，带动整个服务项目行为的创新。其次，图书馆管理人员可以建立面对面地交流活动，根据学校自身的发展情况和基本的资金运转能力，邀请相应的书籍作者进行面对面交流，优化读者的阅读意识和阅读体验，有效提升学生的文化素养。

（五）设立基本的自助机构

通常喜欢进入图书馆读书的读者，都会合理利用自己的业余时间。实际上，社会上很多人的空闲时间几乎都由自己支配，自主读书能力是需要被着重培养的，图书馆要依据这一特征建立健全阅读推广的自助机构。管理人员要建立群众自助阅读组织，更好地辅助读者进行书籍的基础阅读，并对相应的阅读心得进行集中关注和互动。另外，图书馆管理层要给予图书馆必要的资金支持，辅助图书馆更好地引进相应的书籍，开展相应的活动。图书馆的阅读推广项目要鼓励读者增大阅读量和阅读范围，对于有意义、有价值的图书进行社会性的阅读推广。另外，自助机构的建立能有效提升读者的自主意识，能更好地辅助读者开展阅读活动。

（六）开展基本的阅读交流

图书馆要建立健全阅读交流机制，促进读者对自己的阅读感受和阅读体验进行良性的输出，鼓励读者进行群体交流，促进读者建立互相学习的互动模式。另外，可以根据读者的阅读经历进行相应创新型项目的开展，鼓励他们建立多样化的阅读交流体系，图书馆的相关管理人员要充分利用读者的思想特质，建立健全相应的交流结构，辅助他们在交流中提升自身的阅读素质。在设计基础交流活动时，不需要过多的华丽设置，只要增设相应的交流场地，利用最为平实的交流体系，才能促进读者提升实质化的交流互动。

第六节　制定完善的阅读推广活动

一、完善图书馆经典阅读的推广活动

（一）经典阅读推广概述

1. 经典

经典，主要指记载了人类历史文化进程，对人类文明的发展起重大作用和重大影响，历经岁月沧桑不减其价值的著作和篇章。这些作品具有不可取代的代表性和影响力，展示了人类文明各方面的成就，反映思想的流变和文化的发展。经典的文学作品还具有丰厚的人生意蕴和永恒的艺术价值，为一代又一代读者反复阅读欣赏，体现民族审美风尚和美学精神，深具原创性。文学方面主要体裁有诗歌、小说、散文、戏剧等。

2. 经典阅读

经典阅读，主要包括两方面的内容。

（1）阅读书面读物。阅读书面读物，同时关联着相应的阅读方式、阅读状态，即阅读是独立进行的、个性化的、宁静怡悦的，并能以文字符号为引导而使阅读主体展开联想、想象以及再创造。

（2）阅读有品位的好书。阅读美文，特别是经典之作，因为无论涉及哪一个领域或哪一个层面，往往都是智慧的闪现、精神的馈赠，而且能够经历时间长河的无情冲刷而更见其超越时空的生命光彩。阅读这样知识的、精神的佳品，是人类极富智慧的选择。真正的阅读者，往往能在阅读中获得愉悦，达到净化心灵的境界。

经典阅读是一个自主选择的过程，更是一个动态构建的过程。这种"选择"与"构建"，都是在平等的"对话"与"理解"中完成的。读者通过作品，理解作者的人生和思想感情，反思自我的生命历程，逼近自我生命的本质，在经典阅读中重新发现自我。

3. 经典阅读的三重境界

（1）开卷有益

经典阅读为开卷有益。可以说，读好书就可以获得较多的收益，读书尤其是经典阅读乃是一个人成长进步的重要阶梯。

（2）雕精达博

经典阅读的第二个境界为"雕精达博"。倘若无法实现该境界，就会像无根浮萍，很难致远，很难出现大气象，根深则枝繁，枝繁则叶茂。如果读书只满足于当下的愉悦而不注重分析、综合、系统化，不仅思想难有高度、深度和宽度，所获知识恐怕也很容易像网络资讯那样沦于即刻性和碎片化。

（3）融会贯通

经典阅读的第三种境界就是"融会贯通"。此处所论述的融会贯通，可在 2

方面进行理解：一为追求诸多种类的知识贯通和融会，被叫作通透圆融；二是强调知行合一，自觉强调人生实践和书本知识的结合。经典阅读的过程，也是一个不断内修于心、外化于行的过程，在这一过程实现素质和涵养的提升。

4.经典阅读的三种方法

（1）探源法

任何能传世的经典或学说都不会是无端而来、无端而去的，一般都有对前人的继承和对后代的影响。当读完一部经典著作，也许一时不能宏观把握其中要义，这时不妨参考一些与之相关的资料，追溯一下这些作品受过谁的影响。

（2）选择法

当面对内容繁复的经典作品时，读者不可能将它们一一解读，这时就需要有所取舍。在选取的过程中结合自己的爱好、特长、专业等，既能扩大了知识面，又可以提升阅读兴趣。

（3）联想法

中国传统文化中"形象思维"很发达，无论是讲哲学、叙历史，还是抒情咏物，都离不开形象地描绘。阅读时，必须充分展开自己想象的翅膀，跟随着创作者的飞翔而遨游。阅读主体以最大的能动性进入作品，使自己的灵性与作品的意境相融通，和作者进行以诚换诚的交流和别有意味的心灵沐浴。

5.经典阅读推广

经典阅读推广，即社会组织或个人为促进人们阅读经典图书而开展的相关活动。相较于其他阅读推广活动，经典阅读推广更突出推广内容的经典性。

经典阅读是一种体验性阅读，阅读推广要注重读者的主动性。经典的文本大都是一个特定的体验世界，读者阅读经典的过程，就是感受、体验的过程，感受经典文本的形象世界，体验经典文本的情感世界，领悟经典文本的意义世界。图书馆的专业性和权威性是图书馆经典阅读推广的重要优势，但是，图书馆对自身这种专业性和权威性的过分强调和滥用，也常常成为影响读者体验经典阅读的重要原因。有的图书馆在经典阅读导读中将经典典籍拆成一字、一句，学校授课式地单调逐一讲解，短短一篇词文要讲上整整两小时，严重减弱了读者的阅读兴趣，也限制了读者对经典的整体性体验；有的图书馆员或专家学者在回答读者关于经典的问题时，常常照本宣科或是一味坚持自己的观点，不能接受读者的质疑或是其他理解和解读，影响了读者阅读的积极性和主动性。因此，图书馆在经典阅读推广中应更加重视读者的主观能动性，引导读者自己阅读和理解经典，而将自己放在一个咨询者和参考者的位置，面对读者对经典的理解和体验，要秉持兼容并包的思想和开放发展的视野。

经典阅读是一种对话性阅读，阅读推广要注重读者的个性化。读者阅读经典可以看作是读者与经典的对话，这种对话是读者与作者之间的，超越时空的，超越现实的，是思想与思想的对话、心灵与心灵的对话，甚至是生命与生命的对话。对每一个不同的读者，每一场对话都是不同的，甚至对于同一个读者，每一次对话也都是不同的。因此，图书馆在进行经典阅读推广时，要重视和了解读者的个性化特点和需求，帮助不同的读者从自身出发，阅读和理解经典，运用经典答疑解惑、引导人生。

经典阅读是一种陶冶性阅读，推广经典阅读要营造良好环境。推广经典阅读不仅仅是为了让读者从书本中获取更多的知识，更重要的是使读者通过阅读经典，陶冶情操，净化灵魂，升华人格。而这种陶冶性的阅读，更要求图书馆为读者的阅读经典活动提供优雅、平和、从容、安静、美好的阅读环境和阅读氛围。"孟母三迁"是为了给自己的孩子提供一个良好的学习、诵读环境，图书馆也可以尝试设置专门的经典阅览室，为读者提供一个理想的经典阅读环境。

（二）图书馆经典阅读推广中存在的问题

1.公共图书馆经典阅读推广

（1）缺乏对读者阅读需求、兴趣的前期调研和后期总结

很多的图书馆在推广经典活动中并没有高度关注用户的兴趣以及需求，通常只强调展开活动和落实活动，依托组织者的自身想法和愿望制定活动主题，尽管开展了诸多推广经典阅读的展览、宣传、讲座、推荐书目等推广工作，但并没有获得良好的成效，在该活动中缺乏真正参与的读者。当下社会，群众受制于通俗读物、网络信息、电子阅读等文化的干扰和影响，对想要读经典原著但不想消耗大量的时间去阅读，并且对位于读书时期的学生而言，出于应试教育方面的压力，也缺乏时间和精力投身到经典书籍的阅读中，诸多人就尚未浏览和阅读过经典书籍，只是运用广播、电视、网络等了解，并且电视等媒介出于有商业利润的要素，可能歪曲了经典内容，还有的群体根本就不了解经典著作，就更不能感受

经典对自身内心和精神产生的影响和感触。

群众不想阅读经典著作的主要原因是，经典著作和当代社会行为是彼此脱节的，并且很难懂得经典语言，这就让缺乏较高汉语素养的读者难以理解，难以开展阅读，与此同时理解经典著作还需要有良好的人文知识以及历史知识，其就唯有在真读书中方可获得，且出于手机、网络阅读直接降低了群众的阅读能力和思维能力，均导致很难理解经典著作。由此图书馆需要高度关注和了解用户需求，直接激发用户的阅读兴趣，主动教导经典著作阅读办法，引导和辅助用户克服阅读障碍，使用诸多的模式吸引用户更好地学习经典。

（2）利用教学资源及各种现代媒介技术

在使用现代技术推广阅读环节中，图书馆对读者的培训有待加强图书馆在信息社会引领读者阅读经典的模式中，就涵盖了使用现代媒介技术和数字资源，其为社会发展的趋势和发展需求。但针对有的人而言，特别是习惯阅读纸质文献的较大年龄的用户，对当代社会中的手机阅读、网络阅读、微博、微信、博客等，并非单纯是不习惯，主要是由于不懂得怎样应用；伴随手机和网络成长的年轻人，尽管在手机聊天、网络使用、游戏、购物方面非常擅长，但在检索数字文献信息和利用资源能力和技巧方面均有问题。有的图书馆对用户使用新技术开展阅读的培训没有整体规划，也尚未对用户使用技术媒介阅读进行能力调研，进而会造成在阅读推广中，难以合理使用新技术资源推动开展经典阅读。

（3）图书馆员在引领经典阅读过程中主观意识及能力有待提高

尽管有的图书馆设计了创意性的经典阅读活动，并且产生了品牌效应，但对很多图书馆来说，在引领经典阅读活动中，图书馆员不管是在能力和意识方面，比较欠缺，通常习惯于使用讲座、图书展览等日常办法，缺乏深挖主动阅读兴趣，在推广经典阅读环节中，并没有让专门成员组织负责，只临时安排有关成员实施活动，图书馆工作者普遍缺乏连续系统的工作经验，并且缺乏有关的技能和知识，还匮乏长期性的业务培训以及统筹培训。组织推广经典阅读的成员，图书馆工作者普遍缺乏能力和业务意识，造成在经典阅读推广环节中缺乏规范性和科学性。经典阅读推广缺乏应有机制的规划和经典阅读推广缺乏完善的保障体系，也尚未在某范围中实现统一规划。诸多的推广活动均有应景的属性和特质。每一年的世界读书日图书馆均会落实和开展阅读推广活动和宣传工作，但在活动后就不了，推广经典阅读需要全面融合到日常业务内，为确保推广经典阅读的效果和品质，就需要构建有效全面的长效体系和整体规划，确保机制的有效性和合理性，并且还需要在实践层面开展理论分析，引领读者阅读经典著作。

2. 图书馆经典阅读推广存在的问题

（1）图书馆的利用率越来越低

网络阅读的盛行，使许多图书馆的利用率越来越低，对于经典文学的阅读更少。许多学生去图书馆的次数很少，图书馆的资源没有得到很好利用，这也说明了大学生对经典文学的阅读量逐渐减少，且没有树立正确的阅读习惯。图书馆是文学和文化的主要阵地，是为教学服务的，但由于高校图书馆的利用率越来越低，也造成了经典阅读推广不到位，不能将高校图书馆的资源和条件利用起来，这也是经典文学无人问津的原因。

（2）图书馆的经典阅读推广活动缺乏创新

在许多图书馆中，普遍存在这样一个问题，认为图书馆的工作非常清闲，而且非常被动，只有学生来阅读时才提供阅读服务。这就导致了有的图书馆在进行阅读推广活动时，前期工作没有做好目标设定，无法打通学生与图书馆之间的联络，同时，推广的方法也较为陈旧，并不是学生所感兴趣的形式。因此，并不能很好的吸引学生的注意力。每次的推广活动都没有任何新意，就让学生们感受不到阅读魅力。

（三）图书馆经典阅读推广创新

1. 微信与图书馆经典阅读推广

通过微信开展经典文献阅读的优势：第一，微信在学生群体中很受欢迎，融合学生喜好，通过微信开展经典阅读推广可以符合学生自身需求，并且和时代发展潮流比较吻合。第二，微信的用户群庞大，可以扩大影响力，其中学生为最主要的用户群。图书馆可运用微信平台，吸纳大量的粉丝，构建有规模且稳定的粉丝团体。在该粉丝团内，图书馆可开展推广经典阅读活动。且可运用微信群、朋友圈的分析模式，持续吸纳粉丝，进而提高推广经典阅读的规模。第三，微信传播即时、精准。一方面，微信传播有很强的即时性，发出信息后，手机端就可以收到信息，进而确保所有用户均可获得信息，便于迅速传播信息；另一方面，微信传播有很强的精准性，公众号后台设置了分组，图书馆可将不同用户进行分组，并对不同用户构建有针对性的信息服务，落实个性服务。在中国有大量的经典书籍，怎样合理挑选适合自身的书籍，怎样更好地实现阅读，为所有经典爱好者高度关注的问题。图书馆可运用微信平台，定时对用户推荐热门榜或经典书目，帮助学生获得和自身吻合的经典书籍，营造优良的阅读氛围。在经典阅读推广中，经典导读为一个重要的流程，图书馆可运用微信平台开展导读活动，引导读者高效率、正确地阅读书籍。与此同时，图书馆可按照用户的爱好，推荐优秀书籍，运用经典导读和好书推荐，不但可帮助学生挑选符合自己需求的书籍，并且可以更好地帮助学生阅读经典书籍，这对学生热爱经典，关注经典有极大的现实意义。

2. 微书评与图书馆经典阅读推广

第一，微书评。微书评书被叫作"微博书评"，文字需要设置在140字以内，其为全新的书评模式，重点为微表达、微语言，结构简单，为文字的浓缩。其主要是研究经典作品，呈现该作品中包含的含义，论述作品之中的阅读价值。运用微博，尽管是草根也可以在平台中随意发表观念和评论，体验意见领袖的感觉，并且在平台中分享阅读的乐趣，在文化方面发挥话语权，享受微书评的网络香气，给人营造全新的感觉。

第二，阅读推广实践。通过各种微书评大赛活动，增强经典阅读服务的独特魅力。为提倡和推动更多用户参与微书评中，让用户可以更熟悉、了解微书评，激发读者爱经典、评经典的积极性，并且为全面扩充微书评产生的影响，图书馆可运用微书评征文、微书评大赛等活动，提高在经典阅读方面的用户热情。运用形式多种多样、内容多种多样的微书评活动，可以逐渐提高在经典阅读推广中的图书馆魅力，吸引更多的用户阅读经典，并参与到评经典的环节内。加强经典阅读推广服务团队建设，推动推广经典阅读服务的发展和演变。为强化建设经典阅读团队，图书馆可运用诸多的措施，建设微书评的推广经典阅读的服务团队，试图构建表现优异的人才团队，持续提高在微书评阅读中图书馆工作者的服务水准以及能力，让其可以主动对微书评的推广服务贡献自身的力量，实现创造力的发挥。良好满足用户的基本需求，进而推动微书评在经典阅读方面的发展和演变。充分利用社交平台与读者交流，推动创新推广经典阅读服务。为全面了解用户在经典阅读方面的体会，图书馆可运用微信、微博和用户进行有效交流，组建经典阅读的评书群、微博官方账号、公众号等，按照用户在经典阅读方面的特点，将有信息价值和学术价值的书目在微博中推荐，进而和用户深刻探讨作品思想和读书心得，让其可以全面参与到微博交流环节中。与此同时，还可以诚邀书评学者和专家等组建阅读群，创建微书评经典阅读的数据库，落实共享经典阅读资源。为强化在微书评中经典阅读推广的深入开展和合作，不同图书馆均需要组建微书评数据库，出于不同图书馆按照收藏的微书评资源和经典阅读均是有限的。与此同时，组建经典图书微书评联盟，可以落实图书馆的资源共享，落实优势互补，对用户构建优良的经典阅读导航。

3. 立体阅读与图书馆经典阅读推广

第一，立体阅读。立体阅读为多角度、多层面、多层次对书面信息理解的阅读办法"。立体阅读就是借助广播、电视、网络多种媒体，整合它们的优势，形成对信息综合处理的最佳方式，构建更个性化、更快捷、更有效、更准确、更具有权威性的交流信息、情感、思想的媒介系统。

第二，阅读推广实践。创新体系，整合资源产生合力。立体阅读的特点，注定所有的经典阅读推广活动均为高力度、高强度的工作，单纯依托图书馆自身的力量很难全面实现活动目标，由此需要创新工作体系和制度。唯有有效整合优势资源方可产生合力，图书馆可引导创建专家指导、政府提倡、公司运转、社会参与、媒体支撑的运作体系，发动社会不同方面普遍参与活动，诚邀诸多专业人士构建参谋团，推荐经典书目、规划综合活动、策划重点活动、对诸多活动进行指导等，对经典阅读的发展提供保障，大量汇集了社会经典阅读方面的力量，全面广泛地落实不同主题的活动，并且还需要有效发挥新媒体、传统媒体的宣传功效，在社会构建优良、浓郁的经典阅读氛围。培养经典阅读能力，并非单纯依托推荐书目，还需要注重书目切实和梯度。在一个层面而言，需要注重选择经典，注意文本与生活、社会的互动；另一层面，需要注重在关注传统和经典的环节中，构建真实的情境。图书馆可依托诸多方面的力量，运用诸多的载体构建共享阅读模式，持续提升经典阅读覆盖面积；构建多样、个性化、高端的阅读模式，持续提高引导经典阅读的作用；实现阅读创新，推动虚拟阅读和实体阅读的共同发展，持续提升创新经典阅读的能力，创新组织平台，塑造品牌传播经典，推广经典阅读平台可以创新构建微阅读交流平台，在策划活动的最初、举办活动时间以及活动结束后发挥平台的交流作用，广泛获得用户的建议和此次活动的参与感受，汲取经验，对其后的阅读活动创建立体平台。在活动流程中，强化工作者阅读经典著作的品牌观念和意识，强化品牌活动的持续性、创新性以及有效性，持续提升阅读经典著作活动的影响力和辐射力，持续提升该活动的认知度以及影响力，并深度开发品牌形象，例如，电视直播、馆办刊物等载体的使用，扩大宣传面，在交流平台中让用户运用感悟、思考，落实自我成长和发现，感受经典妙趣。

二、图书馆数字阅读及其推广

（一）数字图书馆与数字阅读

1. 数字图书馆

数字图书馆是对比实体图书馆来说的，通常而言数字图书馆是建立在实体图书馆基础中的一种虚拟存在，是伴随信息技术和信息时代的演变而产生的，为信息时代的一种数字化产物。数字图书馆可以对用户创建快捷、方便、高水准的信息化服务体系，涵盖了诸多媒体的信息资源，其不但是科学技术，还是社会事业。倘若在定义方面解读数字化图书馆，那么其分为两方面的含义，第一是将纸质图书馆实现数字化发展，也就是将传统的纸质图书演变为电子数据书籍；第二为管理数字图书，其覆盖了数字图书的交换、存储、流通应用等。

（1）数字图书馆的职能内涵。不管是对传统图书馆还是对数字图书馆，其职能都有共同点，就是注重收藏不同类型的资料，这也是图书馆的一项基本职能，但传统图书馆和数字图书馆两者在职能方面有不同的侧重点，数字图书馆重点是收藏数字信息和资源，而传统图书馆重点是收藏纸质信息和资源。

（2）基本职能的落实便于传承文化。大数据环境体系中数字化资源表现出井喷发展态势，数字资源对比纸质资源而言在三方面有显著的优势：①可复制性强。要实现纸质资源的复制，就需要逐句逐字的用笔抄录，有较大的工作量，消耗较长时间。但是对电子材料的复制，通常有更高的效率，有较小的工作量。②不易毁损。纸质材料很可能会由于各类微生物地存在而导致书籍产生变质霉烂的情况，但电子信息就没有该层面的风险问题。③直接突破时空方面的限制，对纸质书籍而言，倘若需要在图书馆外学习，就需要将书籍带离出图书馆，倘若该书籍只有若干或一本，那么对该书籍学习的用户数量就不可能高于该书籍的数量，倘若有读者以借阅办理的方式将书籍带离出图书馆，则可提供用户阅读的书籍数量会显著降低，而电子信息或书籍就没有该层面的制约。

（3）落实基本职能可便于提升科研和教育品质。尽管当下在中等教育和初等教育中主要的教学模式是课堂中老师教学、课堂外学生做题，但在高等教育中，自主学习已经演变为学生学习知识的主要模式，并且是学生独立实现毕业论文的基本前提，也是构建高层次人才的科研基础。

由此在高等教育中就必然不能忽略图书馆的作用，图书馆已经演变为不同院校和社会区域的重要的教育硬件设施，在大数据体系中，数字图书馆已经演变为构成图书馆的主要内容。数字图书馆电子资料的收藏职能行使越充分，高校学生在学习知识中可学习更尖端的专业信息和资料，在学术分析中可以更全面、精准、深入的了解有关领域的研究动态以及理论基础。

新时期数字图书馆的挑战与危机：

（1）数字图书馆外竞争危机。生活中，学术资源大数据经常产生。在学术、教育、文化资源中建设网络资源特别迅速，该建设网络资源目前在资源种类和规模层面，高于传统图书馆。并且，在大学校园中，绝大部分学生都是运用网络获得信息，运用图书馆获得信息的数量有极少的比重。就图书馆网站和搜索引擎的利用程度来看，二者的利用率相差极大，大学生访问图书馆网站的比例远低于使用搜索引擎的使用比例，甚至有的大学生尚未访问网站（也就是数字图书馆）。传统图书馆演变为在大数据时期中获得信息的最终渠道。

（2）数字图书馆内部建设问题。①目前迫切需要解决在信息时期遗留的有关问题。出于时代的不同，在建设传统数字图书馆中会受制于技术方面的限制，并且由于缺乏统一的建设标准，缺乏充足的资金，造成数字图书馆一直存在缺乏描述元数据、缺乏统一数据接口、缺乏充足的检索能力、文献缺乏关联性、缺乏资源的拓展和发现能力、缺乏互操作能力等相关问题。如上问题在本质上直接降低了图书馆之间和不同图书馆内部的资源共享，并且在检索文献过程中检索结果不全不方便。②大数据时代带来了建设新数字图书馆的难题。大数据技术的使用对数字图书馆应用传统技术产生一定难题，当下数字图书馆在互操作信息检索层面很难将繁杂的数据环境（多种类、多元数据）下的数据价值发现和图书馆服务进行深度融合。其主要是由于检索传统数字图书馆的模式是建立在自动化图书馆系统的互操作元数据方面以及建立在系统互操作方面中，但该检索服务操作模式的融合使用只可以解决缺乏检索能力和信息描述不精准的有关问题，不能对如上问题进行根本解决。

（2）该问题可运用大数据思维进行处置和分析。大数据思维对数字图书馆的用户维护产生较大挑战。大数据的产生，产生了和传统思维有一定区别的大数据理念，该种在大量数据中获得彼此有关系的思维渐渐被应用在剔除易错和传统思维模式以及实验环节中，为运用信息获得信息的思维模式，而传统的数字图书馆在诸多数据中均不能产生有效关联，想运用信息获得信息，也就是在数据中预测概率，为信息获得用户服务就更难实现。由此，在大数据基础中，传统数字图书馆需要高度关注源于图书馆外和图书馆内的威胁，但其同样是发展启示、也是发展机遇。

2. 数字阅读

数字阅读为阅读的数字化发展，涵盖了两方面的意义：第一为数字化的阅读对象，其阅读内容是运用数字化模式表现的，例如，网络小说、电子书、数码照片、电子地图、网页、博客等；第二为数字化的阅读方式，为阅读的终端、载体并非是纸张，转变为有屏幕的电子设施，如电脑、手机等。数字阅读源于产生了手机、网络、阅读机等数字载体。网络中有较大的信息量，覆盖面广泛，阅读机、手机的应用、携带方便等特点，都为数字阅读构建了机遇。数字化阅读的产生对群众的学习、生活构建了便利和乐趣，但也获得了诸多传统人士的担忧。有的人表示，伴随数字化阅读的发展和形成，不需要较长的时间，传统纸质读物就会渐渐被群众丢掉。它会直接破坏了唯有纸质阅读方可感受的文化韵味。与此同时，数字化图书制约了阅读管理，对没有信息鉴别能力的未成年人的发展会导致消极影响。在较长的发展时间中，已经被群众接受和习惯的传统读书模式依旧和数字化阅读共同发展。数字化阅读模式，也需要智慧去利用和驾驭，进而更好地对人类提供服务。

数字阅读的特点。数字阅读理念的开放化与平等化，数字阅读内容的数字化、智能化，数字阅读方式的网络化、泛在化，数字阅读形态的多载体化、融媒体化，数字阅读效能的便捷化、分享化，数字阅读服务的融合化、互动化，这些数字阅读的特点与纸本阅读形成了鲜明的对比，在诸多方面形成了与纸本阅读不同的阅读度，对纸本阅读具有颠覆性。

（二）图书馆数字阅读推广问题

1. 推广主体缺乏

数字阅读推广主体缺失，主要表现为以下两点。

第一，机构缺乏。尽管在阅读推广中图书馆为主体，但目前尚未组建专门的推广阅读委员会，由此阅读推广并没有提高到图书馆重要工作内，尽管对图书馆而言，很多的图书馆没有组建推广阅读的常设组织结构，经常抽调临时工作者组建临时小组实施工作，造成推广阅读活动很难实现制度化、长期化发展，直接对推广数字阅读的成效产生影响。

第二，人员缺乏。图书馆馆员作为推广数字阅读的主体，但出于中国目前在图书馆立法层面的缺失，并没有组建图书馆从业资格认证体系，并且进入图书馆有过低的门槛，导致工作者的综合素质有较大差距。图书馆一般也没有较高的薪资待遇，很难吸引水平较高的专业人才，这也是为何当下普遍缺乏高水准的数字阅读推广人才的主要原因。图书馆通常是使用单一主体的模式落实推广阅读活动，公共图书馆之间、图书馆和社会组织之间合作举办推广阅读体系目前并没有组建起来，造成数字阅读推广活动的影响力、规模、效果均受到较大的限制。

2. 服务对象模糊

目前，专门全面调查分析数字阅读用户的阅读兴趣、习惯和效果的图书馆比较少，出于诸多图书馆上为细致研究网络阅读和阅读用户的阅读倾向以及心理，对数字推广阅读服务的认识比较模糊，并且不同专业和年级学生的信息素养能力以及知识结构有很大的差异，由此缺乏针对性的推广数字阅读活动很难获得群众的认知和兴趣，活动效果普遍不好。但中国的年轻阅读受众普遍有好动、好奇、追求休闲娱乐、兴趣广泛、思维活跃、缺乏自控能力、缺乏分辨能力、模糊化的价值取向、情绪化的阅读心理，在较大层面限制了数字阅读效果的发展。图书馆对群众的数字阅读进行指导，需要分析群众的心理发展、生理需求和特性，细致分析成长需求和现实的结合，且深入研究阅读需求、阅读情况、阅读特点等，契合和其阅读兴趣吻合的推广数字阅读方案，引导在文化的浅层文化演变为精神的深层追求，引导其注重信念、理想、品格、意志等，可以更深刻地理解和认识人生。

3. 资源内容繁杂

中国目前建设图书馆数字资源中均会步入该尴尬境地。一方面，每年使用诸多的资金购买诸多种类的数据库，特别是价格高昂的外文数据库；另一方面，在数字资源的高投入基础中，缺乏较高的资源利用率，导致应用成本比较大。图书馆有诸多的数字资源，涵盖了电子期刊、电子图书、视频等诸多类型，数据库的应用办法也有一定区别，这对大学生使用网络资源形成了阻碍，尽管有的图书馆创建了统一查询数字资源的平台，但并不充分。创建容易应用、明确的数字资源知识地图是当前推广数字阅读迫切需要解决的主要问题。

4．活动形式单一

当下，数字阅读推广重点是依托培训、讲座、视频等单向信息交流的模式，只有很少的互动交流活动，阅读推广活动主题单调，创新不足，同时推广设备不完善，活动收效甚微。

（三）图书馆的数字阅读推广对策

优良的文化氛围、全新的技术应用、广泛的文献资源，是图书馆获得用户认可、满足用户信息需求的基础。

1．加强数字资源建设，增强读者吸引力

图书馆需要融合读者阅读倾向以及自我特性，构建恰当合理的数字配置系统，确保馆藏数字资源可有效满足用户在阅读方面的需求。按照学校不同图书室的书籍采编，且按照科研教学的参考书目，叠加用户推荐购买书籍的内容，渐渐提高数字图书馆的馆藏数量，逐渐提高用户的参与乐趣和兴趣。在诸多免费资源和馆藏资源中，图书馆可研究用户信息需求，对某学科有利用价值的专题信息予以数字化汇总和整理，产生特色数据库。还可以将善本、珍本的纸质资源或特色多媒体资源等文献实现数字化，然后整合网络免费资源以及数字资源，归类整合有关资源，便于用户开展延伸阅读。

2．加强阅读客体分析，增强读者黏度

数字阅读推广要研究推广的主要目标受众。阅读客体可以被分为两种。

普通客体：老师和专家学者普遍已经了解图书馆的使用流程和基本设施，其可按照需求迅速获得文献资料和完成借阅书籍，结合该类型的目标群体，数字阅读推广活动需要完善电子教案的专业性数据库，可运用有奖问答和数据库讲座的模式，强化用户参与，提高用户黏性。按照重点客体、学科，国外和国内在该方面的全新思潮、理念、动向予以跟踪，构建定量、定性的汇编论点和专题报告，帮助开展科研活动。强化和不同组织机构的合作，在互惠互利中，运用联合参考咨询、文献传递、馆际互借、联合建库、集团采购的模式落实共享共建资源，来满足用户需求。有效使用公共信息资源，加强网络信息资源的整合与开发，建立学科信息门户，对用户构建统一的服务平台和检索入口，可以提升整合和利用网络信息资源的效率。运用有效宣传，让读者深刻了解和认识到阅读重要性，深刻感受数字图书馆的独特魅力，进而让用户主动积极地参与到阅读数字资源中，体验阅读产生的快乐，带来优良的数字阅读氛围。

特殊客体：不熟悉图书馆服务项目、规章制度、检索技能、设施设备，缺乏分类检索书籍，找书特别难。结合该情况，文献检索课程和设置选修课为重要内容，介绍图书馆的基本信息为开展快速推广的基本渠道。介绍图书馆的有关网站功能，检索文献资源的模式为图书馆首先需要推广的内容。该时期的网站并不能限制于日常推广中，更需要注重培训宣传。毕业生也是特殊客户，他们准备踏入社会，在基本技能方面的知识需要持续增加，且出于在撰写毕业论文和答辩中对有关的资源、知识有较高的需求量，推广专业技能演变为首选。结合该特点，图书馆需要有效使用数字资源，组织相关信息，将海量的信息进行整理、遴选、重组，产生专业性更高、更有深度的信息库，提供给用户应用和浏览。

3. 增强体验式阅读推广，让读者参与其中

互联网环境下，每个人均为需求知识者，并且是输出知识者，想要阅读的人，可获得需求的信息资源；还可以发布相关资源，实现知识传播，落实最大化的个人价值和提升。由此，数字阅读推广活动成为一种新常态，需要强化体验式的数字资源推广阅读，让诸多的用户全面参与到推广数字阅读内。微博、APP、社交网络、微信、内容社区（例如，优酷、豆瓣）等推广媒介均实现了简单的数字阅读体验，用户可实时沟通，提出有关的阅读问题，读者可以直接参与到推广数字阅读环节内，进行交流，真正地实现数字资源的活起来。建设图书馆数据库需要关注用户的体验，落实分类阅读、热门浏览、读者建购、热门评分，让用户演变为推广数字阅读的成员，在网络中实现个性化图书馆的管理，真正落实共享资源。

三、新媒体与图书馆阅读推广

新媒体是相对于传统媒体而言，是报纸、杂志、广播、电视等传统媒体以后发展起来的新的媒体形态，是借助数字、网络以及移动科技，同时运用互联网

或是无线通信或是有限网络或是其他途径，将各种信息供给用户的一种传播与媒体形态。

新媒体可以实现内容的数字化生产和大规模复制传播，可以实现海量的内容存储，并能方便搜索和调用，还可以实现内容与内容之间的互动链接，跳转、切换方便。除此之外，新媒体还有以下四个特征。

1. 价值

新媒体必须有一定的受众，能够准确把握信息传递的时间，有比较充分的传递条件，能够适应用户的信息需求和心理反应。同时，它们自身也必须在承载相关信息价值的同时，还能够给自己带来经济效益。如果媒体的运行成本远高于商业效益，亦不能形成媒体的有效价值。

2. 原创性

新媒体之所以被冠之以一个"新"字，主要是要突出其具备的原创性：既是指技术上的原创性，又是指内容和形态上的原创性。它意味着在这种媒体格局下，参与主体的平等性，信息内容的普适性，传输通道的流畅性，接收信息的自由选择性，意见反馈的及时性和有效性，而不是对传统媒体内容的机械模仿和表达方式上的某种变更。

3. 效应

效应是在一定环境下，多种因素相互作用而形成的一种因果关系，可以称为关注度、影响力、公信力。新媒体必须具备形成特定效应的能力，必须具备影响特定时间、特定区域、特定对象的视觉或听觉反应的因素，从而导致产生相应的结果。

4. 生命力

新媒体必须有一定生命力，形成并延续自己固有的生命周期。近年来，新媒体发展日新月异，各种创意层出不穷，但真正具有生命力的新媒体却并不多见，许多概念的提出没有周到的市场调查，没有准确的市场定位，仅凭"满腔热情"或"良好愿望"，所以一些自以为是的创意尚未被市场接受，即已折戟沉沙、销声匿迹。究其原因，就在于它们没有把握住新媒体的核心价值要求，盲目生搬硬套，自然免不了昙花一现的命运。

与传统媒体相比，新媒体有着诸多的优点，接下来以手机报为例进行介绍。

1. 信息传播时效性强

传统媒体用户必须在特定时间和空间上通过纸质媒体和电子媒体接收新闻信息，而以手机报为代表的新媒体应用起来比电视、报纸更加便捷。在中国所有区域均可以获得手机报。由此，在针对突发新闻的时候，手机报有很强的即时发布功能。其可落实动态传播事件，需要恰当跟进，让群众可以亲身感受。手机报依托特殊的迅速传播优势，抢先发布新闻资讯，用最新鲜、热门的信息吸纳群众的关注。可以在手机中保存手机报，用户可挑选随时看或者是推迟看，尽管关闭手机，但开机的时候，手机报还是会推送到用户的手机中。现代社会已经进入所谓碎片化时代，快节奏的生活将我们的时间切割成一小块一小块的，手机报正是满足了碎片化社会人们对于信息快餐化消费的需求，便于用户把等人、候车、乘车等零散的时间利用起来。

2. 与用户的互动性强

手机报直接提升了受众、新闻信息两者的互动，落实了反馈传播信息的效果。传统媒体的主要弊病为无法和受众予以有效、即时的互动，进而直接影响传播成效。手机报可带动提高用户的反馈率以及订阅数，可对手机报提供线索、增加新闻理念、培养评论员。手机报群体可运用手机视频、短信、照片等模式进行互动。在日本海啸、福岛地震时间中，诸多手机报开辟了用户祝福和交流短信的平台，运用手机报传递关怀以及爱心。手机报用户表示支撑抗震救灾，转发了很多感人的短信，这直接提升了二次传播，使受众感受到了参与性，激发了群众的阅读乐趣。

3. 个性化定制服务

传统报纸为一种大众媒体，要面对的是"尽可能多"的大众化的读者，其传播模式为一对多，通常在内容中获胜。手机报等诸多的新媒体出于个性需求，提供一种一对一的服务，进而可落实个性化订阅。受众可按照需求，运用登录网站或发短信的方式，订阅诸多类型的信息。一些在普通纸质媒体上不能成为要闻和重点的新闻，通过手机报发布不但可以成为要闻，有时候甚至成了头条。

4. 表现形式丰富多样

手机报为使用数据包的模式传播给用户。该数据包涵盖了文字、图片、动画、声音等要素，有很大的信息容量。进而，用户可运用诸多方式深化理解新闻，全面感受传播多媒体的模式，既调动了受众的视听器官，又落实了新闻多维阅读。

受众阅读的该多维新闻比纯粹看纸质新闻而言更加有趣和生动。通过听觉和视觉的融合，让群众对信息有更多的热情和兴趣。

新媒体既拥有人际媒体和大众媒体的优点——完全个性化的信息可以同时送达无数的人，每个参与者，不论是出版者、传播者还是消费者，对内容拥有对等的和相互的控制；又免除了人际媒体和大众媒体的缺点——当传播者想同每个信息接收者个性化地交流独特的信息时，不再受一次只能针对一人的限制；当传播者想与大众同时交流时，则可以针对每个信息接收者提供个性化内容。同时，新媒体完全依赖于技术，而这不是人类先天自然拥有的技能，没有数字化等技术，新媒体完全不可能存在。

（一）新媒体环境下的图书馆阅读推广

门户网站是指运用某一综合网络信息资源，且提供应用信息服务的系统。最开始门户网站提供目录服务以及搜索服务，其后出于市场激烈的竞争，门户网站不能迅速拓展诸多的全新业务模式，试图运用诸多种类的业务留住和吸引网络用户，导致当下的门户网站涵盖了诸多业务，演变为线上网络超市或者百货商场。在当下的现状而言，门户网站重点提供接入网络、搜索引擎、新闻、免费邮箱、聊天室、电子商务、影音咨询、网络游戏、网络社区、免费空间等。门户网站运用图书馆链接网络，对用户提供沟通交流和信息服务的平台体系。图书馆网站有特别丰富的内容，在资源拓展到服务、在物理场馆拓展到虚拟场馆，涵盖了诸多内容。最重要的是，门户网站可运用和用户的实时互动，构建长期、紧密、互利的关联。

1. 利用门户网站开展阅读推广的意义

（1）全面实时地介绍图书馆。在网络发达又普及的今天，门户网站是宣传图书馆的最佳途径，它的最大特点是实时性。也就是说，图书馆工作内容和事件可以在第一时间发布于网站上，读者也可以随时地在任何地方登录图书馆网站，了解图书馆动态。

长期有效地保持互动。图书馆需要保持它的互动性，通过设置一些栏目或者平台，让馆员与读者能够充分地进行交流和沟通。图书馆对读者的一些要求和建议可以传达；读者对图书馆的建议和要求可以发表。图书馆要建立跟踪处置和及时反馈机制，让读者的问题尽快得到解决、读者的需求尽快得到满足，这样，才能为图书馆聚拢更多的人气，促进图书馆的良好发展。

帮助读者解决借阅中的问题与困惑。图书馆网站更应该成为阅读交流的一个平台，读者在这里可以就急需的文献资源进行征集，对阅读中出现的问题和困惑进行咨询。可以是馆员与读者之间的互动问答，也可以是读者之间的互动问答。这种多元互动平台，能产生巨大效应。

提升图书馆服务能力与水平。门户网站是一个开放性的网站，图书馆在网站制作和维护过程中，会不断提高自身的业务水平，也会在读者的帮助下完善相关的制度和措施，改进工作，提升服务水平和能力。

2. 利用门户网站开展阅读推广的内容

（1）馆情介绍。对图书馆的发展历史可以进行全面、形象、具体的回顾，以激发馆员的荣誉感和读者的敬仰之意；对图书馆现状进行充分的、客观的、完整的介绍，让读者知晓图书馆的结构、功能、设备、业务范围等，起到入馆导航作用；对图书馆的馆藏状况、开放安排、借阅要求做准确介绍，让读者能顺利、规范地借阅图书，提高到馆率和借阅率。

文献推介。开辟文献推介专栏，重点推介特色馆藏、畅销图书和重要典籍。网站上的推介可以是滚动式的，也可以是专题性的。最大的优势是可以将所推介图书的图片、片段、作者背景、读者书评、社会反响等表现出来，让读者能更准确地选择、更好地阅读。

方法指导。阅读指导也是图书馆通过网站开展的重要阅读活动。可以是宏观上的方法，也可以具体到某种类型的图书或是某一种图书的阅读方法；可以是专题指导，也可以进行系列指导；可以是普遍意义的导读，也可以针对不同的读者群进行指导。

（4）阅读交流。为读者架设交流的桥梁，建立微博、论坛、空间等平台，让读者自由发表读后感想，也可以开设专题 BBS，并与读者的手机等移动设备同步，实时互动。

服务沟通。尽可能将图书馆已开展的业务上网，或者详细介绍业务功能、实施方法；或者开设网络服务功能，比如，网上预约、网上催还，还有数字图书馆的漫游服务等。

图书馆有办报办刊的传统，纸质报刊曾在图书馆阅读推广中发挥过重要作用。随着信息技术的发展，图书馆纸质期刊已经逐渐失去了它的优势，于是，电子期刊应运而生。图书馆期刊以阅读推广为目的，努力让读者多读书、读好书。相比纸质期刊，电子期刊的成本低、易发行、便捷快速。电子期刊可以搭建交流平台。电子期刊主要是为读者和作者搭建交流平台。通过馆员的编辑工作，为读者喜爱的图书开辟专栏，选登精彩片段或链接全文，让作者介绍创作经历，让读者畅谈阅读感言；导引阅读方向。相比网站的广泛宣传、互动平台的自由交流，电子期刊在编辑的组织下呈现出主题的统一性、内容的整合性、表达的集中性和语言的规范性等特点。尤其是思想启发和方法引导上，具有正确性和科学性。因此，电子期刊可以引导读者选择正确的阅读取向与科学的阅读方法；提高阅读质量。有了正确的思想与情感定位，有了科学而严谨的方法，读者的自由阅读也能有质量保证。电子期刊引导的阅读，有大众化"浅"阅读，更多的是专业性、艺术性的"深"阅读。"深"阅读对提高国民的阅读水平和品位具有重大意义；扩大阅读群体。图书馆电子期刊是便捷的，每一个网民都可以无偿（非付费）获得。对于读者而言，通过电子期刊了解更多所读图书的内容，能够增加阅读兴趣，也扩充了阅读内容。这样，能吸引更多的读者参与阅读和讨论交流，阅读的群体效应自然形成并逐渐放大。

图书馆微博就是利用图书馆网站或者新浪等公共网站建立图书馆读者交流空间，主要是对图书馆工作进行评价和反馈，侧重于图书阅读心得交流。许多图书馆均开通了微博，其微博内容大多是进行图书推荐、好书介绍、讲座和书展等的推介。与此同时，不少图书馆的馆长们也加入了使用微博的行列。由于图书馆微博有大众化以及开放性，用户可自发地表达意见以及观点，已成为图书馆开展阅读推广的一个良好平台。图书馆馆员可以以博主的身份制定征集图书阅读帖，让用户进行探讨，还可以使用博友的身份进行交流。图书馆微博易于引起关注，易于形成微博群，吸引更多的读者选择阅读，加入讨论。

（二）新媒体环境下阅读推广的途径

1. 坚持阅读推广活动传播途径的创新性

新媒体阅读的出现，大众在阅读上有了新的方式，数字阅读也慢慢在大众之间普及，网络科技的发展也给图书馆事业以巨大的压力。当下，不少图书馆一方面进行着传统阅读方式，另一方面也充分利用先进的传媒技术与手段，坚持推广活动主题，同时创新内容，不断改进传播手段，借助网络，试行新媒体阅读，并且开通了移动图书馆，利用微博或是微信以及其他的新媒体手段进行阅读。借助手机以及网络等方式，将线上线下的阅读联合在一块，给予读者更大的便利。

2. 新媒体与传统阅读推广相结合

在新媒体的作用下，图书馆获得了更多样的阅读宣传方式，把它和传统阅读融合在一起，将会得到更佳的成效。

3. 开展新媒体时代个性化特色推广

现在，不少读者特别是大学生，在互联网的影响下长大，极易适应新媒体事物。于新媒体的大环境中，图书馆要以大学生为目标，有目的性地进行特色推广。

（1）在图书馆网站上建立阅读推广主页

在图书馆网站中，设计出专门的推广网页，增加《电子期刊》《新书推荐》《新书导读》《书评数据库》等阅读推广栏目，在阅读上给予读者更加专业的引领。读者能够单独定制自身喜欢的内容，借助文字或是音视频等，做出评论，或是分享自己的感悟，以此进行互动式的阅读。

（2）加强移动图书馆建设

进一步强化移动图书馆的创建，通过手机展开新媒体阅读，给予各位读者更加便捷快速的服务，将更全面的资源呈现给广大读者。通过移动图书馆，各位读者能够更快地找到所需的各种文献，比如，论文或是期刊等。同时也能够方便的借阅图书，或是进行续借等。

（3）加强新媒体平台利用

在新媒体阅读的推广中，不可忽视微博以及微信的重要作用。其自主性强，互动性高，并且具备即时性以及移动性等优越的特征，得到了广大大学生的喜爱。所以图书馆就可以创建官方微博，开通微信公众号，缩短与各位读者间的距离，进行个性化的推广，让学生不再被动地阅读，而自己主动地进行阅读。

四、国内外的阅读推广活动

国民阅读有着重要的作用，影响着国家的整体水平，也对国民素养有着重要作用。各个国家都将阅读放了中心位置，同时借助多样的手段来提高整体民众的阅读水平。另外，不少国际性机构也都积极推广阅读，力求提升全球的阅读水平。如始于 20 世纪 70 年代的"国际图书十年""走向阅读社会——80 年代的目标"全民阅读""世界图书与版权日"以及其他活动，获得了不少国际组织以及各个国家的大力推行。同时，于阅读推广中，图书馆发挥着非常大的功效。联合国教科文组织也认识到了这一点，积极倡导各个国家的图书馆发挥自己的有利条件，积极推进全民阅读。

在中国，图书馆事业发展比较晚，不管是阅读推广，还是有关的研究分析，和发达国家相比，都比较晚。然而，在最近几年，发展迅猛，早就在整个国家进行阅读推广，不少学者也对此展开了深入研究。此外，中国政府也致力于国民阅读，不断提高民众的阅读水平。并把全民阅读放进国家的长远规划之中，表明了中国政府对此的高度关注。公共图书馆的价值就异常突出，是社会阅读的重要场地，也是全民教育的场所之一，更是实行终身教育必不可少之地。于阅读推广中，其更是发挥着不可替代的作用。其为该活动的主体，也是该活动的主要承担者，这是其社会职责，也是要担负起的历史使命。当下是学习型的社会，在这种大背景下，公共图书馆要利用自身具备的有利资源条件，承担起应尽的社会职责，使图书馆能够展现其社会价值。

1. 深圳图书馆阅读推广活动

深圳市是中国一大经济特区，位于东部沿海，属于一线城市，所以就图书馆事业而言，该市始终处于先进水平。而其在阅读推广上，主要表现为以下三方面。

（1）积极促进城市自助图书馆的创建。在中国的改革开放中，深圳率先打开了大门，其社会公共文化事业也在我国东部的众多城市中居于领先地位。图书馆事业是一项重要的公共文化建设，深圳有关领导始终都十分关注这项事业。从2007年起，该市就实行了"城市街区小时自助图书馆"。自此之后，全市城市街区自助图书馆服务站点基本覆盖深圳主要城市街区。另外，深圳图书馆也以此为重心举办了众多的活动，像各种征文等，和广大市民展开沟通交流，谈论自助图书馆创建中的不足，寻求广大市民的意见，尽最大努力来服务民众。

（2）不断促进用户具备更高的信息素养，对各位读者强化技能培训。力求将图书馆的数字服务充分地展现出来，促进各位读者具备更高的信息素养，具备更强的检索能力，深圳图书馆为此举办了技能培训讲座，让各位读者能够学习掌握数据库有关知识的技巧，使其能够更好地使用丰富的数字资源。

（3）加强馆员建设，创建公益培训班。力求进一步促进深圳阅读城市的创建，发展阅读推广的团队，促使推广者具备更高的整体素养以及业务能力，该市以阅读推广人为目标，创建了公益培训班。各个图书馆以及不同民间阅读组织中担任阅读推广的工作者以及各个义务教育阶段的有关老师为主要的培训目标。创建有关的专业课，并积极进行实践，最终的目标就是培育出具有丰富理论，同时也兼具实践能力的优秀阅读推广者，在其推广中使民众了解阅读的作用，激起广大市民，特别是青少年儿童浓厚的阅读积极性，提升阅读能力。

2. 河南省图书馆的阅读推广活动

组建读书会。这是进行阅读推广的一种不可缺少的手段，并且早已在公共图书馆的读书服务中深深扎根。而河南省图书馆举办了各种各样的读书会，比如，"故事妈妈"，让各位爸爸妈妈给孩子讲故事。除此之外，还鼓励小朋友们勇敢地站出来，展示自我，同时将该故事会不同手工礼物发放给各位小朋友。除此之外，也开展了"中英故事对对碰"，请一部分外国妈妈来分享她们的故事，提升各位小朋友在阅读上的积极性。

青少年儿童阅读推广活动。儿童是祖国的花朵，而少年也代表着国家的将来。在河南省图书馆中始终非常重视青少年儿童的阅读，也是其阅读推广中的一项重要工作。其为倡导更多的少年儿童能够进行阅读，举办了各种各样的活动，像不同主题的阅读等。并以中学生为目标，举办了"寒假中学生阅读推荐图书展"以及其他类似的活动，也积极邀请我国的有关专家召开讲座，由此促使青少年儿童拥有了更高的阅读热情。

志愿者活动。在河南省图书馆中，阅读推广以及志愿者服务被联系在一起，倡导更多的志愿者能够加入阅读推广之中，得到了极佳的成效。

3. 美国公共图书馆阅读推广实践

美国是现代阅读推广活动及其研究开展得最早的国家之一。

1977 年，国会图书馆组建了图书中心，进而激发了群众研究传播图书知识和传播兴趣。

1997 年，克林顿政府发起提升美国青少年的阅读能力的"美国阅读挑战"行动，主要目标是帮助所有儿童在三年级结束前能够独立、流畅地进行阅读。

1998 年，美国国会通过《阅读卓越法》，帮助美国各级校园、图书馆、社区、各类媒体及商界共同协助全国中小学学生迎接阅读挑战计划。同年，美国国会指定成立国家阅读研究小组（NRP），专门评估各类儿童阅读教授方法的有效性。1998年举办的美国"全国阅读高峰会"，强调了提高儿童阅读能力的重要性，建议家长从婴幼儿时期开始培养儿童的阅读能力，老师则采用多种多样的教育方法为英语水平有限、身体残障或来自低收入家庭的学童提供协助。

2001年，在布什政府的"不让一个孩子落后"的中小学教育法案中，明确提出了提高儿童阅读能力的阅读优先政策，阅读优先计划要求所有受资助的学校用科学阅读指导方法引导儿童提高阅读水平。

美国阅读推广内容：

（1）阅读推广和学校教育有紧密的关联。学校教育和美国图书馆有紧密的关系，图书馆的推广阅读活动高度关注培养青少年的素质，他们依据这些读者的能力与兴趣进行针对性阅读指导，从小培养良好的阅读习惯，协助他们掌握阅读技巧，在图书馆涉猎各种课外知识，构建全面的知识体系。公共图书馆一般均设计了专门对儿童辅导的馆员，提供指导家庭作业，就是校外的学生老师。中小学校老师设置的作业一般和图书馆的使用有关系，学生为完成作业一般要到图书馆查找有关的资料。在长达3个月的暑期里，图书馆也常常配合学校的"暑期读书计划"（列明了阅读书目），购买相应的图书并针对性地策划有奖读书活动。进而导致美国儿童在小时候开始就善于使用公共图书馆的资源和文献，这对培养终身学习的习惯奠定了良好的基础，并且逐渐提升了图书馆在美国的影响力，阅读推广活动的正面效应得到了切实反映。

（2）专业协会可以促进阅读推广。1956年，国际阅读协会成立于美国的科特拉华州纽瓦克城，标志着阅读学正式成为一门独立的学科，自此阅读学有了国际性统一组织。国际阅读协会是全世界最大的公益性促进阅读和提高识字率的专业性机构，在世界各地设立了1000多个分会，有几百个国家，涵盖了图书馆馆员、阅读教育成员等不同行业的几十万会员，影响力巨大。

（3）阅读推广内的政府功效。美国政府一直以来都高度关注儿童的推广阅读活动。美国政府对于阅读推广活动的支持，尤其是政策上的倾斜，在图书馆阅读推广中扮演着不可或缺的作用。政府大力提倡和高度关注阅读，为美国图书馆推广阅读的助推器。

4.英国的公共图书馆阅读推广

英国是世界上最早建立较为健全的公共图书馆服务体系的国家。英国民众对公共图书馆的认识，除了是提供图书、报纸、杂志和电子音像产品出借、信息咨询，提供学习和阅读场所等传统图书馆服务的地方，还把其视为社会生活的一部分，与社区文化相联系起来。健全的法律法规体系是英国公共图书馆开展包括阅读推广活动在内的各项图书馆服务的有力保障，是英国公共图书馆事业蓬勃发展的法律基础。英国公共图书馆事业的经费，主要来自地方政府拨款以及社会及地方政府部门及其同级机构提供给当地政府的资助。儿童学校家庭部则拨款资助图书馆开展阅读推广各类活动，如全国阅读年及全国识字策略等。除了政府拨款之外，慈善基金一向都是英国公共图书馆阅读推广经费强有力的补充。政府拨款、私人捐赠、各类基金会等多渠道的资金来源，使得英国公共图书馆可以适时地开展各类阅读推广活动，扩大受众范围。遍布全国各个社区的英国公共图书馆，是解决读写能力低下以及协助地方政府完成提高居民生存技能、就业率、生活品质之目标的重要支撑。各式各样的文献资源、态度友善且知识丰富的专业工作人员、专为读写能力欠佳读者准备的阅读材料、引人入胜的阅读推广方式等，都是英国公共图书馆推动全民阅读活动得天独厚的资本。

第七节　推动读者数字资源服务发展

一、推动建设数字资源服务

第一，扩展服务项目。对公共图书馆来说，要时刻关注视力障碍读者的种种阅读诉求以及其喜好，因为不充足的经费，就要对各种盲文书籍或是电子以及有声读物等及时做好调整。要对平版印刷的文献资料进行复制，形成大号字，方便视力障碍者的阅读。在官方网站中，也要制定视障服务页，并尽可能地收集相关资料，及时对数据库加以更新与完善，提高服务，由这三大角度创建出成熟的服务系统页面。依据视障读者对文献的使用情况，进行分类整理，并准备好有关的电子图书以及资料。由此，一方面完善配置各项资源，防止浪费；另一方面，激起各位读者的主动阅读兴趣。

第二，改进服务方式。和普通读者相比，视障读者更需要精心的服务。首先，给予他们更多的鼓励，让其能够积极进行阅读，形成阅读的思想。就这点而言，图书馆可创建专业的服务队伍，鼓励更多的人加入该志愿队伍之中，让其以一种积极向上的形式给予视障读者更细致的服务，使各位视障读者能够深深地迷恋上图书馆。其次，促进图书馆具备更加成熟的机制。多多吸收国外的经验也不失为一个好办法。志愿者走进不同的社区以及群体之中，每隔一段时间就在图书馆组织讲座，以新奇且丰富的内容吸引众多的视障读者。最后，进行个性化的特殊服务。自视障读者进入图书馆之后，馆员要自始至终地做好陪同，让其能够免费办理有关证件、进行代办等，甚至提供上门服务。另外，依据他们各自的喜好等能够获得专门定制的服务。

第三，完善服务设备。在图书馆事业中，完善公共图书馆的各项设备是亟待解决的一项重大任务。设置有关的语音提示，安置大型的闭路电视，并配上屏幕放大器，此为无障碍服务的基础设施。每隔一段时间就按照视障人士的设备使用需求进行调整和改善。改变视障群体的阅读环境，使其感受到关爱，提升阅读的决心。另外，要由基础设施上着手，提高无障碍阅读的环境，使他们能够放心阅读，就如同在家一般，能够自由活动，按照有关的标志，借助盲道，自己就能够行动。基础设施是不是达到了有关的指标，就要看无障碍设施是否进行了人性化的设置，对其维护是否做到了及时，其布局是否恰当，建设是否达到了有关规定。只有真正创建好无障碍环境，才能给各位视力障碍读者给予更优质的服务，吸引他们到图书馆来读书。

二、规范提供数字资源方的服务

第一，加大提供方的宣传力度。和别的阅览服务相比，视障阅览在人力以及财力方面提出了更高的要求。同时对其的不同活动要做好宣传，让视障阅览室空无一人的现象不再出现。图书馆应于其自身的网站上积极推广有关内容，运用一定的宣传手段，提高宣传强度，使视障人士能够了解到图书馆专门为其提供的有关服务，使这类服务能够慢慢占据主导位置。若要让阅读困难的相关常识在我国公众中得到关注和了解，图书馆有义务和责任运用活动宣传，普及这些"冷门"。图书馆可以制作并向到馆读者分发有关阅读困难的传单、小册子，在馆内明显的区域张贴海报或运用公众号的方式推送内容。除了以上简易的宣传手段，图书馆还可以邀请有阅读障碍的名人作为宣传大使，定期举办讲座讲述亲身经历。和新闻媒体组织、电台、电视一起合作，拍摄阅读苦难的纪录片、宣传片、公益广告等，举办相关画展及影展等活动，吸引公众关注及关爱这一群体。此外，图书馆应借助网络及新媒体的力量，如设立阅读困难网站，创建公众号，随时更新和发布信息，实现图书馆服务的不断宣传。详细而言，图书馆不能将咨询台以及宣传栏作为一种摆设，要显现其价值，每天定时地对有关服务内容以及项目进行公示，得到视力障碍人士的关注。为其设计盲文手册，同时也制定专门的网站电子手册，将它们送至视障人士手中。另外，发挥大众传媒的作用，借助广播或是电视台或是网络，对这种视障服务进行宣传，使视障人士和他们的亲人能够了解服务内容。针对视障人士举办不同的活动。比如，于残疾人日或者是盲人节时，和一些公益性的组织，像爱心企业或是各类志愿者等，联合在一起关爱视障人士，陪伴他们，使其信任公共图书馆。唯有在高大形象的基础上，才可吸引各位视障人士，促使其走进图书馆，不但使其具备更加丰富的知识，同时也促进了公共图书馆的完善与发展。

第二，提升馆员素质。就视障读者服务而言，在耐心以及专业上都有着比较高的要求。而中国公共图书馆的各位馆员不管是在整体水平上，还是在数量上，都还没有达标。所以，一定要引起各个图书馆的注意。引进专业人才，进入视障阅览室，对其进行培训，让其真正熟知这项工作。每隔一段时间就了解视障读者的有关诉求，听取他们的意见，设计出更恰当完美的服务计划。除此之外，邀请有关的专家来培训工作人员，使馆员在整体上具备较高的业务水平，促使馆员足够重视该项服务，清楚地了解其重要价值。在专家的培训基础上，让各位工作者能够掌握视力障碍人士在阅读上的诉求，了解他们的身体状况。当其出现突发状况时，可以给予及时恰当的处置，掌握满足他们全部诉求的服务办法，做他们的知心好友，真诚服务。让这些视力障碍人士在有关工作人员的帮助下能够习得需要的知识。在图书馆中也要安排高学历的专职工作者，给予视障人士一定的技能辅助，让其可以学到更有用更丰富的知识与技巧。最大程度上发挥志愿者的作用，使服务更具多样性。因为视力障碍人士的生理状况，馆员要鼓励其突破生理上的缺陷，尊重他们，维护好其自尊，热情地帮助他们解决各种问题。唯有将服务真正做好，才可以使他们慢慢熟知公共图书馆的服务意义，主动地进入图书馆中。

第三，强化和一些社会机构之间的协作。强化和一些社会机构的协作一方面可以使视障人士更便捷地得到需要的资源，举办有关的活动；另一方面，同样能够使公共图书馆获得足够的资金来开展这项服务。像与社会福利机构或是一些企业等进行友好的合作，为视力障碍人士举办讲座，或是进行一些免费的培训，使其结交新朋友，这样可以带动其学习，同时于活动中也能够向他们输入学习的重要价值。另外，公共图书馆和一些专业组织进行协作，给视力障碍读者讲授心理课程，通过专业的手段来使其真正走进社会之中。和各个高等院校展开更多的合作，使志愿者具备更高的素养与技能，使视障人士获得通过图书馆来发展自己的动力。阅读障碍涉及了众多方面的理论，比如，医学或是教育学或是心理学等。所以图书馆要和各方面的专家以及学者进行协作，借助自身的有利条件，比如，信息资源以及服务等，于图书馆中创建教研室或是心理研究室等，与各方面的专家之间能够进行合作，将不同方面的专业知识和视力障碍人士的阅读行为比对，明确阅读困难患者呈现出的症状，并按不同表现及程度进行细分，有助于共同建立一套科学的阅读困难人群识别标准。鉴于阅读困难具有特殊的隐蔽性，再加之极低的社会认知度，如何发现以及如何确定这一人群，是图书馆为其提供阅读推广服务的前提基础。

三、健全数字资源服务环境的发展

第一，制定相关政策。针对视力障碍人士，公共图书馆给予了专业的数字化服务。在该过程之中，国家为图书馆最坚强的支撑者，要出台有关的制度以及规章，以促进图书馆的创建，大力发展视视力障碍人士的数字化服务。另外，依据法律的强制性，切实维护好视障人士学习知识的权利，让尽可能多的视力障碍读者可以享受自己的合法权益。除此之外，依据各个省的公共图书馆在视力障碍人士服务上的现实状况，有关部门出台和它相关的政策以及法律。各个图书馆就要考虑自己的实际，在本省视力障碍读者的总体水平基础上，设计出无障碍服务的一系列指标，对馆员的工作进行监督，促使这项服务具备更高的水平，完善基础设施，为视障群体的服务做好铺垫。西方及亚洲部分发达国家及地区的图书馆在服务阅读障碍群体方面之所以能取得极大进展和喜人成绩，应归功于其拥有可遵循的、明确的、纲领性的法律法规及服务指南，而当前在这一点上反观我国无论从国家层面还是图书馆界都相对缺失。因此，处于图书馆领军地位的"中国图书馆学会"需要有效发挥引领作用，构建专业、专门的服务项目组织，并且融合中国的现实情况，学习和借鉴国际图书馆协会颁发的《阅读困难群体服务指南》，发布和制定中国的服务指南。不同的省市区的图书馆均需要融合现实情况，和地区内群众的需求，制定合理的服务准则，给予阅读困难者高质量的阅读服务。此外，于该原则的有效监督下，国家要针对图书馆的服务水平，并结合视力障碍人士的素养以及资金等角度颁布相关的政策。以国家的政策作为大的方向，同时考虑自身实际，对弱势人群的服务加以规范。一方面，倡导社会各个领域对视障人士给予更多的目光，维护好其权利；另一方面，倡导政府进一步强化法律的效用，更加注重弱势人群相关的法规。唯有国家足够关注，才可真正维护好这些弱势人群的权益。让无障碍服务上升到国家层面，变为国家意志，成为一种社会规范，也变成我们所有人的行为准则。积极倡导整个社会对其的重视与维护，尊重他们，使其如同普通人一样享受应有的权利，甚至比普通人更为便捷地行使其权利。于优良的法治背景中，才可以创建出专门的弱势群体保障以及服务系统。

第二，加大财政支持。在中国，图书馆的创建资金几乎都来源于国家，其属于社会事业。因此，在公共图书馆视障人士的服务创建中，政府指引是必不可少的。现在，众多的图书馆注重视障服务的创建，但是少部分的资金是来源于财政拨款，更多的是自己筹备资金。有的图书馆甚至完全没有得到政府的扶持。这就给视障服务产生了一定的消极作用。所以，唯有政府给予一定的财政辅助，公共图书馆才可以完成视障数字化的创建。通过上述分析，笔者倡导政府要给予图书馆一定的财政拨款，并且将一部分资金用于视障人士的数字化创建，让图书馆在这笔资金的基础上，引进先进的盲人电子设施，对无障碍设施进行整改与完善，为视障读者提供更好的图书馆服务。而对该项事业给予支持的社会公益性机构以及有关组织，政府要做出一定的补贴。唯有政府高度关注，通过具体的行动推动图书馆完善视障数字化建设，以此促使图书馆事业可以持续保持活力与动力。

第三，提高自身积极性。由于身体上的不足，视障人士在日常的生活中面临着很多困难。由此其也没有足够的精力再去学习。因此，我们要做的一项重要工作就是使其自己重视并愿意享受读书的愉悦，能够主动得加入图书馆为其组织的各种活动之中，并接受有关的专业培训，抛开生理带来的烦闷，逐渐学习并应用图书馆为其准备的各种先进的电子设备，像智能手机或是电脑等，以此进行阅读，将阅读作为自身必须要具备的一项生活技能，使自己具备更高的素养。同时于图书馆中结交新朋友，获得自我认同，获得更好的生活。受益于科学技术迅猛发展与科学理论研究高深精钻的相辅相成，医学、神经科学、心理学等多个领域对阅读的研究成果已颇为丰硕。正电子发射断层扫描（PET）、功能性核磁共振成像（FMRI）、脑磁图（MEG）、事件相关脑电位（EPR）、眼动变化等技术经常被使用在阅读行为的研究中，图书馆运用添加和该技术有关的设施，可提供对到馆用户的阅读行为研究，有助于科学精准地识别阅读障碍症群体。与此同时，定期组织馆员对阅读困难知识以及相关设备操作进行学习，引进具备心理学、医学等领域专业知识的优秀人才，培养和打造一支专业可信赖的阅读困难群体识别队伍。

第四，亲朋好友的鼎力相助。视障人士要与亲朋好友密切接触，表达自己的真情实感，由此也能够给予其一定的阅读帮助。视障人士的各位亲朋好友而要对其学习鼎力相助，同时掌握一定的知识，帮助他们更轻松地获得图书馆的各种信息。其亲朋好友也要接受有关的培训，像怎样挑选辅助设备，或是助其躲避一些生理故障等。在亲朋好友的鼎力相助之下，视障读者就能够更加容易地获得有关信息，更能够促使自己养成良好的阅读习惯。我国图书馆面向阅读困难群体的服务在很多层面仍未成熟甚至为空白状态，所以图书馆在服务起步阶段可借鉴引用欧美及亚洲在此领域拥有先进水平国家、地区的阅读困难识别标准。随着我国阅读困难群体阅读推广服务水平的逐步提升，图书馆应针对我国阅读困难群体症状特征及特点，开发我国特有的阅读困难群体识别系统并研制科学的测量工具。

第五，建立权威系统。图书馆运用在物力、人力、跨领域合作、自主研发等层面反复摸索后，应产生一整套完善和系统的识别阅读困难群众的系统以及流程，并且对这一系统以及流程的可行性、科学性、有效性予以评估和测试，进行精准识别，不断改善后进行大力宣传推广，力争将其建立成标准权威、公众基本认可的识别系统。

第六，建立阅读困难阅读训练体系。阅读层面的矫正训练。障碍症虽不能被完全治愈，但通过科学的训练干预可以获得相应的矫正及缓解。图书馆除了为阅读困难群体提供常规的阅读服务外，也要在不同症状的基础上进行一些有目的性的矫正。例如，在朗读强化的基础上，来增强语言能力，弥补这方面的不足。借助恰当的运动干预来引起神经触觉，增强记忆力。或是借助记字强化，创建字、词以及句子的关联，以此增强理解力。对图书馆而言，一方面要给予专业化的服务；另一方面也不能忽视对阅读困难群体心理健康的关注。已有相关研究结论显示，患有阅读困难的人同时承担患自闭症、抑郁症、有暴力及自杀倾向的风险要高于常人。所以，图书馆可以通过开通阅读困难群体心理咨询及辅导业务或是进行表彰等，帮助他们拥有自信，让他们不管是于阅读上，还是在心理健康上，都可以获得帮助与提升。

第七，提供对阅读困难群众构建了阅读的个性化服务，并且提供的阅读素材也需要实现个性化发展。图书馆应根据阅读困难群体的阅读能力，有针对性地为其选取并推送为之相适应的阅读材料。一是素材内容层面，涵盖了挑选体裁、主题、难易度等诸多层面，二是素材形式层面，包括字体的大小、颜色、格式等方面的考量。除去传统阅读的纸质素材之外，图书馆需要对阅读困难群体提供不同类型及各式的电子资源。馆建环境及辅助设备个性化。为提供无障碍的服务，图书馆可为阅读困难群体设立专门的阅览区域，通过显著的图形路标以及色彩进行引领。另外，借助计算机以及各种多媒体科技，引进高科技的阅读辅助设备，以此降低他们在纯文本形式读物的障碍。图书馆也要每隔一段时间对馆员进行培训，着重以阅读困难相关的专业注释为主，使各位工作者具备更好的服务思想，掌握阅读困难群体在阅读上的有关诉求以及遇到的问题等，由此尽可能地给予他们个性化的专业服务。

第八章　结语

　　阅读困难群体由于长期处于知识匮乏、技能缺失的状态，阅读资源获取数量、质量、渠道及利用知识、处理信息能力较为薄弱，处于社会边缘地位，受教育权利、文化权利、民主权利等无法实现。长此以往，阅读困难群体普遍面临社会竞争能力低下、公共话语权微弱、社会活动参与程度低、精神生活匮乏、经济状况较差、被社会主流文化排斥等问题。公共图书馆作为国家和政府为保障公民自由、平等地获取信息和知识而进行的一种制度安排，对保障阅读困难群体的基本阅读权利具有极为重要的现实意义。为探索我国公共图书馆如何能为阅读障碍症这一人群提供良好的阅读推广服务，笔者做了相关的研究并得出了一些重要结论，为我国公共图书馆不断完善服务体系以及助力全民阅读提供了一定的可行性建议，现将全文总结如下：立足于国内外推崇全民阅读的时代性大背景，明确了面向阅读障碍症群体推广阅读的重要意义。通过文献综述对国内外阅读推广现状、国内外面向阅读障碍症群体服务现状进行阐述，提出了本文的研究内容、方法以及创新之处。对公共图书馆、阅读、阅读推广、阅读障碍症及脑机制等核心概念及相关理论进行了梳理与归纳总结，阐明公共图书馆为阅读障碍症群体提供服务的重要性以及自身优势，为核心章节推广服务模型的构建打下了理论基础。通过对我国图书馆面向阅读障碍症人群阅读推广服务现状的调研，掌握了我国当前在这一服务领域当下所面临的问题、困难与阻碍。通过大量文献调研对阅读障碍症群体的阅读脑机制进行了分析，并将相关重要结论运用到阅读障碍症群体推广服务模型的构建中，并针对调研所呈现的问题给予了解决策略与建议。

　　本书以知识自由、信息公平、社会包容等重要理论为基础，彰显社会主义核心价值与图书馆职业使命，既是建设和谐、平等的信息社会的必然要求，也是图书馆核心理念和职业立场的集中体现。对不同类型阅读困难群体进行具有针对性、差别性、高效性和可操作性的图书馆服务模式设计，体现图书馆作为公共文化服务的人文关怀，有助于推进图书馆阅读困难群体服务的科学化、规范化改进与可持续发展。通过实证研究，对于数据进行多维度分析与横向比较，全面反映了阅读困难群体的阅读需求、阅读资源获取方式、阅读行为特点及对图书馆的认知与评价等情况，能够为后续相关研究提供扎实的数据基础。从宏观层面对阅读困难群体制度保障机制进行设计，从实践层面对图书馆为阅读困难群体服务的策略加以探讨，有助于图书馆阅读困难群体服务的整体规划与全面细节改进，推动现代公共文化服务体系的均等化实现，为图书馆等社会阅读机构完善阅读困难群体服务提供了更为科学、灵活、多元、新颖、富有启迪性和针对性的实践指南。

然而，由于本书涉及的研究范围较广、内容较多，相关内容还不够深入、系统和完善，存在诸多不足之处。其一，研究视角存在局限，研究内容有待扩展与深入。对于阅读认知障碍症群体的研究停留于理论层面。由于阅读困难群体问题涉及图书馆学、心理学、教育学、社会学、医学等多个研究领域，目前的图书馆学领域的视角(虽含有部分教育学视角)的论证难免存在偏颇之处，缺少心理学、医学、社会学等视角的研究，研究深度和广度仍需加强。阅读困难群体较难从外表认定界定，群体数量少且较为分散，目前尚缺少对阅读困难群体深入的调查与实证研究。其二，本书提出了图书馆为阅读困难群体服务的改进策略与模式，但在实践中是否符合现实情况、是否具有普遍性和可操作性、实施效果如何等仍有待实践的检验。上述问题都需要笔者及学术界在今后的研究中加以关注和完善。

本书在研究与创作过程中，得益于国家社科基金项目"图书馆为阅读困难群体服务研究"的资助，以及课题组成员的全体协助与支撑，在这里我要对他们表示我最诚挚的感谢，并且在这里我要特别感谢黑龙江大学信息管理学院蒋永福教授在研究过程中给予的学术研究指导和答疑解惑；感谢黑龙江省图书馆原副馆长毕洪秋女士并在研究进行到最艰难时期给予积极的鼓励和科研假期；感谢知识产权出版社的许波师姐，一直对本书的出版给予信任并付出努力；最后，要感谢我们的父母、孩子，家庭的安稳与内心的安定对于我才是莫大的支持，在这里再次表示最诚挚的感谢！

参考文献

[1] [美]阿尔文·托夫勒，著．黄明坚，译．第三次浪潮[M]．北京：中信出版社，2006：39.

[2] Cutrona.C.E, Russel, L D.Type of Social Support and Specific Stress ： Toward a Theory of Optimal Matching [C] .New York：Wiley, 1990.

[3] [美]斯诺，布恩斯，格里芬著．胡美华，潘浩，张凤，译．预防阅读困难：早 期阅读教育策略[M]．南京：南京师范大学出版社，2006.

[4] 王政，洪伟达．图书馆为阅读困难群体服务研究[J]．图书馆工作与 研究，2014（11）：92−95.

[5] [加]U.P.Das 著．张厚粲，徐建平，孟祥芝，译．阅读障碍与阅读困难[M]．北京：人民邮电出版社，2007.

[6] Catherine E.Snow, M.Susan Bums, Peg Griffin.Preventing eading Difficulties in Young Children [M].Washington, DC：National Academy Press, 1998.

[7] Margarell 0.Shepherd, et al.Developmental Reading Disorder [R].Comprehensive Textbook of Psychiatry, 1987.

[8] Siegel Linda S.Phonological Processing Deficits as the Basis of a Reading Disability [j] .Developmental Review, 1993（9）：246−257.

[9] Moores E, Cassim R, Talcott J B.Adults with Dyslexia Exhibit Large Effects of Crowding, Increased Dependence on Cues, and Detrimental Effects of Distrac− toys in Visual Search Tasks[j].Neuropsychologia, 2011, 49：3881−3890.

[10] 王波. 阅读疗法 [M]. 北京：海洋出版社，2007.

[11] Birgitta Irvall， Gyda Skat Nielsen. Access to Libraries for Persons with Dis-abilities [R] .IFLA Professional Reports， 2005.

[12] Nancy H Dewaid. Web-Based Library Instruction ： What is Good Pedagogy ？

[J] .Information Techenology and Libraries， 1999 (3) ： 26-31.

[13] NLS Factsheets； Talking Books and Reading Disabilities [EB/OL]， [2013-06-13] .http：//www.loc.gov/nls/reference/factsheets/readingdisabilities.html.

[14] Reading Difficulties [EB/OL]. [2013-04-13].http：//www.kau.se/en/library/ new-visitors/reading—difficulties.

[15] Service for Reading and Writing Difficulties [EB/OL]. [2012-04-13].http：//webappo.web.sh.se/p3/ext/content.nsf7aget? openagent&key =service_for_read-ing_and_writing_difficulties_1313141738183.

[16] 王政，洪伟达. 公共图书馆：社会包容还是社会排斥——穆德曼公共图书馆社会排斥项目评介 [J]. 中国图书馆学报，2013 (5) ：122-130.

[17] Department for Culture， Media and Sport.Libraries for All：Social Inclusion in Public Libraries [R] .London：DCMS， 1999.

[18] Department for Culture， Media and Sport. Comprehensive and Efficient：Standards for Modem Public Libraries：A Consultation Paper [R]. London：DCMS， 2000.

[19] Department for Culture， Media and Sport. Comprehensive，Efficient and Modern Public Libraries：Standards and Assessment [R] .London：DCMS， 2001.

[20] Briony Birdi， Kerry Wilson， Joanne Cocker. The Public Library， Exclusion and Empathy：A Literature Review[J].Library Review， 2008 (8) ： 576-592.

[21] Prof Ina Fourie. Public Libraries Addressing Social Inclusion：

How We May Think，，，[EB/OL]. [2011−10−26]. http：//repository. up. ac. za/bitstream/handle/ 2263/3542/fourie_theoretical （2007） .pdf? sequence= 1.

[22] Vibeke Kallar， Michefil 0 hAodha. Initiatives for the Social Inclusion of "Non−Traditional" Library Users [EB/OL]. [2011−10−26]. http：//www.ifla. org/files/assets/lsn/ newsletters/6 1.pdf.

[23] 蒋永福 . 社会包容：现代公共图书馆的使命 [J]. 中国图书馆学报，2009（6）：4−9, 55.

[24] Lipsman C K.The Disadvantaged and Library Effectiveness [R]. American Library Association, 1972.

[25] 王素芳 . 国外公共图书馆弱势群体服务研究述评 [J]. 中国图书馆学报，2010（3）：95−107.

[26] White L.The Public Library in the 1980[M].United States：Lexington Books, 1983：94.

[27] Dave Muddiman.Open to All? The Public Library and Social Exclusion [M]. London：Resource, 2000.

[28] Proctor R， Bartie C. Low Achievers Lifelong Learners ：An Investigation into the Impact of the Public Library on Educational Disadvantage [R/OL].LIC Research Report 117. Resources：the Council for Musuems Archives and Libraries , 2002. [2013−06−24].http：// www.she.fac.uk/content/1 /c6/07/01 /24/ CPLIS%20−%20 Low%20 Achievers.pdf.

[29] Kerslake E， KinnellM.The Social Impact of Public Libraries ：A Literature Review [R] .BLRIC Report, the Community Services Group of the Library Association , 1997.

[30] 张映 . 阅读心理障碍的干扰及其排除浅谈 [J]. 新课程研究，2009（7）：83−84.

[31] 宋然然 . 儿童汉语阅读障碍的发生机制研究 [D]. 武汉：华中科技大学

硕士学位论文，2006．

[32] 缴润凯，路海东．国外儿童阅读困难的原因及教学干预研究述评 [J]．东北师大学报：哲学社会科学版，2003 （3）：130-135．

[33] 李静．幼儿阅读困难个案研究 [D]．南京：南京师范大学硕士学位论文，2003．

[34] 黄丹俞．图书馆未成年人服务之阅读障碍援助 [J]．图书与情报，2013 （2）：17-20．

[35] 冷选英．少年儿童读者的阅读心理 [J]．科技情报开发与经济，2006 (24)：119-120．

[36] 冷选英．老年读者的阅读心理 [J]．科技情报开发与经济，2006 （21）：89-90．

[37] 冷选英，易斌，孙小青．病人（患者）的阅读心理 [J]．科技情报开发与经济，2006 （18）：39-41．

[38] 冷选英．工人读者阅读心理浅析 [J]．科技情报开发与经济，2007 （8）：78-79．

[39] 王虹．图书馆阅读的行为角度研究——基于阅读困难群体问题的思考 [J]．图书情报知识，2014 （1）：83-89．

[40] 王瑛琦．农村阅读困难群体的阅读需求与图书馆阅读关怀策略研究——国外研究扫描 [J]．国家图书馆学刊，2013 （6）：80-87．

[41] 岳景艳．农村阅读困难群体与图书馆关怀对策 [J]．图书馆，2014 （5）：84-86．

[42] 袁嘉芮．儿童心理学与公共图书馆少儿活动策划——以重庆图书馆阅读推广活动为例 [J]．图书馆研究，2013 （4）：73-76．

[43] 关于中学生阅读治疗的试验研究 [EB/OL]， [2014-10-26].http：//www.edu 11 .net/space.php？uid=6&do=blog&id=21245．

[44] 王波．图书疗法在中国 [J]．中国图书馆学报，1998 （2）：79-86．

[45] 王波，傅新．阅读疗法原理 [J]．图书馆，2003 （3）：1-12．

[46] 王波．阅读疗法的类型 [J]．大学图书馆学报，2004 （6）：47-53．

[47] 宫梅玲. 阅读疗法在高校中的实践探索 [J]. 图书馆杂志，2010（10）：33-36.

[48] 赵丰丰. 对"阅读疗法"的调查及建议 [J]. 大学图书馆学报，2000（1）：38-39.

[49] 张为江. 图书馆阅读疗法与大学生心理健康教育研究 [J]. 河南图书馆学刊，2013（10）：78-80.

[50] 严莉，彭琰. 不同图书馆开展阅读疗法的对比分析 [J]. 中华医学图书情报杂志，2014（1）：45-47.

[51] 王晓美. 公共图书馆阅读疗法应用研究 [D]. 郑州：郑州大学硕士学位论文，2012.

[52] 陆思霖，陈雅. 民办图书馆阅读疗法推广模式研究 [J]. 图书馆建设，2014（11）：46-49.

[53] 张春春. 基于图书馆信息生态系统的阅读困难群体服务路径研究 [J]. 图书馆，2014（5）：81-83.

[54] 王萍. 公共图书馆老年读者阅读心理探微 [J]. 农业图书情报学刊，2010（7）：122-124.

[55] T文祎. 中国少儿阅读现状及公共图书馆少儿阅读推广策略研究 [J]. 图书与情报，2011（2）：16-21，56.

[56] 朱莺. 图书馆残疾人阅读推广模式研究 [J]. 图书馆研究，2014（4）：54-56.

[57] 王琳. 英美国家婴幼儿阅读推广项目研究及启示——基于拉斯韦 5W 传播模式 [J]. 图书情报工作，2013（6）：85-90.

[58] 徐捷. 关于少儿图书馆 0～6 岁婴幼儿阅读推广工作的思考 [J]. 图书馆建设，2011（3）：90-91，95.

[59] 姚杰. 公共图书馆保障弱势群体阅读权利的策略 [J]. 图书馆学刊，2011（5）：75-76.

[60] 井荣娟，胡石. 图书馆与阅读权利研究 [J]. 新世纪图书馆学刊，2011（9）：36-38.

[61] 张建中 . 试论保障阅读权利与公共图书馆服务 [J]. 贵图学刊，2012 (2)：61-62.

[62] 范并思 . 图书馆学与阅读研究 [J]. 图书与情报，2010 (2)： 1-4.

[63] 范并思 . 阅读推广与图书馆学：基础理论问题分析 [J]. 中国图书馆学报，2014 (5)：4-13.

[64] 吴晞 . 任务、使命与方向：图书馆的阅读推广工作 [J]. 图书馆杂志，2014 (4)：18-22.

[65] 吴晞 . 大阅读时代和图书馆阅读推广——在湖南省普通高校图书 2013 年馆长年会上的报告 [J]. 图书馆工作，2014 (2)：79-84.

[66] 王素芳 . 国际图书馆界儿童阅读推广活动评估研究综述 [J]. 图书情报知识，2014 (3)：53-66.

[67] 许晔 . 公共图书馆数字阅读推广模式研究 [J]. 图书馆研究，2014 (2)：72-74.

[68] 王天泥 . 大数据技术在图书馆阅读推广中的应用——以"3A5 步"法为例 [J] . 科技资讯，2014 (19)： 254-256.

[69] 高灵溪 . 基于社会化媒体图书馆阅读推广研究 [D]. 长春：东北师范大学硕士学位论文，2013.

[70] 叶爱芳 . 基于手机阅读的图书馆阅读推广——图书馆扩展服务的新模式 [J]. 图书馆研究与工作，2011 (2)：63-65.

[71] 滕云霞 . 基于读者数据的公共图书馆馆藏优化与阅读推广实证研究 [J]. 图书馆，2014 (3)：80-82.

[72] 郎杰斌，吴蜀红 . 美国国会图书馆阅读推广活动考察分析 [J]. 图书与情报，2011 (5)：40-45.

[73] 李芙蓉，李常庆 . 美日公共图书馆动漫阅读推广活动探析 [J]. 中国图书馆学报，2014 (6)：33-42.

[74] 闫伟东 . 欧美图书馆多元化阅读推广模式及其启示 [J]. 图书情报工作，2013 (12)：82-87.

[75] 周樱格 . 日本图书馆少儿阅读推广的策略研究与启迪 [J]. 图书馆杂志，

2012（9）：108-110.

[76] 王达.德国图书馆及其阅读推广[J].情报资料工作，2014（4）：96-99.

[77] 康媛媛，胡曦玮，陆和建.公共图书馆城市阅读推广模式研究——以香港公共图书馆为鉴[J].图书馆学研究，2013（10）：65-67，93.

[78] 肖永英，陈永娴.阅读推广计划——深圳市社区图书馆的发展机遇[J].图书情报工作，2006（8）：102-105，86.

[79] 赵曼娟，朱紫阳.Living Library 与图书馆阅读推广服务创新[J].图书馆工作与研究，2013（12）：113-115.

[80] 周铭蓉.大众阅读推广与阅读馆员服务——公共图书馆阅读服务体系创新[J].重庆图情研究，2014（1）：48-51.

[81] 季燕菊.公共图书馆绘本阅读推广思考[J].图书馆研究，2013（3）：66-69.

[82] 朱永新.全民阅读应成为国家战略[EB/OL].[2015-02-25].http：//epaper．gmw.cn/gmrb/html/2013-04/21/nw.Dll0000gmrb_2013042l_l-09.htm? div =-l.

[83] 吴娜.全民阅读在中国[EB/OL]．[2015-02-25]．http：//www.qstheory．cn／culture/2015-01/06/c_ 1113888306.htm.

[84] 朱永新.改变，从阅读开始[N].人民日报，2012-01-06.

[85] 新华网.习近平接受俄罗斯电视台专访：EB/OL].：2014-02-10]．http：// news.xinhuanet.com/world/2014-02/09/c_ 119248735.htm.

[86] 中国新闻出版研究院：2016 年第十四次全国国民阅读调查报告[EB/OL].[2017-12-27]．http://book.sina.com.cn/news/whxw/2017-04-18/doc-if- yeimqy2574493.shtml.

[87] 郑章飞.图书馆阅读推广理论与实践研究述略[J].图书馆论坛，2010（6）：47-51.

[88] 范并思.阅读推广的理论自觉[J].国家图书馆学刊，2014（6）：3-8.

[89] 叶起昌.国外阅读研究述评[J].福建外语，1995（1-2）：23-33.

[90] 段蕙芬，蒋子诚．现代阅读心理研究的理论与模式 [J]．上海教育科研，1998（8）：41-43．

[91] 王余光．关于阅读史研究的几个问题 [J]．图书情报知识，2001（3）：7-11．

[92] 王余光，徐雁．中国读书大辞典 [M]．南京：南京大学出版社，1999：350．

[93] 王余光．阅读的个性、文化性与社会性 [J]．图书馆工作，2009（1）：1-2．

[94] 刘兵．公共图书馆少儿读者阅读需求规律研究 [J]．当代图书馆，2005（12）：23-26．

[95] 邱维民．试论读者阅读需求的特性 [J]．图书馆，1992（3）：61-62．

[96] 第十四次全国国民阅读调查报告出炉：2016 年人均阅读 7.86[EB/OL]．[2017-12-25]．http：//book．sina．com．cn／news/ whxw /2017-04-18／doc-if- yeimqy2574493.shtml．

[97] 于良芝．图书馆学导论 [M]．北京：科学出版社，2003：138．

[98] 全方位解读"第十四次全国国民阅读调查报告"[EB/OL]，[2017-12-25]．http：//www.sohu.com/a/134750121_178249．

[99] 黄葵，俞君立．阅读学基础 [M]．武汉：武汉大学出版社，1996：92．

[100] 刘泳洁，盛小平，陈晨，等．国内阅读文化研究综述 [J]．情报理论与实践，2012（12）：121-125．

[101] 杨素珍．国外阅读理论研究概述 [J]．淮阴师专学报，1995（4）：37-39．

[102] 王余光，汪琴．关于阅读文化研究的几个问题 [J]．图书情报知识，2004（5）：3-7．

[103] 王静美，朱明德．中俄公民阅读文化比较 [J]．图书馆理论与实践，2005（3）：42-44．

[104] 王波．阅读疗法概念辨析 [J]．图书情报知识，2005（1）：99-102．

[105] 于良芝，于斌斌．图书馆阅读推广——循证图书馆学（EBL）的典型领域 [J]．国家图书馆学刊，2014（6）：9-16．

[106] 范并思．阅读推广与图书馆学：基础理论问题分析 [J]．中国图书馆学

报，2014（5）：4-13.

[107] 范凡.芝加哥学派的阅读研究[J].图书馆工作，2007（2）：18-22.

[108] 王余光.让阅读成为我们生活的一部分[J].中国图书馆学报，2006（5）：17-19.

[108] 汪少林等.书的知识手册[M].南昌：百花洲文艺出版社，1990：236.

[109] 张春春.公民阅读权利的概念演变、协同与发展[J].图书馆，2016（8）.

[110] 蒋永福.文化权利、公共文化服务体系与公共图书馆事业[J].国家图书馆学刊，2007（4）：16-20.

[111] 范并思.论图书馆人的权利意识[J].图书馆建设，2005（2）：1-5.

[112] 蒋永福，李京.信息公平与公共图书馆制度[J].国家图书馆学刊，2006（2）：50-54.

[113] 程焕文，周旭毓.权利与道德——关于公共图书馆精神的阐释[J].图书馆建设，2005（4）：1-4，42.

[114] 李国新.图书馆权利的定位、实现与维护[J].图书馆建设，2005（1）：1-5.

[115] 程亚男.读者权利：图书馆服务中一个不容忽视的问题[J].图书馆论坛，2004（6）：226-229.

[116] 赵兰玉.法治视角下读者受教育权的维护[J].晋图学刊，2008（4）：14-15，21.

[117] 康德.法的形而上学原理[M].北京：商务印书馆，1991：39.

[118] Joel Feinberg.The Nature and Values of Rights [J] .Journal of Value Inquiry， 1970（4）：243-244.

[119] 马克思，恩格斯.马克思恩格斯全集：第1卷[M].北京：人民出版社，1956：179.

[120] 黑格尔法哲学原理[M].北京：商务印书馆，1961：10.

[121] 关于开展2015年全民阅读工作的通知[EB/OL].[2015-07-03].http：// www.gapp.gov.cn/news/1663/245444.shtml.

[123] 中国出版网.2015年全民阅读调查报告[EB/OL] .[2015-07-03

http：// www.chuban.cc/yw/201504/ t20150420_ 165698.html.

[124] 罗岚．中学生英文阅读障碍成因的分析 [D]. 南昌：江西师范大学硕士学位论文，2006.

[125] Bjorklund M．Dyslexic Students： Success Factors for Support in a Learning Environment [J] The Journal of Academic Librarianship, 2011，37（5）：423-424.

[126] 失读症 阅读困 难[EB/OL]．[2015-07-24].http：//www.docin. com/p- 361266220． html&key= % E5%A4% Bl% E8%AF% BB% E6%8O%8E% E4%B9%88%E6%B2%BB.

[127] What Is Dyslexia? [EB / OL]. [2014-03-24]. http：//www. interdys. org / FAQWhatls.htm.

[128] 李静．幼儿阅读困难个案研究[D]. 南京: 南京师范大学硕士学位论 文，2003.

[129] 赵微．汉语阅读困难学生语音意识与视觉空间认知的实验研究 [D]. 上海：华东师范大学硕士学位论文，2004.

[131] Lyon G R.Toward a Definition of Dyslexia [J] .Ann Dyslexia, 1995，45：3-27.

[132] Gyda Skal Nielsen， Birgiua Irvall.Guidelines for Library Services of Persons with Dyslexia [R] .IFLA Professional Reports， 2001.

[133] 邹艳春．汉语学生发展性阅读障碍的信息加工特点研究 [D]. 广州：华南师范大学博士学位论文，2003.

[134] 陈万会．中国学习者二语词汇习得认知心理研究 [D]. 上海：华东师范大学硕士学位论文，2006.

[135] 王蓉，苏丽平，田花蔓，束漫．我国公共图书馆"读写障碍症"服务的调查与对策分析[J]. 图书情报工作，2014（12）：64-70.

[136] 李昊青．面向阅读困难群体的图书馆阅读资源配置机制研究——基于信息公平视角[J]. 图书馆建设，2015（8）：49-54.

[137] [印]阿玛蒂亚·森．以自由看待发展[M]. 任赜，于真，译．北京：

中国 人民大学出版社，2002：1-3.

[138] 岳景艳.农村阅读困难群体与图书馆关怀对策[J].图书馆，2014（5）：84-86.

[139] What Is Dyslexia [EB／OL].[2014-01-09].http：//www.interdys.org／FAQWhatIs.htm.

[140] European Dyslexia Association. Incidence and Emotional Effects [EB/OL].[2014-03-24].http：//www.edainfo.eu/en/dyslexia- incidence-and-emotion- al-effects.html.

[141] 陈丹.西方阅读障碍儿童干预研究的进展及其启示[D].长春：东北师范大学硕士学位论文，2007.

[142] Michael D C ， Richard P Z ， Maureen F R. Beginning Reading Instruction for Students at Risk for Reading Disabilities ：What， How， and When [J]. Intervention in School and Clinic，2006，41（3）： 161-168.

[143] 中华人民共和国中央人民政府网.中华人民共和国残疾人保障法[EB/OL].[2015-01 -31].http：//www.gov.cn/jrzg/2008-04/24/content_953439.htm.

[144] 蔺梦华.公共图书馆残疾人服务研究综述[J].图书馆建设，2007（2）：69-71.

[145] 新华社.中国发布第二次全国残疾人抽样调查主要数据公报[EB/0L].[2014-05-21].http：//www.gov.cn/jrzg/2007-05/28/content_628517.htm.

[146] 2010 年年末全国残疾人总数及各类、不同残疾等级人数[EB/OL][2014-05 -21].http：//www.cdpf.org.cn／sytj／content／2014-09/28/content_ 30399867.htm.

[147] 国家统计局.2015 年老年人口最新的统计数据[EB/OL].[2015-10-11].http：//tieba.baidu.eom/p/3569039600.

[148] "十三五"老龄事业发展规划[EB/OL].[2015-10-11].http：//

www.docin. com/p-1115243389.html.

[149] Qualls C D, Harris J L. Age, Working Memory, Figurative Language Type, and Reading Ability：Influencing Factors in African American Adults' Comprehension of Figurative Language [J]. American Journal of Speech-Language Pathology, 2003, 12 (1)： 92-102.

[150] Allington R L, Wolmsley S A. Functional Competence in Reading among the Urban Aged[J].Journal of Reading, 1980, 23 (6)： 494-497.

[151] 肖雪. 多学科视野中的国外老年人阅读研究综述 [J]. 中国图书馆学报, 2014 (3)：100-113.

[152] 徐然. 消基于"最近发展区"理论的公共图书馆儿童阅读服务研究 [J]. 图书馆建设, 2015 (8)：68-71.

[153] 张雯. 敞开知识和心灵之窗 [J]. 山东教育, 1999 (10)：18.

[154] 儿童各阶段的阅读方式 [EB/OL]. [2014-07-08] .http：// new.060s.com/ar- ticle/201 l/08/17/469579.htm.

[155] 李静. 幼儿阅读困难个案研究 [D]. 南京: 南京师范大学硕士学位论 文, 2003.

[156] 隋雪，王小东，钱丽. 发展性阅读障碍的筛选标准 [J]. 中国特殊教育, 2007 (7)：51-56.

[157] Papathanasiou I, Bleser R.The Sciences of Aphasia： From Therapy to Theory [M] .Oxford： Pergamon Press, 2003：17-34.

[158] Gabrieli J D. Dyslexia： A New Synergy Between Education and Cognitive Neuroscience [J] .Science, 2009, 325 (5938)： 280-283.

[159] 朱智贤. 心理学大词典 [M]. 北京：北京师范大学出版社, 1989：901-904.

[160][韩] 南美英. 会阅读的孩子更成功 [M]. 宁莉，译. 南昌：江西美术出版社, 2007.

[161] 缴润凯，路海东. 国外儿童阅读困难的原因及教学干预研究述评 [J].

东北师大学报：哲学社会科学版，2003（3）： 130-135.

[162] 百度百科 . 农民 [EB/OL]. [2014-07-08].http：//baike.baidu.com/subview/ 24915Z5120438.htm.

[163] 2014 年年末中国大陆人口超 13.6 亿全年出生 1687 万 [EB/OL]. [2014- 07-08]. http：//n ews. southcn. com / china / content / 2015-01 / 20 / content_ 116719924.htm.

[164] 王素芳 . 我国城市弱势群体信息获取问题初探 [J]. 图书情报工作，2004（1）：34-36.

[165] 束漫，孙蓓 . 图书馆 "阅读困难" 群体服务的理论与实践 [J]. 中国图书馆学报，2014（4）：92-98.

[166] 井西晓 . 公平视角下我国信息弱势群体信息能力研究 [J]. 科技管理研究，2013（13）：209-213.

[167] 肖文建，王广宇，彭宁波 . 和谐社会构建中档案馆关注弱势群体研究——基于信息能力与信息需求的思考 [J]. 档案学研究，2009（1）： 21-24.

[168] 王子舟 . 知识贫困及其对弱势群体的影响 [J]. 图书馆，2006（4）：10-16.

[169] 王子舟 . 弱势群体知识援助的图书馆新制度建设 [M]. 北京：国家图书 馆出版社，2010：17.

[170] [美] 罗尔斯 . 正义论 [M]. 何怀宏，译 . 北京：中国社会科学出版社，2001：132.

[171] 王子舟，肖雪 . 弱势群体知识援助的图书馆新制度建设 [J]. 图书情报知识，2005（1）：5-11，97.

[172] 袁勤俭 . 数字鸿沟的危害性及其跨越策略 [J]. 中国图书馆学报，2007：27-31.

[173] 肖雪 . 多学科视野中的国外老年人阅读研究综述 [J]. 中国图书馆学报，2014（3）：100-113.

[174] 联合国教科文组织 . 公共图书馆宣言 1994 [EB/OL]. [2014-05-15]. http：//baike. baidu.com/link?url=ZLg9FVZy4QlBOWl_V-6xzr3pREn-

1R7TX.B-AJ4vXUtDVjSmGtvKZSEoFFC4Rao6SAtHaOQ9Sc3s2v8CBRcve
G_.

[175] IFLA.图书馆及其可持续发展的声明[EB/OL]，[2013-11-26].
http：//www.ifla.org/publications/ statement-on-libraries - and-
sustainable—devel- opment.

[176] 范并思.图书馆资源公平利用[M].北京：国家图书馆出版社，2011：2.

[177] 王政，洪伟达.知识自由在图书馆核心价值体系中的地位与作用[J].
图书情报工作，2010（11）：35-39.

[178] 李国新.日本图书馆法律体系研究[M].北京：北京图书馆出版社，
2000：285.

[179] 2006年世界发展报告：公平与发展（全文）[EB/OL].[2014-
07-02].http：//www.china.com.cn/ economic/txt/2005-09/21/
content_5975712.htm.

[180] Kathleen Ayers， Yan Quan Liu. Enhancing Digital Information
Access in Public Libraries [J]. Proceedings of the American Society for
Information Science and Technology， 2006，43，（1）： 1-25.

[181] IFLA2006—2009 年战略计划[EB/OL].[2014-07-12]，http：//
www.chnlib. com/News/yejie/2586.html.

[182] 周吉.定位于弱势群体的公共图书馆延伸服务[J].图书馆建设，2008
（10）：99-101，105.

[183] 中国图书馆服务宣言[EB/OL].[2015-05-20]. http：//wenku.
baidu.com/ link？ url=CxTQrv7xHf4CXWJ3i2a295GYgfnsZQ6Dy
YA8GszoHORfZHgHUFNypDkrOTLfmC7SIwc2Qp_lml9uiziylJn-
KMMukDx9fAlxccw8W ICxIfK.

[184] 世界人权宣言[EB/OL].[2014-08-28].http：//wenku.baidu.com/
link？ url=M4xXBsneP5j_Hp_yKwkd5K-GGbUqShQLcMAyEBH8QRClYj3_
qlvsoJJ-LbjzJI6tKAW5M6twmTGuOfootO-lyfAUtQ9bqBa
ZdkLmAoLu5k3_.

[185] ALA.Library Bill of Rights. [EB/OL]. [2014-05-28] .http：//www.ala.org/ala/ oifTbasics/international freedom.htm.

[186] ALA.Intellectual Freedom Committee [EB/OL]. [2014-02-24]. http：//www. ala.org/ala/oif7ifgroups/ ifcommittee/intellectual.cfm.

[187] ALA. Office for Intellectual Freedom [EB / OL]. [2014-02-24]. http：//www. ala.org/template.cfm ? section=oif.

[188] ALA.Freedom to Read Foundation [EB/OL], [2014-02-24] .http：//www. org/ala/ourassociation/ othergroups/ftrf? freedomreadfoundation.cfm.

[189] 王明玲 . 知识自由在国际图书馆界的新近发展与其省思 [J]. 大学图书馆，2000（2）：147-166.

[190] ALA.Intellectual Freedom Round Table [EB/OL]. [2014-02-24]. http：// www.ala.org/ala/ifrt/ifrt.cfm.

[191 [公共图书馆宣言 [EB/OL]. [2013-11-26].http：//wenku.baidu. com/link? url=fWSgJ4Ve99FLNdc5dokSRrIdYQLGaVKbkX-xSCChXvvslzQ z2JenNgk3IEbflSdI91LlK5vsvzsdBKYolq5ubFN5UNs0FFZ5kxKgl_41u5y.

[192] 蒋永福 . 信息自由及其限度研究 [M]. 北京：社会科学文献出版社，2007：55.

[193] 胡秋玲 . 自由获取知识与信息——《格拉斯哥宣言》《国际图联因特网声明》和《图书馆与可持续发展声明》发表 [J]. 图书馆建设，2003 （2）：101-102.

[194] 蒋永福 . 关于知识自由与图书馆 [J]. 图书馆杂志，2003（8）：9-12.

[195] 图书馆服务宣言 [J]. 中国图书馆学报，2008（6）：5.

[196] 李昊青 . 现代多元语境中的信息公平本体论研究 [J]. 图书情报工作，2011，55（4）：44-47，89.

[197] 郭海明 . 解读《图书馆服务宣言》中的公共服务理念 [J]. 图书馆理论与实践，2010（2）：27-29.

[198] 联合国 . 公民权利和政治权利国际公约 [EB/OL].[2015-06-28].

http：// www.douban.com/group/topic/ 3615545/.

[199] 李昊青 . 图书馆哲学语境中的现代图书馆文化图式研究 [J]. 图书馆，2011（4）：8-11.

[200] 吴桐 . 国外公共图书馆的社会包容理念与实践及其对我国的启示 [J]. 情报资料工作，2010（3）：24-27.

[201] 范并思，周吉 . 公共图书馆与社会包容 [J]. 图书馆理论与实践，2010（2）：70-74.

[202] Dave Muddiman. Open to All? The Public Library and Social Exclusion [M] .London： Resource，2000.

[203] Women， Information and Libraries Special Interest Group. About the Women ，Information and Libraries Special Interest Group [EB/OL]. [2013-06- 28]. http：//www.ifla. org/about-the-women — information-and- libraries-spe- cial-interest-group.

[204] LSN. About the Library Services to People with Special Needs Section [EB/ 0L], [2013-06-28] .http：//www.ifla.org/about-lsn.

[205] Lister D.Six Councils Warned Their Libraries Are Substandard [J] .The Independent ，1999 (2)：8.

[206] UNESCO.Anatomy of an International Book Year 1972[EB/ OL]. [2012-06- 19] .http：//unesdoc.unesco.org/ images/0001/000122/ 012250eo.pdf.

[207] 赵俊玲，郭腊梅，杨绍志 . 阅读推广：理念·方法·案例 [M]. 北京：国家 图书馆出版社，2013.

[208] 黄丹俞，张志美 .IFLA 推动图书馆阅读障碍服务：起源、进程与成效 [J]. 图书情报工作，2013（21）：76-80.

[209] 王泉根 . 国际儿童文学澳门论剑——中国澳门 2006 国际儿童读物联盟 IBBY 第 30 届世界大会综述 [J]. 湖南科技学院学报，2007 （2）：12-15.

[210] 图书馆服务与技术法案 [EB/OL].[2008-12-11].http：//www.njstatelib. org/LDR/LSTA/#lsta.

[211] 王翠萍，刘通 . 中美阅读推广比较研究 [J]. 情报资料工作，2012 (5)：96–101.

[212] Robert W, Sweet, Jr.The Reading Excellence Act：A Breakthrough for Reading Teacher Training [j].The National Right to Read Foundation, 1998 （12）.

[213] About the National Reading Panel （NRP） [EB/OL]. [2012–07–22].http：// www.nationalreadingpanel.org/ NRPAbout/about_nrp. htm.

[214] National Reading Panel[EB/OL].[2012–07–22].http：// en. wikipedia.org/wi– ki/National_Reading_Panel.

[215] ASCLA Wehsite. [EB/OL]. [2005–05–24].http：//www.ala. org/ala/ascla/as– cla.htm.

[216] 王素芳 . 关于图书馆服务弱势群体问题的研究与反思 [J]. 图书馆杂志，2006 (5)：3–9.

[217] ALA.Welcome to Teen Read Week[EB/OL].[2014–07–27].http：//oomscho– lasticblog.com/2011/10/ welcome–to–teen–reads–week.html.

[218] Martha L Bums, Nancy Dowd, Terry Edwards, et al. A Manual to Help Your Library Celebrate National Reading Group Month [EB/OL]. [2011–04–12]. http：//www.nationalreadinggroupmonth.org/ PDFS/NJLA–NRGM–Manual.pdf.

[219] 黄潇 . 美国公共阅读项目"Big Read"——大阅读大回报 [j]. 出版参考，2013 (7)：45–46.

[220] 田花蔓，束漫，王波 . 美国公共图书馆"阅读困难"群体服务研究 [J]. 图书情报工作，2014 （12）：40–45，25.

[221] 陈精芬 . 欧洲国家儿童阅读活动之探讨：以芬兰、爱尔兰、英国、瑞典 及奥地利为例[J]. （中国台湾）图书馆学会电子报，2007 (18)： 1–22.

[222] Belger J, Chelin J.The Inclusive Library ：An Investigation into Provision for Students with Dyslexia within a Samplegroup of

Academic Libraries in England and Wales [J]. Library and Information Research ，2013, 37 (115)： 7- 32.

[223] 王琳 . 英美国家婴幼儿阅读推广项目研究及启示——基于拉斯韦尔 5W 传播模式 [J]. 图书情报工作, 2013 (6)： 85-90, 38.

[224] 宋双秀, 束漫 . 英国图书馆面向阅读困难群体的服务及其启示 [J]. 大学图书馆学报, 2013 (6)：18-23.

[225] Stewart W W.The Encyclopedia of Canada [M] .Toronto： University Associates of Canada, 1948 ：76-81.

[226] 张靖, 李晗, 林宋珠, 吴燕芳, 苏靖雯 . 加拿大多伦多公共图书馆残障 用户服务研究 [J]. 中国图书馆学报, 2013 (6)：86-100.

[227] Toronto Public Library. Accessibility for People with Disabilities. [EB/OL]. [2012-05-15] .http：//www.torontopubliclibrary. ca/terms-of-use/library-pol- icies/accessibility- people-disabilities.jsp.

[228] 杨素音 . 俄罗斯妇女阅读文化探析 [J]. 图书馆建设, 2003 (5)： 113-115.

[229] 宫丽颖 . 以日本为例探析如何推广国民阅读 [J]. 中国出版, 2011 (1)： 77-79.

[230] 宋双秀, 束漫 . 英国公共图书馆 "阅读困难" 群体服务研究 [J]. 国家图书馆学刊, 2014 (4)：3-9, 22.

[231] 宗何婵瑞, 束漫 . 基于 PAPA 角度探讨加拿大公共图书馆 "读写困难症" 群体服务 [J]. 图书馆杂志, 2015 (10)： 20-25.

[232] 王虹, 邓福庆, 杨红岩 . 农村阅读的需求贫困与 "不发展" 原则探析 [J]. 图书与情报, 2015 (6)： 126-133.

[233] 岳景艳 . 农村阅读困难群体与图书馆关怀对策 . 图书馆, 2014 (5)： 84- 86.

[234] 王虹, 岳景艳, 杨红岩, 王长青 . 农村居民阅读的知与行——嫩江流域 少数民族地区阅读情况调查 [J]. 中国图书馆学报, 2015 (5)：47-62.

[235] 上海图书馆 . 让阅读成为我们生活的一部分 [EB/OL], [2016-07-03],

http：//www.libnet.sh.cn/yjdd/list.asp？id=3864.

[236] 全民阅读促进条例 [EB/OL]. [2014−07−31] .http：//baike.baidu. com/view/ 10828254.htm? fr=aladdin.

[237] 王政，刘鑫，郭涵 . 品牌阅读活动推进无障碍阅读的实践与启示 [J]. 图书馆建设，2015（8）：47−51，55.

[238] 图书馆"嘉兴模式"的"蝴蝶效应"[EB/OL]，[2013−04−13]. http：//www. cnjxol.com/jxwmw/build/town/ content/2009−12/31/ content_1252485.htm.

[239] 文化部 . 全国公共图书馆事业发展"十二五"规划压 8/0 口 .[2014− 12−25] .http：〃59.252.212.6/ auto255/201302/t20130205.

[240] 谢丹玫，汤学华，窦红，吴冬梅，麻玉琼 . 重点学科本科生与其他学院 学生的阅读需求的主分量比较分析 [J]. 现代情报，2013（11）：79−85.

[241] 徐享王 . 基于"效率"与"公平"共生的图书馆服务能力提升战略取向 [J] . 图书情报工作，2007 (7)：108−110.

[242] 张贺 . 少儿阅读：城乡迄今不平衡 [N]. 人民日报，2014−05−29.

[243] 深圳经济特区全民阅读促进条例（征求意见稿）[EB/OL].[2014− 07−31] .http：//szbbs.sznews.com/thread−2557468−1−1.html.

[244] 深圳首为全民阅读立法期待"民声"反馈 [EB/OL]. [2014−07−3 l].http：//sz.people.com.cn/n/2014/0624/c202846−21495284.html.

[245] 百度百科 . 国际阅读学会 [EB/OL].[2015−07−01].http：//baike. baidu.com/link？url=Jw2tQVpNyeaP_ czEiI6WoWCOpY9RRzWQ pKoXT02551K F0Y0Ci9ZpEnY78yIkMTUTyxrYoBg5eQw8wfx9tg5w IK.